JN055313

アクティブラーニングに導く

教学改善の すすめ

林 德治・藤本光司・若杉祥太〈編著〉

ぎょうせい

はじめに

　教学という言葉は，古くから「教えること（teaching）」と「学ぶこと（learning）」を包括した広義な解釈のもとで用いられてきました。これからの教育では，「教える」教員と，「学ぶ」学習者のそれぞれの立場や垣根を超えたボーダレスな考えを持つ必要があります。私の考える教学とは，学校において学ぶ人の主体性および知徳体の成長を最も大切にし，教える人と教育活動を支援する人（職員，経営者，保護者など）の協働による持続的なPDCA（Plan-Do-Check-Action）の活動を指します。言い換えれば，次世代を担う人間を育成するために，教職員，学校経営者，保護者，地域の人が相互依存的に取り組む協働作業ということができます。

　教学改善とは，小中高大など教育組織における教育課程，教育方法・技術，教育評価の改善を図る持続的な教職協働を意味します。そこでは，教職員研修（FD・SD），アクティブラーニング，IR（Institutional Research）などの学際領域の教職協働が重要になってきます。

　本書は，教育実践活動をともに行ってきた仲間による教職協働の成果物です。これからの教育を担う若手の教育研究者に積極的に分担執筆していただきました。

　本書の改訂に際し，日本教育情報学会前会長の後藤忠彦先生および学会各位より，多大な示唆や助言をいただきました。また，長年親交を深めてきました（株）ぎょうせいの関係各位のご尽力で改訂の運びとなりましたことに心から謝意を表します。

　最後に，みなさんが本書を通じて，教学についていま一度振り返り，その重要性に気づき，考え，実行し，評価するきっかけとなり，令和の時代に向けて主体的，持続的な教学活動に取り組まれることを切に祈念します。

2020年4月

執筆者代表　林　德治

●本書は，平成29・30年に告示された各学校種の新学習指導要領などを踏まえ，林徳治・藤本光司・若杉祥太編著『主体的に学び意欲を育てる 教学改善のすすめ』（ぎょうせい，平成28年刊）を改訂・改題したものです。

●● 目　　次 ●●

はじめに

■　第1章　教学の考え方　■

1.1　教学の意義

1　教学とは

　教学の「教」は，一般的に，①おしえる，おしえ"teach"，②信仰の教え"belief"の意味を持ちます。また「学」は，①まなぶ，まなび，学問"learn"，②学識，知識の意味を持ちます。そこで「教学」とは，教えることと学ぶこと，教育と学問と捉えることができます。

　教学の漢字をもう少し紐解いていてみましょう。旧字体の「敎」は，叩くを意味する「攵（ホク）」や交わることを示す「爻（コウ）」が含まれています。このことから，学校で教鞭をとることと解釈できます。「學」は，両手で抱えることを意味する「臼（キョク）」と，交わる「爻（コウ）」，さらに，家屋や建物に関する「宀（うかんむり）」と子供の「子」により，学びの舎を示しています。これは，学ぶ側の学習者に焦点を当てた学びと解釈できます。すなわち教学は，教える側の教員と，学ぶ側の学習者に関わる総合的な学問と考えることができます。

　本書では，教学を学校での教授学習を取り扱う総称として用い，学習者の学習活動や教員の教育・研究活動が，効果的に遂行できるための方略，実践，評価，改善を言います。例えば，学校では，建学の精神に基づく学習者のための教学の理念が示されており，それを実践・評価・改善する具体的な方略や目標が策定されています。すなわち，理念を具体化し実践，評価，改善を繰り返しより良いものにする取り組みが教学改善です。

2　建学の精神と教学

　教学についてより理解を深めるために，筆者（林）と関わりのある大学を例に説明しましょう。学校法人立命館は，建学の精神を「自由と清新」とし，第二次世界大戦後，戦争の痛苦の体験を踏まえて，教学理念を「平和と民主主義」と示しています。この憲章の本旨を踏まえ，教学の理念は，教育・研究機関として世界と日本の平和的・民主的・持続的発展に貢献するとしています。このように，立命館大学では，人類の未来を切り拓くために，学問研究の自由に基づき普遍的な価値の創造と人類諸

課題の解明にまい進することを教学の理念に置いています。その教育にあたっては，建学の精神と教学理念に基づき，「未来を信じ，未来に生きる」の精神を持って，確かな学力のうえに，豊かな個性を花開かせ，正義と倫理を持った地球市民として活躍できる人間の育成に努めるとしています。そして，教学支援を具現化するために，学部を横断した機関として教育開発推進機構が設置されました。機構内に教育・学修支援センターが設立され教学改善の企画，実践，検証，提案に取り組んでいます。

　学校法人甲子園学院は，建学の精神として校訓三綱領「黽勉努力（びんべんどりょく）」「和衷協同（わちゅうきょうどう）」「至誠一貫（せいいっかん）」を挙げています。本学院では，幼小中高短大の一貫教育を通して，概ね80年にわたり人間形成を図り，有能な人材を多く社会に輩出してきました。この3つの柱は，学習者の「主体的な学び」，「協働」，「倫理」を示す教学理念であり，これらは同時に，学習者の意欲関心，知識・技能，創造，倫理観などを示すもので，教育目標の基幹として位置づけられます。

　このように，教学は理念を具現化するために目標や方略を明らかにし，点検・評価を通じ改善を繰り返すエンドレスの教職協働と言えます。目標の設定では，指標（何を），基準（どこまで），期間（いつまでに）を明らかにし，実行可能な方略を策定，実践し，成果を検証，可視化し，広く公開することが求められます。

3　教学を支える教職協働

　学校では，学習者を主体とした教学改善を行うために，教員，職員，経営者（管理職，設置者）の協働，さらに校友会など保護者や卒業生，地域の関係者を包含した取り組みによって全学的な教学改善に向けた Plan（計画）-Do（実施）-Check（評価）-Action（改善）の PDCA サイクルが繰り返されます。ここで言う教職の「協働」とは，「協同」よりもさらに強いつながりで教職員が心身共に一体となり学習者の学びを積極的に支援し，到達目標に向けての責任を果たす相互依存的な取り組みを意味します。

　このように，教学とはそれぞれの教育機関で特色のある理念に基づき，学習者を主体とした教育の具体的な取り組みや，教員の専門的な研究の深化を図るために，実行，点検・評価を通して改善を繰り返し，学習者や教員相互の成長を育むことを目的としています。往々にして，教育と研究は，別のカテゴリーとして扱われてきました。しかし，学習者への教育と教員の専門性の深化を図る研究は表裏一体であり，各々の相乗効果を通して学習者と教員の成長に寄与すると考えます。

　教学支援においては，教員と職員による教職協働，学習者の教育効果の検証，可視化をめざした IR（Institutional Research），ICT（Information and Communication Technology）の教育活用による教育支援があります。また，大学教育の質保証をめざした3つのポリシーとして，入学者受け入れ方針の AP（Admission Policy），教育

課程編成・実施方針の CP（Curriculum Policy），学位授与方針の DP（Diploma Policy）があります。さらに，授業改善を図る FD（Faculty Development）の教員研修，職能開発のための SD（Staff Development）の職員研修などがあります。これらは，すべて教学改善のための方策として行うものです。各分野での詳細については，後章でそれぞれの専門家が解説します。

4　教学の点検と評価

　教学改善は，教学の理念や定義，目的や目標に基づいて計画，実践しその成果を検証することが大切です。以下に，立命館大学が情報公開している各学部・研究科による教育方針や教育の質保証のために策定した教学の自己点検・評価の事例を示します。これは，前述した３つのポリシー AP，CP，DP を基盤として策定されています。

---

(1)　現状の説明
　　①　大学・学部・研究科の理念・目的は，適切に設定されているか
　　②　大学・学部・研究科の理念・目的が，大学構成員（教職員および学生）に周知され，社会に公表されているか
　　③　大学・学部・研究科の理念・目的の適切性について，定期的に検証を行っているか
(2)　点検・評価
　　①　効果が上がっている事項
　　②　改善すべき事項
(3)　将来に向けた発展方策
　　①　効果が上がっている事項
　　②　改善すべき事項
(4)　根拠資料（エビデンス）
　　　　　　　　　　　　　（2014 年度自己点検・評価報告書　立命館大学 HP　情報公開より）

　教学改善は，人材育成の観点から学部・研究科の理念と目的に整合したカリキュラム，教育内容，教育方法，教員組織，教員の資質向上の取り組みの現状を分析することから始まります。次に，それぞれの項目で到達目標や指標を定め現状での評価を行います。続いて，これら点検・評価結果より，今後の課題を明らかにし，改善を行い再び点検・評価を繰り返します。ここで重要なことは，それぞれの過程において結果の根拠を示す資料などのエビデンスが求められます。教学 IR では，主観的な評価ではなく，客観的な観点から各種データの統計分析による数量的評価が説得力となり，評価項目の設定，基準，分析方法などが重要なポイントになります。

　このように教学は，理念，目的，具体目標，検証，改善を PDCA サイクルにより繰り返し，教育課程，教育内容を改善していくことです。すなわち教学改善は，教育

3

機関において学習者を主体に，教員，職員，管理職，設置者，保護者などとの教職協働により行うものです。そこでは，人と人とのコミュニケーション活動を抜きには語れません。協働とは，グループワークにおいて，個または他者と共通の課題解決に向けて心身をもって主体的に取り組むことです。そして，個の能力だけでなく，他者との協調や支援する能力，課題解決への責任が求められる相互依存的な取り組みです。

1.2　教学の現状

　本節では，大学教育の教学改善の現状や課題について考えていきましょう。

　教学改善は，前述のように学習者および学習者を取り巻く教育機関に属するすべての関係者の教職協働で培われる作業です。この作業は，教学に関する多くの情報を収集・分析し，PDCA サイクルを回しながら，過去・現在・未来にわたり持続的に取り組むものです。1 年目に良い結果が得られて，2 年目では属性（財政，入学者数，学力，教育課程の見直し，教職員数など）が変化することで機能しなくなる場合があります。教学改善は，学力の変化，教育課程の見直し，教育内容，ICT 利用などによるアクティブラーニング，新しい学び方を提供するラーニングコモンズのようなインフラ整備，ひいては国策に伴うプロジェクトへの対応など多種多様の属性の変化に伴い修正や変更が求められます。例えば，大学教育の場合，入学してくる学生の学力低下の問題に伴う入学前教育や初年度教育の充実（AP）が求められます。また，学部の人材育成をめざしたカリキュラム改組に伴う科目や内容の見直し（CP）が必要になります。さらに，卒業時の質保証（DP）やキャリア教育も重要な課題です。昨今問題になっている就職活動の解禁日も教学改善を考える際の重要な要因の一つでしょう。これら学士課程教育の一貫性構築のための 3 つのポリシー AP，CP，DP は，教学改善と密接に関係してきます。

　また，今日的な重要課題である教育の情報化への対応では，学生とのコミュニケーションツールを利用した掲示板，コメントシート，授業アンケート，電子レポート，学修ポートフォリオや，IC 学生カード，QR コードによる出席確認など ICT 活用の整備は重要な課題です。

　大学授業と課外を含めた学生の学修状況を把握するために，入学から卒業時までの学びの実態調査について教学 IR が活用されています。IR 分析では，学生の学修時間，生活状況を把握でき，学びの質保証の取り組みに大きく貢献します。ここで言う「学修」とは，大学授業での学習に加えて，授業外での学習（例えば，予習や復習）を含めたものを言います。今後，IR の活用は，学修の各種調査に加え，学部との理解を得ながら，学業状況，健康診断，図書館利用などさまざまな教育情報とリンクし，時

系列に蓄積，更新を行うことで課題解決や将来的な予測を通して学生の学びを支援するものとして期待されています。

1　教学改善と学生

　私立大学における多人数授業では，学生の発言，話し合い，各自の発表，提出物の添削と返却など，学生の主体性や学生参加を図るための授業改善や学習支援の充実が重要な課題となっています。そこで，授業中の教員と学習者の双方を支援する ES（Educational Supporter），授業や教学活動を支援する TA（Teaching Assistant）があります。ES や TA に就く学部生や大学院生は，学習を支援するとともに，相互理解のためのピア・サポートとして自身の成長にも役立ちます。

　ここでは，2004 年度から ES を導入し成果をあげている立命館大学を紹介します。ES は，授業において教員や学生の教育活動を支援する上級回生です。教員と学生の双方を支援することで，教員にとっては授業改善がなされ，受講生にとってはより深い学びにつながり，ES 自身も人間的・社会的成長を図ることができる一石三鳥の取り組みです。立命館大学では，約 650 名（2014 年度）の ES が活躍しています。

　他にも，理工系学生の課外での学修を支援する「物理駆け込み寺」の設置，学部での学習を支援する上級生のオリター（Orientation Conductor の略）制度，図書館利用を支援する学生サポート，ICT 利用のトラブルに対応する学生サポート，キャリア教育における就活支援のための学生サポート，新入生の学習や生活を支援する学生サポートなどさまざまな場面で学生のための学生による教学改善が取り組まれています。

　これらすべては，学生および教職員の協働作業による教学改善です。学生の取り組みは，ボランティアではなく，責任ある職務として大学が学生と雇用契約を結び給与として大学の財源から支出されています。このように，学生参画のピア・サポートは，多大な成果をあげることが期待できます。ぜひ，学生参画の教学改善の事例として参考にしてください。

2　教学改善と教員

　初等中等教育の教員は，心身の発達段階に応じた児童生徒の人格形成のために，基本となる知識・技能について意欲関心面に配慮し，効果的に教えることを大切にしています。そこで，専門教科の知識や技能習得に加え，教職関連の知識や教育実習による授業スキルの習得が必須となり，教員免許を取得しなければなりません。一方，大学教員に教員免許は必要ではありません。そのため，授業スキルを訓練する模擬授業（マイクロティーチング，micro teaching）の経験がない，成績の評価内容や方法の知識がない，担当科目のシラバス作成や到達目標が書けない状況でも大学教員になれ

るということが生じます。それは，大学教員採用の可否を決める大きな要因が，研究業績優先主義だったからです。今日，大学教員の採用に関する可否のポイントは，①研究業績，②教育業績，③社会的貢献の各分野を総合して判断します。その結果，大学教員の採用面接では，わかる，楽しい，ためになる授業ができるスキルの有無を調べるため，模擬授業を課すところも増えてきました。しかし，現実として大学教員のなかには，教えることに消極的で，研究職として就いた方も多くいます。

　教学改善を考えるうえでは，学生を育てる教育と，自己の専門を探究する研究が分離しているという考えを打ち砕くことが必要と考えます。例えば，ノーベル賞を受賞した研究者について考えてみましょう。2015 年は，大村智・北里大学特別栄誉教授が医学生理学賞を，梶田隆章・東京大学宇宙線研究所長が物理学賞をそれぞれ受賞しました。両氏は言うまでもなく優秀な研究者であると同時に，研究を継承・発展させるための若手人材を育成してきた教育者であることに気づかされます。両氏の研究は，成果を公表できるまでに膨大な時間を費やしました。現段階でも研究半ばであると話されています。両氏に共通して言えることは，教え子や後輩の研究仲間との協働作業を大切にしてきたことです。すなわち，優れた研究者は，人材を育成する優れた教育者で協働を大切にする教員であるということが言えます。

3　教学改善と職員

　職員は，学生の学修活動，教員の教育研究の支援に極めて大きな役割を果たします。みなさんが，学校を訪問したときに，まずはじめに出会う人は守衛さんではないでしょうか。行き先を尋ねた場合の対応は，大変印象に残るはずです。みなさんの学校の職員の対応はどうでしょうか。某大学の事務室では，入室してもアイコンタクトがなく「あのー，すみません」と声をかけにくいケースもあります。反対に，入室と同時にアイコンタクトをとって，手元の作業を中断して「ご用件は」と尋ねてくれる職員などさまざまです。これらの対応一つをとっても，職員の SD 研修の成果の有無が感じ取れます。ひと昔前，市役所など公的な施設の職員や公営の交通機関などの対応やサービスは良かったとは言えません。職員の教学改善の第一歩は，日頃の学修支援であり，学生と教員とのコミュニケーションの良し悪しにあります。

　学生や教員から寄せられる質問や依頼に対して，職員がどのような知的 KR（正しい情報）や情的 KR（気持ちの良い対応）を発信するかにかかっています。KR（Knowledge of Results）については，後の「1．3　教学とコミュニケーション」で詳しく説明します。そこでは，話し言葉である言語コミュニケーションに加え，笑顔やアイコンタクトに代表される非言語コミュニケーションが重要になってきます。これは学生への対応にもつながっています。また，教員に対する教育面での支援（成績管理，教材印刷，出席管理など）においても ICT 活用による効率化が進んでいます。

他方，研究支援においては，教員の外部資金獲得を支援するための申請書の誤字や文脈の確認作業を専門職員が手掛けています。それは言うまでもなく，採択率の向上につながります。

　学内の教育や職務における ICT の整備や，図書館における新しいコミュニティスペースであるラーニングコモンズの実現は，職員の尽力によるところが多大です。

　SD 研修は，前述したコミュニケーション能力の改善を図る研修や，マネジメントに関する IR 研修が有用です。

4　教学改善とマネジメント

　学校では，建学の精神や理念を根幹として，中長期的なビジョンを定め，国策と臨機応変に対応できる情報収集，科学的分析，判断力など意思決定能力が求められます。過去にみられた国際，情報，心理，福祉などの名称に振り回された新学部の新設や改組による短期的な視点による見かけの改革は，少子化や就職難に伴う志望学生減により，歴史ある大学ですら経営難に陥り「危ない大学ランキング」として大学存続の危機が話題になったことは周知のところです。

　筆者（林）が，過去に FD 調査で訪問したブリティッシュコロンビア大学（The University of British Colombia, Canada，以下「UBC」）では，大学のマネジメントの中枢に IR 研究所が設立されています。そこでは，多くの教育情報が一括管理され，課題解決に向けてあらゆるデータにアクセスできる絶対的な権限が与えられていました。データは，学生の学業成績記録（出席状況も含む），学費納入状況，アルバイト，クラブ，家族構成，出身校，健康診断データ，図書貸し出し状況などです。UBC の IR 研究所では，これら学生のデータ以外に大学の財政運営情報（帰属収入，消費支出，基本金組入）などマネジメントの時系列データや，学生志願者数の変移，出身校，保護者，卒業生などの情報を蓄積，更新しています。日本の大学の多くは，これらデータを各部署で蓄積，更新して管理していますが，部署や部門で独立したデータとして縦断的です。そのため，さまざまなニーズに対応するために必要なデータを横断的に組み合わせられるケースは少なくなっています。

　これからの学校経営では，中長期的な展望に立ち，安定した学校運営の財源確保の構築を基盤とし，短中期的な教育目標を教職協働により確立し，学習者にとって魅力ある学校づくりのための教学改善を持続し，広く社会に発信する姿勢が求められます。

5　教学改善の課題

　大学での教学改善では，大学の理念の確立→学部での理念や目標の設定（組織評価）→科目の内容や目標の設定（個人評価）→日常の授業技術（個人評価）のよう

に，大学経営者や学部集団によるマクロ的な改革から，教員各自の授業改善などミクロ的な研修に至るまで各プロセスにおける諸課題を解決するための FD の取り組みが重要になってきます。立命館大学では，FD の定義を「建学の精神と教学理念を踏まえ，学部・研究科・他教学機関が掲げる理念と教育目標を実現するために，カリキュラムや個々の授業についての配置・内容・方法・教材・評価等の適切性に関して，教員が職員と協働し，学生の参画を得て，組織的な研究・研修を推進するとともに，それら取組の妥当性，有効性について継続的に検証を行い，さらなる改善に活かしていく活動」（立命館大学教育開発推進機構，2015）としています。

　例えば，各学部における人材育成目標に向けての教育課程の編成，各科目のシラバスや到達目標の作成は，極めて重要な内容です。さらに，これらをカリキュラムマップとして可視化し，人材育成に向けたカリキュラムの妥当性や各科目間での内容，到達目標の整合性を確認できることが重要です。また，主に新任教員を対象とした実践的 FD プログラムは，授業スキルの向上に有益です。実践的 FD プログラムとは，教員が自らの授業を専門分野と教育学の観点から省察することができる知識，技能，態度，とくにアクティブラーニングを実践する能力を修得するプログラムです。本プログラムは，教員の 4 つのアカデミックプラクティス（教育，研究，社会貢献，管理運営）に対して，①教育学をはじめとした系統的な理論のオンデマンド講義，②授業技術やコミュニケーションスキルを育成するワークショップ，③個々の教員のニーズに応える日常的な教員コンサルテーションから構成されています。

　私立大学には，クラス規模の大きさ，教員の持つコマ数の多さ，学生の学力と学習意欲の多様性など，多くの困難な教育条件が存在します。そこで，新任教員が本プログラムを受講することを通して，大学教員に求められる教育力と職能を育成し，大学教育の質の保証を考えています。FD は，良き教育者を育成すると同時に良き研究者の育成にも貢献するという考えのもとで取り組んで欲しいものです（立命館大学教育開発推進機構，2015）。

　オンデマンド講義は，各分野での専門家（他大学教員含む）による約 45 分のビデオ（15 分×3 編）により構成され，講義が約 33 本あります。授業に役立つ実用的なワークショップは，10 本用意されています。また受講者には，2 年間を目標として，①オンデマンド講義から関心のあるものを抽出し視聴，②ワークショップへの参加，③メンター（mentor：助言者）とのインタビューを行います。また，最終課題としてティーチングポートフォリオの作成，提出が必要です。受講者への研究費支援のインセンティブに加え，学長名による履修者への修了書や優秀賞を発行しモチベーションの高揚にも配慮しています。その他，入学前教育としての基礎学力の補習事業，初年次教育におけるアスリートを対象とし，書く，聴く，発表する力の強化をめざした科目「アカデミックスキルズ」，グループワークによる相互理解をめざした科目「ピ

ア・サポート論」など新規科目の開発・実施・評価や，入学時から卒業時までの学生の学修状況の変移を集計，分析する教学 IR プロジェクトによる「学びの実態調査」を通して大学教育の質向上に資する取り組みがあります。

　以上，教学改善の現状について述べました。これら現状を見ると，課題も山積しています。教学改善の中枢となる大学の機構やセンターでは，FD，IR，ICT など教育開発専門の教員が所属しています。しかし，学部に所属していないため各学部や研究科間での教員とのコミュニケーションをとる機会が十分ないケースが目立ちます。その結果，教学改善のための有益な提案が，学部教員に十分理解されなかったり，学部間の温度差があるため横断的な取り組みにおいて十分機能しないケースがあります。また，多くの大学では，この種の機構やセンターは，研究開発よりも教育・学習支援の職務が優先されるため，所属教員による開発研究のパイロット的な取り組みが認知，理解されず，全学的な教学改善に活用されないケースが生じます。

　このように課題も山積していますが，大学においては，FD や SD，IR の重要性が浸透し，学内組織に機構やセンターを設置するケースが増えています。これは，中長期ビジョンに立った先行投資による教学改善の取り組みとして評価できます。

　次節では，教学におけるコミュニケーションについて，教授者に求められる「教える力」，学習者に求められる「学ぶ力」の観点から述べていきます。また，これからの「教える，学ぶ」の教学改善について考えていきましょう。

1.3　教学とコミュニケーション

　本節では，教学改善の基幹となるコミュニケーション（communication）について考えてみましょう。

1　コミュニケーション能力の３つの要素

　コミュニケーションは，ラテン語のコミュニス（communis）が語源で，英語のコモン（common）が意味する「共通の」あるいは「共用使用物」です。また，英語辞典のコミュニケーション（communication）では，「言論・文書・合図などによる意見・情報などの伝達，連絡，通信，交際，意思の疎通，やりとりされる情報，ニュース，通知，情報伝達のための書類やメッセージ」と広義な意味で示されています。また，国語辞典からコミュニケーションを調べると，「特定の刺激によって互いにある意味内容を交換すること。人間社会においては，言語・文字・身振りなど種々のシンボルを仲立ちとして複雑かつ頻繁な伝達，交換が行われ，これによって共同生活が成り立っている」と示されています。すなわちコミュニケーションは，複数の人たちの

間での記号を媒体とする相互作用と定義できます。ここで言う共同生活では、コミュニケーション活動を通して、課題を克服し、新たなものを見出し、より便利で豊かな社会を構築することが求められます。これは、教学改善においても同じと言えます。

図1-1に、教学改善の観点からコミュニケーション能力の構造図を示します。本書では、コミュニケーションの究極の目標である相互理解をめざして、トライアングルによる3つの要素でその概念を構成しています。

一つ目の「論理的に考える力」は、コミュニケーション能力の頂点となる大切な力です。この論理的思考力はロジカルシンキング（logical thinking）とも呼ばれ、批判的思考のクリティカルシンキング（critical thinking）とともに、教育図書でよく使用される言葉です。この力には①問題を発見し情報を収集する力、②情報を読みとり考察する力、③問題を明快に分析する力、④解決策を提案する力、⑤道徳的に判断する力があります。次に、論理的に考える力を支える2つの要素として、受け止める力（assertion）と伝える力（presentation）があります。

二つ目の「受け止める力」では、一方的な提案や主張にならないよう、相手の気持ちや言い分を受け入れることで、双方が納得できる関係を構築するための力が必要となります。その力として、①聴き手に求められる力、②受容的に聴く力、③相手の気持ちを理解する力、④相手を意欲的にさせる力があります。

三つ目の伝える力では、相手の納得する提案や主張を、効果的、効率的に構築し、伝えるさまざまなプレゼンテーションの知識・技能が重要です。その力として、①的確な指示を行う力、②自分の魅力を伝える力、③話に刺激があり記憶に残す力、④身振りで伝える力、⑤相手の立場を知り共感される力、⑥自己の考えを主張できる力、⑦情報を論理的に構造化する力、⑧自分の情報を整理する力、⑨プレゼンテーションの筋書きをつくる力、⑩議論に負けない力などがあります。

教学では、教員と学習者間で行う知識・技能の教授活動において、課題解決を行い、新しい発見へつなぐために前述した各種のコミュニケーション能力が求められます。これらのコミュニケーション能力の訓練方法については、「1.8　コミュニケーション実践演習の紹介」で実践例を挙げて説明します。

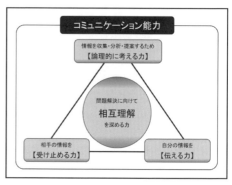

図1-1　コミュニケーション能力の概念構造
（沖・林（2010）をもとに作成）

2　教育的アプローチのコミュニケーション

　学習理論における人間を対象としたコミュニケーションについて考えていきましょう。学校の授業では，教員による一方向的な，指示，説明などの情報伝達ではなく，学習者からの質問，回答などの反応による双方向のコミュニケーション活動で成り立っています。学習理論によるコミュニケーションは，大別して①教授者の働きかけ，②学習者の働き返し，③教授者のお返しの3つの過程が基本的な考えです。図1-2は，この学習理論をもとにした教育的コミュニケーションを表したものです。授業である教授学習は，図に示した教育的コミュニケーションの過程を繰り返すことにより成立します。

　①は，教員からの説明，指示，発問など刺激にあたります。②は，教員の刺激に対する学習者からの回答など反応にあたります。③は，学習者の反応に対する教員のお返しで KR（Knowledge of Results）と言います。KR には，学習者の回答の正誤を知らせる知的 KR と，学習者への受容や励ましなどの情的 KR があり，教育的コミュニケーションでは重要な役割を果たします。例えば知的 KR は，学習者の発言や回答に対して正解，不正解といった認知面に関わる情報を指します。情的 KR は，学習者の発言や行動に対して，ほめる，認めるといった情意面に関わる情報です。教授者の知的 KR と情的 KR の使い方によって，学習者の理解度や意欲が大きく違ってきます。また，学校では，学習者の知識や技能のレベルがさまざまな状態にあります。教員は，それぞれの学習者に応じて情報をかみ砕いてわかりやすく説明し，適切な KR 情報を与えることを自覚的に行い，効果的に教育的コミュニケーションを図ることが求められます。

　授業で利用される教育メディアは，大別して一方向と双方向のものがあります。黒板，教科書，資料，TV 番組のビデオなど視聴覚教材は，一方向で学習者に情報を伝えるメディアです。一方，電子黒板，電子教科書，電子タブレット，PC など情報が電子化されたメディアの多くは双方向のメディアです。これらメディアは，教授学習過程における教材・教具として活用

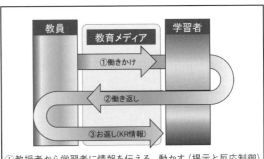

①教授者から学習者に情報を伝える，動かす（提示と反応制御）
②学習者から教授者へ返す（教授者はとらえる（評価））
③教授者から学習者へ働き返す（KR 情報）

図 1-2　教育的コミュニケーションモデル
（林・藤本（2011）をもとに作成）

され，教授者と学習者間での相互理解を深めるコミュニケーションツールとして有用です。

3　工学的アプローチのコミュニケーション

コミュニケーションという言葉は，人によって捉え方が違います。仕事上の難しい人との関係性，報道機関を指すマスコミ，あるいは，Line や Facebook，メールやブログなど，特定・不特定多数の人とのつながりを連想する人もいます。このようにコミュニケーションという言葉は，人によって使い方や意味づけがさまざまです。

学問としてコミュニケーションに関する研究がはじまったのは，1950 年代前後と言われています。情報の概念が科学により成立され，通信工学と制御工学を融合したサイバネティックス（cybernetics）やシステム理論が盛んに研究され出した時期と軌を一にしています。では，当時の通信機器における発信・受信といった機械系の発想からはじめられたコミュニケーションの研究について考えてみましょう。

(1)　シャノンとウェーバーのコミュニケーションモデル

米国の数学者であり電気工学者のシャノン（Shannon, C. E.）は，あらゆる情報が 0 と 1 のみで符号化することができると指摘し，「情報理論の父」と呼ばれています。同じく科学者であり数学者のウェーバー（Weaver, W.）は，シャノンが考えた機械同士の通信モデルを活用して，人間同士のコミュニケーションを説明するモデルを考察し，1949 年に二人の共著として『コミュニケーションの数学的理論』を出版しています。図 1-3 にその概念図および解説を示します。

シャノンが提唱した通信モデルは，情報の送り手と受け手が通信機械を使用することを前提にしていました。よって，情報がどのように送信可能な形態に変換され，ど

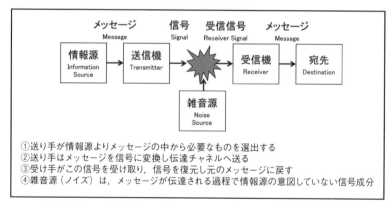

図 1-3　シャノンとウェーバーのコミュニケーションモデル（線型）
（Shannon, C. E.（1949）より編集）

のように復元・表示されるかは個々の通信によって異なることはなく，通信の種類に
応じて必ず一定のルールがあると理論づけています。ところが，ウェーバーがシャノ
ンの理論にしたがって人間同士のコミュニケーションに当てはめてみると行き詰まり
ました。なぜならウェーバーは，言語という共有されたルールは，人が決めたルール
であり不確定性が高いと考察したわけです。例えば，ワードプロセッサは，ときに突
拍子もない漢字の誤変換をします。コンピュータには誤変換という違和感がわかりま
せんが，人は違和感を持ちます。人の感じる違和感は，不確実性の高いルールを共有
することが重要と言われており，そのルールの共有は，言語や文化において共通する
基盤や異質を感じる感性を持っています。シャノンとウェーバーの理論は，コミュニ
ケーションの基礎理論として広く活用されています。

　シャノンとウェーバーのモデルを単純に人の対面場面に当てはめるなら，情報源は
脳，送信機は口，受信機は耳，宛先は受信者の脳となります。例えば，メッセージの
発信者が誤った情報を発信するとコミュニケーションは失敗します。あるいはノイズ
が強過ぎて聞き取れない場合や，受信側の聞き間違えがミスコミュニケーションに発
展することも考えられます。プレゼンテーションの場面では，上手く喋れなかった，
まわりが騒がしかった，聞き取れなかったなどにあたります。

(2)　**シュラムのコミュニケーションモデル**

　シュラム（Schramm, W. L.）は，哲学やマスコミ理論の専門家ですが，「コミュニ
ケーション学の父」とも呼ばれています。シャノンとウェーバーのモデルは，メッ
セージが一方向に流れる線型に対して，シュラムのモデルは，解釈者（行為を行う
者）に着目し，情報源と送信器，受信器と目的地を同一機能として単純化（記号化と
解読）して円環型で示されています。つまり，対人コミュニケーションの場合，話し
手であると同時に聴き手でもあります。また，解釈者におけるフィードバック過程の
存在も示しています。図1-4にその概念図および解説を提示します。

　情報の送り手と受け手が双方向で円環的に情報をやり取りするこのモデルは，言う
までもなく，マス・コミュニケーション理論からつくり出されたモデルです。彼の著
書『マス・コミュニケーション』に，「コミュニケーション過程をどこかで始まり，
どこかで終わると考えるのはまちがっている。それは，現実には終わりのないもので
ある。われわれは，情報の巨大で終わりのない流れをとりあつかったり，また流れを
変えたりする小さい交換台である」と述べています。

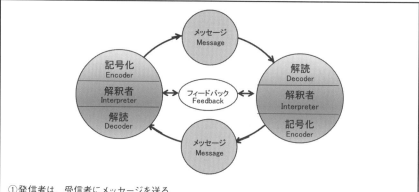

①発信者は，受信者にメッセージを送る
②受信者が，そのメッセージを受け取り，受信者の自身の解釈をもとにメッセージを翻訳し自分なりに理解する
③このとき発信者は，自分が発信したメッセージがどのように受信者に解釈されたかわからない
④その後，受信者が解釈したメッセージの返事を発信者に送る（立場が逆転する）
⑤そうしてはじめの発信者が，返事のメッセージを確認し，相手（受信者）にどのように解釈されたのか知る

図1-4　シュラムのコミュニケーションモデル（円環型）
（Schramm, W.（1954）より追記編集）

4　コミュニケーションの分類

　コミュニケーションは，私たちの五感（視・聴・嗅・味・触）を通して，他者からの情報を受け入れ，自分から情報を発信することができます。ここでは，話し言葉や文字による言語と，身振り手振りなど非言語によるコミュニケーションの2つの側面から分類し考えていきましょう。

⑴　言語コミュニケーション（verbal communication）

　言語とは，言葉の字音的表現であり，人間が創作した人為的な記号体系や音声による記号体系により，人間の感情や思想，意思などを表現したり，お互いに伝え合ったりするものです。言語の目的は情報を他人に伝えることです。言語を音声言語（話し言葉）と文字言語（文字言葉）に分けて考えてみます。音声言語とは，オーラルコミュニケーション（oral communication）が一般的であり，人間の聴覚を利用した口頭での意思伝達のことを言います。音声言語は，人と人との直接的なコミュニケーションであり，人それぞれに音声の高低や強弱，音質，ポーズ（間）などの特徴を持っています。また，話し手の意思や意味を特定・限定しにくい場合もあり，聴き手の知識や経験，信頼，感情，立場によって，さまざまに理解されることがあります。

　文字言語は，人間の視覚を利用した文字によって表現・理解する言語です。文字言

語は，さまざまな用法によって独特の性質をもたらすことができます。また，紙など
のメディアを用いて表現することで，伝達の範囲を時間的・空間的に拡大できます。

(2) 非言語コミュニケーション (nonverbal communication)

　非言語コミュニケーションは，言葉で記号化できるもの以外のすべての人間のコ
ミュニケーションのことです。例えば，表情や身振り，アイコンタクトなどです。現
代社会はグローバル化が進み，他の国の人々との異文化接触の機会が増えました。そ
の結果，異文化間での言語の違いはもとより，彼らの風習や習慣や思想の違いで，非
言語コミュニケーションによる誤解が生じ，相互理解が困難な場合があります。した
がって，異文化コミュニケーションを考えるとき，言語コミュニケーションにばかり
注目する傾向がありますが，他国の文化や思想を理解する他者理解の視点から非言語
コミュニケーションを見直すことが大切です。

　コミュニケーション活動は ICT の利用により，伝える内容や方法がますます変化
する傾向にあります。また ICT の進展により，言語コミュニケーションだけでなく
人間の五感による非言語コミュニケーションも表現・伝達することが可能になりまし
た。そのため私たちは，普段なにげなく使っている非言語コミュニケーションの特徴
を学び，その特徴を意識し，コミュニケーションを行う必要があります。主な非言語
コミュニケーションの種類と特徴を表 1-1 に示します。

　非言語コミュニケーションに関する有名な研究があります。アメリカの心理学者メ
ラビアン (Mehrabian, A.) は，コミュニケーションにおいて話し手が聴き手に与え
る影響は，言語コミュニケーション（言語情報：言葉そのもの）が 7% であり，残り
の 93% が非言語コミュニケーション（視覚情報 55%：見た目・表情・しぐさ・視線，
聴覚情報 38%：声の質・速さ・大きさ・口調）であるとし，非言語コミュニケーショ
ンの重要性を述べています。この法則は，メラビアンの法則と呼ばれ広く知られてい
ます。一方，非言語コミュニケーションの研究者であるアーガイル (Argyll, M.) に
よると，聴き手の 70% 以上が話を聴いているときに話し手の目を見ている，会話を
しているときは，約 60% が相手を見ていると報告しています。他にも，エクマン
(Ekman, P.) は，顔の表情各部分の比率より，基本的感情表出度を重要視している
と述べています。多くの研究がなされていることからも非言語コミュニケーションの
重要性が高いことがわかります。

　以上，コミュニケーションの分類について述べてきました。また，コミュニケー
ションの形態としては，直接対話によるコミュニケーションとビデオカンファレンス
など，インターネットなどを利用した間接対話があります。直接・間接対話を問わ
ず，上述した言語・非言語によるコミュニケーション能力の育成は，教学改善におい
ての重要な課題になってきます。

表 1-1　非言語コミュニケーションの種類と特徴

パラランゲージ	会話中に言葉と一緒に生じる動作や態度のこと。声の大きさ，高さ，声質，抑揚，アクセント，うなずき，笑いなど。
ボディランゲージ	言語を用いず，身振りや手振りによって相手に意思を伝えること。文化的な意味や特徴を持つため文化的知識が必要になる。
ジェスチャー	ボディランゲージと同じく身振りや手振りによって相手に意思を伝えるが文化的知識の影響は少ない。
エンブレム	その文化や社会において明確な意味を持っている表象やサイン。例えば，日本では V サインは平和や喜びを表すが，イギリスでは V サインで手の甲を相手に向けることは侮辱を意味する。
表　情	感情や情意が顔や動作に表れたもの。怒りや幸福，驚き，嫌気，恐れ，興味，悲しみなど，それぞれに特徴がある。とくに顔に表れやすい。
身体特徴	人それぞれが持つ身体的な特徴。体格や体型，体臭，口臭，姿勢，髪型など。身に着ける人工物（衣服や化粧，アクセサリー）も含まれる。
アイコンタクト	視線によって，意思を伝えること。例えば，視線の向きによってもその人の考えや心が表れる。
レギュレーター	発話の調子で，話の開始や続行，中断などを促す動作。例えば，ボディランゲージのうなずきやアイコンタクトなど。

（林・藤本，2011 より）

5　コミュニケーションと MECE

　コミュニケーション活動をより充実したものにするためには，ロゴス（論理）・パトス（感情）・エトス（信頼）の 3 つの要素をきちんと満たすことが大切になります。

　アメリカの精神分析学者ハインツ・コフート（Kohut, H.）によれば，人は，人とコミュニケーションをするときには，相手にほめられたい，相手に頼りたい，相手に同調して欲しい（認められたい）という願望を持っています。これをコフートの法則と言います。これら 3 つの願望をかなえてくれる人が，相手に信頼できる，必要な人になります。例えば，児童生徒の発言に対し，教員が「よくできました」とほめることで，児童生徒のほめられたいという願望を満たし，発言が認められたことにより信頼関係を築くのです。つまり，KR 情報を上手く与えることによって，相手とのパトス（感情）・エトス（信頼）に働きかけが成り立つのです。

　話の論理性を高めることで，コミュニケーション活動をより良くする方法もあります。そのような方法をロジカルシンキング（logical thinking）と言います。ロジカルシンキングとは，主張や物事を論理的に考え，処理する方法のことです。ロジカルシンキングにより，全体像の把握や問題解決，論理性，客観性，妥当性を高めることができます。ロジカルシンキングが主に話し手側に必要であるのに対して，聴き手側に

は，クリティカルシンキング（critical thinking）が必要になります。クリティカル
シンキングとは，与えられた情報を無批判に信じ込まないで，多角的，論理的に捉
え，その根拠を見抜く方法のことです。クリティカルというと，相手を批判する考え
と捉えられがちですが，確かな根拠を基にした情報であるか判断する力のことです。

　また，ロジカルシンキングを学ぶときのキーワードとして，MECE（ミッシー）が
あります。これは，'Mutually Exclusive and Collectively Exhaustive' の頭文字で
あり，ある主張や考えに「漏れがなく，重なりもない」という意味です。

　コミュニケーションにおいて，一方的であったり偏ったりした主張ではもちろん相
手に不信感を持たれます。また同時に，考えが甘い，未熟な主張では，説得力に欠け
相手に認められにくくなります。そこで，MECE を意識し，コミュニケーションを
することが大切です。例えば，「テレビの表示画面は，液晶画面と有機 EL 画面があ
ります」と説明されると，「ブラウン管（CRT：cathode ray tube）は？プラズマは？」
とこれらを所有する人は疑問を持ってしまいます。この説明には漏れがあり MECE
でないことがわかります。そして，ブラウン管などの所有者にとって無視されたとい
う感情から相手に不信感を持ち，結果としてうまくコミュニケーションが進まなくな
る可能性があります。

　主張や考えに漏れや重なりがない状態にするためには，「テレビの種類は市販の
シェアからみて 3 つに分けることができます。一つ目は，現在最もシェアがある液晶
テレビ，二つ目は，これからの有機 EL テレビ，三つ目は今までのプラズマやブラウ
ン管テレビです」と表現してはどうでしょう。MECE でテレビ画面を説明する際に
重要になってくる点は，画面の種類を科学技術の変遷，シェア，構造面，価格面，寿
命，性能面などのいずれの側面から分類しても説明できるかということです。先の事
例では，シェアからの分類をしましたが，技術者，子供，女性，高齢者など聴き手に
よっての色々な切り口もあり，さまざまな分類により説明していくことが重要になっ
てきます。

　MECE は，論理的思考の基本的になる考え方であり，知識基盤社会を生き抜くコ
ミュニケーション力の出発点でもあると言えます。

6　これからのコミュニケーション

　知識基盤社会と呼ばれる昨今，私たちは日々メディアを利用したコミュニケーショ
ンを行っています。辞書によると，メディア "media" とは，ミディアム "medium"
の複数形であり，声や文字などの情報を伝達する媒体のことを言います。

　マーシャル・マクルーハン（McLuhan, M.）は，その著書『人間拡張の原理』で
「すべてのメディアは，われわれ人間の感覚の拡張であり，メディアはメッセージで
ある。すべてのメディアの内容は常にもう一つのメディアである」と述べています。

つまり，メディアは，人間の持つ感覚までをも含めているようです。例えば，衣服は皮膚の拡張，車輪は脚の拡張，電話は耳の拡張などといったことです。

ところで，ICT が発展・普及した現代では，社会システムの合理化や効率化に伴い，人と人との直接的なコミュニケーションの機会がますます減少する方向に進んでいるのは事実です。今日では，パソコンや高度情報通信端末機器のスマートフォンを利用した LINE，Skype，Facebook，Twitter などに代表される，いつでも（時間），どこでも（場所），誰とでも（人）のメディアを介した間接的なコミュニケーション活動が容易な時代になりました。しかし，従来の直接対話に比べ間接対話であるメディア利用は，恩恵の背後に負の遺産として私たちが予期できなかった想定外の事故や事件や犯罪を招くこともあります。メンタル面で，人間の価値観や判断，活力，究極的には生命まで脅かす影響を与えたりするケースが生じるようになってきました。

例えば，ケータイ販売店からのキャッシュバックなどは，ICT の恩恵や利益による光の部分として，通信会社の広告などを通じて私たちの生活に還元されるような表記で示されています。しかし，その背後にある諸問題や悪い影響などの影の部分は，あえて気づきにくい表記で示されている場合もあります。そのため，一人ひとりが情報通信社会を渡り歩く教養やコミュニケーション能力，論理的・批判的思考を養う必要性を自覚し，日常生活で実践し向上させる心構えが最も大切になってきます。

1.4　教学と教員／教える力

1　伝える力

伝えると教える，説得するでは，どのようにニュアンスが違うでしょうか。伝えるに比べて，教える，説得するというのは，相手に強く発信しています。知って欲しい，わかって欲しいという思いが込められています。つまり，伝える力には，情報の正確さやスピード感，効率性が求められますが，教える力・説得する力には，それらに加えて情報のわかりやすさ，楽しさ，有用性などが求められます。

一般に，情報を伝えるという場面を想定したとき，まず知識や技能を豊富に身に付けた熟練者としての伝える人と，それらに関して無知であり未熟な者である伝えられる人が考えられます。情報の伝達という視点では，伝える人は発信者，伝えられる人は受信者となります。一方向に情報が伝えられるとどんな状況が起こるのか，ここで簡単な演習をしてみましょう。下記の①〜⑧の文字情報の指示にしたがって，枠内に絵を描いてみて下さい。＜伝える演習＞の模範図は，図 1-5 に記載しています。

＜伝える演習＞

① 大きな丸を描きます。

② その丸の後ろに三角形を付けます。

③ 丸の中に丸を書きます。

④ さらにその丸の中に黒丸を書きます。

⑤ 大きな丸の右下に台形を書きます。

⑥ 大きな丸の下に三角形を付けます。

⑦ 大きな丸の左に縦向けにした楕円形を付けます。

⑧ 大きな丸の上に台形を付けます。

　さて，この文字情報でどのような絵が描けたでしょうか。隣の人と比較してみましょう。

　人と人とのコミュニケーションでは，相互にやり取りするため，一方向に情報が伝えられることはほとんどありませんが，上記①〜⑧の指示で，質問もできないとしたら細かい位置情報も空間認知も曖昧で，後に示す模範図（図1-5）のように描けるわけがありません。

2　情報伝達の違いによる「教える／学ぶ」の関係

　教える側と学ぶ側の情報伝達は，両者の関係性によって違ってきます。ここでは，教え方の違いを考えるために3つのケースに分類して考えてみたいと思います。

　一つ目は，学校の授業のような教員が学習者に教授している状況を考えてみましょう。一般的に，教授するという場面では，教員は職務として教材を教え，学習者は教授された教材を学ぶという相互の情報伝達に関する契約関係が成り立っています。

　二つ目は，情報の発信者が受信者に対して，自分の考えや主張を積極的に説得する状況を考えてみましょう。あなたは，企画を依頼してきた新規クライアントの会議に出かけ，自分が企画した提案の場面を想定してください。この場合，一つ目の教授する場面設定とは異なり，相手が初対面またはあまり馴染みがなく，情報の発信者と受信者との間に，事前の信頼関係が存在しているとは限りません。企画発表のプレゼンテーションや講演会のスピーチなどは，多くがこの状況にあたります。

　三つ目は，師匠と弟子が伝統技術を継承する徒弟制の状況を考えてみましょう。師匠は，弟子のことなどまったく気にもせずに自分の仕事に熱中しています。徒弟制では，積極的に伝える／教えるという行為がなくても，いつの間にか弟子は技術を身に付けています。弟子に仕事の手伝いをさせる場合でも，例えば「しっかりココを押さえておけ」など断片的な指示で，弟子のために手取り足取り体系的に整理された手順を説明しません。しかし，弟子は師匠の仕事場で掃除をしながら師匠の道具や材料，さらにゴミ箱に残っていた切れ端から師匠の技を盗み取ろうとします。この場合，弟

子は自分に必要な情報を積極的に身に付けたいという主体的な探求心や上達したいという強い意志が前提としてあります。

　以上の３つの情報伝達について，情報の発信者の働きかけ方と受信者の受け止め方の違いに着目して比較すると表1-2のようになります。教えると学ぶについて，学校の教授場面だけでなくさまざまな教え方，伝え方があることに気づきます。

表1-2　情報伝達の違いによる「教える／学ぶ」の関係

	伝達状況	教える側の態度	学ぶ側の態度
1	教　授	職務的・義務的な働きかけ	受動的・義務的な受け止め
2	説　得	積極的な働きかけ	主観的な受け止め
3	伝　承	無作為的な働きかけ	主体的な探求と受け止め

（林・藤本，2013より引用）

3　ピグマリオン効果と効果的な教授方略

　ピグマリオン効果（Pygmalion effect）とは，米国の心理学者であるローゼンタール（Rosenthal, R.）の理論ですが，教師期待効果とも言われています。教員が学習者に対し「この生徒は成績が伸びるに違いない」と高い期待を持つと，本当にその生徒の成績が伸びると言われています。これは，1964年にアメリカのサンフランシスコの小学校で行われた実験に基づく理論です。この理論の真偽はともかく，教授による情報の伝達においては，情報の発信者が受信者に対し期待を持つことは，その内容や方法をより良く改善し，同時に受信者の関心・意欲を高める原動力になるものであると考えられます。誰でも「嫌だな」，「あんな相手に話したくないな」などと思いながら，良い話やプレゼンテーションができるわけありません。逆に，情報の受信者も発信者に嫌だなと思われるような情報の受け止め方（聴き方）をしないようにすることも大切です。情報の受信者が受け止めようとする姿勢や努力を意識的に表すことによって，発信者もその意欲が高まるという相乗効果が期待できるのです。聴き手に求められる力は，コラム「オーディエンス教育」に掲載しています。

　この教授による情報伝達では，発信者と受信者の間に既に契約関係が成り立っているのですから，発信された情報が受信者に確実に受け止められるようにしなければいけないのは当然のことです。しかしながら，実際の学校現場では，生徒が教室内で勝手な行動をして先生の指導にしたがわない場合，ともすれば学級崩壊の状態に陥ります。他方，大学の講義では，私語や居眠りなどが放置され問題視されています。それでは，情報の伝達が確実に行われるようにするにはどうすればよいのでしょうか。認知心理学者のガニェ（Gagne, E. D.）は，その著書『学習指導と認知心理学』の中で，効果的な教授方略として，①明瞭性，②フィードバック，③先行知識の見直しの

3つを挙げています。

①目標，指示，内容をできるだけはっきり明確に伝えることができるようにその内容・方法について工夫することなど。
②単に伝達する知識について説明するだけなく積極的な問いかけを行う。また，解答の正誤よりもプロセスに着目させる問いかけを行う。さらに生徒の質問やコメントに対して確実に先生のコメントを返すことなど。
③学習者の既習状況を把握するとともに，情報伝達の内容はどのような基礎情報によって成り立っているのか分析的に考えること。

　上記のことは，情報発信者が伝達すべき内容や方法を検討するうえで大きなヒントとなるのではないでしょうか。一般的に情報伝達の際に求められる情報の正確さ，早さ，効率さだけではなく，わかりやすさ，楽しさ，役立ち度なども求められているのです。さらに，気になるのは情報受信者の与えられた情報に対する関心・意欲です。先の表1-2にも示しましたが，教授による情報の伝達においては，教える側の態度は職務的・義務的になりがちです。一方，受信者は情報を受動的・義務的に受け止めがちになります。それだけに，受信者の興味・関心を引く内容や伝達の方法を工夫することが求められます。

図1-5　＜伝える演習＞の模範図

1.5　教学と学習者／学ぶ力

　この節では，教学における学習者の立場から学ぶ力について考えてみましょう。

1　生きる力につながる21世紀型能力の学び

　国立教育政策研究所は，「生きる力」につながる「21世紀型能力」の概念を図1-6のように示しています。この図を見ると，思考力を中核として，それを支える基礎力と使い方を方向づける実践力の三層構造で構成されています。さらに，実践力を通して21世紀型能力へとつなげ，ひいては生きる力につながることを示しています。
　学びの基盤である基礎・基本力が大切なことは言うまでもありませんが，新しい知識が生まれ，今まで使っていた道具や知識が一気に古くなる時代にあって，私たちは何をどう学ぶ必要があるでしょうか。この図にそのキーワードが示されています。例

えば「適応的学習力」。これは、学び方を学ぶという意味ですが、新しいことにチャレンジする場合、その学び方をも学ぶ必要があります。また、メタ認知（meta cognition）も重要なキーワードです。脳科学の分野では知覚や情動、記憶、思考など、自分の認知活動を客観的に捉えて評価したうえで制御することをメタ認知と呼んでいます。つまり、「認知を認知する」、あるいは、「知っていることを知っている」を意味します。自分自身のできること・できないことを明確にして認識することを指します。

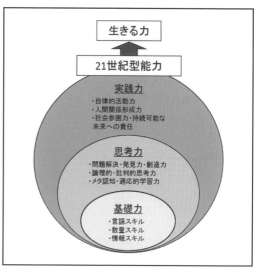

図1-6　生きる力につながる21世紀型能力の概念図
（文科省有識者検討会（2014）をもとに作成）

　一方、授業で意見を聞くと「私もそう思います」など人の意見に引きずられてしまう賛同型の人が多いように感じます。新しい切り口で提案できることや新しい捉え方や活用法を創造する革新的な行為をイノベーション（innovation）と言います。

　その原動力を身に付けるには、ものごとを鵜呑みにせず、自分の頭で、しかもきちんとしたやり方で考えること、すなわち学ぶ力として批判的思考（クリティカルシンキング）を日頃から磨いておく必要があります。

2　自己効力感による学びの目標設定

　人が何かの行動を起こそうとするとき、「自分にできそうか」ということを考えます。そして、「できそう」と感じたら行動を起こし、反対に「できそうにない」という方向に傾けば、なかなか行動に移すことができません。バンデューラ（Bandura, A., 1977）の提唱した自己効力感（self-efficacy）は、図1-7に示すように人間が行動を決定する要因として、先行要因、結果要因、認知的要因を設定し、人から行動、行動から環境という相互作用が絡み合い、結果が形成されることです。例えば、予期せぬ事態が起こったという言い方をしますが、予期とは予想を立てることを意味し、この例えは、ある行動に対する想定外の結果であった場合に使います。

　バンデューラは、効力予期を結果予期や過去の体験よりも実際の場面における気分や行動変容が最も重要な要因になると主張しています。つまり、「今からこう行動す

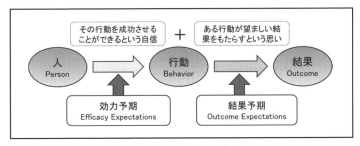

図 1-7　結果予期と効力予期の関係
（Bandura, A.（1977）をもとに作成）

れば，よい結果が得られる」（結果予期），あるいは過去に同じ行動で達成しており
「これからの行動が可能である」（効力予期）という自信がなければ，その行動は達成
されないということを示しています。先に示した2つの予期は，表1-3に示すように
行動や気分などに影響を及ぼすと言われています。例えば，過去に走り高跳びで跳べ
た高さであり，今回も技術的に達成可能であったとします。しかし，跳躍の瞬間に選
手が飛べない，無理だと思うことで失敗してしまうということが考えられます。この
場合は，自己効力感が下がってしまった結果となります。

表 1-3　結果予期と効力予期による行動規定（Bandura, A., 1985）

		結果予期	
		（＋）	（－）
効力予期	（＋）	・自信に満ちた適切な行動をする ・積極的に行動する ・新しい課題に挑戦する	・不平・不満を言う ・抗議する ・生活環境を変える
	（－）	・失望する・落胆する ・自己卑下する ・劣等感に陥る	・無気力，無感動，無関心になる ・あきらめる ・うつ状態になる

3　自己効力感を高める学び力

　では，自己効力感を高めるにはどうすればよいでしょうか。自己効力感は，達成体
験，代理体験，言語的説得，生理的情緒的高揚によって形成され，さらに，それらに
プラスの影響を与えることで自己効力感が高まると考えられています。
　一つ目の達成体験は，上手くいった成功感や達成感を感じることで，最も自己効力

感を定着させると言われています。成功体験が低迷している場合は，小さな目標をクリアして積み上げていくことが大切です。二つ目の代理経験とは，他の人が達成している様子を観察して，「自分にもできそうだ」と予期することを意味します。自分自身が直接体験できる範囲は限られているので，他者の成功体験を模倣してみるとか，読書から得る情報も代理体験の一つと考えられています。三つ目の言語的説得とは，自分に能力があることや，達成が可能であることを「自分ならきっとできる」と言葉で繰り返して説得することです。また，家族や上司などにほめてもらうことや自分自身をほめることも言語的説得と言えます。ただし，言語的説得だけによる自己効力感は容易に消失しやすいと言われていますので，早期に達成体験につなげ自己効力感を定着させることが効果的です。最後に，生理的情緒的高揚とは，お酒や薬物など他の要因を通して気分が高揚することですが，一時的な感覚はすぐに消失してしまいます。以上の4つの側面から自己効力感を高めることは，リーダーシップ能力の育成へと発展していくとも考えられています。

4　目標設定の違いによる学習成果の変化

　バンデューラ（Bandura, A.）とシュンク（Schunk, D. H.）は，学習課題に対する目標設定と自己効力感の関係を分析しています。彼らは，算数が苦手で興味を持たない小学生40人を4つのグループ（近目標群，遠目標群，無目標群，統制群）に分けて，引き算の学習を実施しました。近目標群には1日で6ページを目標に練習するよう指示し，遠目標群には7日間で42ページを目標に練習するように指示しました。また，無目標群には目標を立てず練習させ，統制群には練習させない状態にしました。

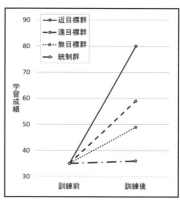

　その結果，図1-8に示すように近目標群の学習成績が他の三群に比べて顕著に高まっています。バンデューラとシュンクはこの結果より，遂行可能な目標を持ち，それを日々達成していくことが自己効力感を養い，学習成績も向上することを立証しました。以上のように，学習成果をあげるためには，小さな目標を少しずつ達成することが有効と考えられます。

図1-8　自己効力感の実験結果
（Bandura, A. & Schunk,
D. H.（1979）をもとに作成）

1.6 教学と支援

　この節では，教学の支援について，昨今，問題視されている子供の自尊感情や自己肯定感に焦点をあてて考えてみましょう。

1 自尊感情と自己肯定感から教学の支援を考える

　自尊感情や自己肯定感という心理学用語は，セルフエスティーム（self-esteem）のことを指します。東京都教育委員会の研究チームは，自尊感情を「自分のできることできないことなどすべての要素を包括した意味での自分を，他者とのかかわり合いを通してかけがえのない存在，価値ある存在としてとらえる気持ち」と定義しています。一方，自己肯定感は，「自分に対する評価を行う際に，自分のよさを肯定的に認める感情」と定義しています。端的に言い換えると「自分を大切だと感じていること」が自尊感情ですが，自尊感情＝自信があるではありません。自信があっても自分を大切にできない人もいるし，自信がなくても自分が大切な存在であると感じている人もいます。人によっては，「こんな自分ではだめだ，もっと人に合わさないと」と思い，無理やり自分を変えようとする人もいます。なかなか変わらず，「どうしてできないのだ，自分はやっぱり駄目な人間だ」と思うようになると自尊感情が低下します。自分を理解して受け入れることが自尊感情を高める方法の一つと考えられています。高い自尊感情を持つには，自分らしさをしっかりと受け入れることができるかどうかが左右するようです。

　東京都教職員研修センターで，自尊感情の高い子供と低い子供のイメージを教員に調査したところ，図1-9のような結果が得られました。自尊感情の高い子供のプラスイメージは，自信に満ちあふれ，目標を持って意欲的に取り組み，他者への思いやりや感謝の気持ちを保持しているよ

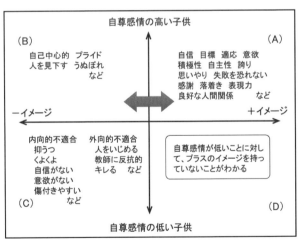

図1-9　教員が持つ自尊感情の高い子供・低い子供のイメージ
（東京都教職員研修センターをもとに作成）

うです。一方，自尊感情は高いけれど，マイナスのイメージの子供は，自己中心的で
プライドが高く，人を見下す傾向があると報告されています。また，自尊感情が低い
子供で，教員がマイナスイメージと捉えた場合には，内向的不適応として，くよくよ
している，自信がない，傷つきやすい。外向的不適応として，人をいじめる，教師に
反抗する，キレるといったネガティブなイメージを調査結果が報告されています。

　自己肯定感の低い子供は，自分の将来に対して希望が持てず，結果的にやりたいこ
とや得意なことを見つけられない傾向があります。先に示した図1-9の「(C) 領域」
の子供の自尊感情が高まった場合，「(B) 領域」の方向に移行する可能性が高いこと
を問題視し，「(A) 領域」へ導くことが今後の課題となります。

2　自己肯定感を高める教育の支援

　自己肯定感は，幼少期の経験が重要な要因であると言われていますが，大人になっ
てからでも自己肯定感を高める方法があります。心理学者のアドラー（Adler, A.）
の名言をもとに整理してみました。

(1)　できないことを切り捨てる

　自分自身の苦手なことやできないことを列挙して，できない順にランクづけしま
す。そして，最もできないことに関しては，改善するのではなく諦めて切り捨ててし
まいます。この方法は，できないことや苦手なことに対するプレッシャーを和らげ，
自己肯定感の低下を最小にします。よってダメージが小さくて済みます。アドラー
は，「未熟な自分を責めている限り，幸せにはなれない。未熟な自分を認めることだ。
それができる者だけが強い人間になれる」と述べています。

(2)　できることを見つける

　できないことを切り捨てたうえで，自己肯定感を高めるには，自分の得意なこと
や，好きなことを列挙してランクづけします。過去に遡っても否定的な記憶しか出て
こない場合は，小さな成功体験の記憶を見つけてみましょう。列挙した中で，無理せ
ずに続けられることを優先的に行動に移します。アドラーは，「判断に迷ったら，よ
り多くの人間に貢献できる方を選べばいい。自分よりも仲間たち，仲間たちよりも社
会全体。この判断基準で大きく間違うことは，まずないだろう」と述べています。

(3)　言い訳を考える

　教師，コーチ，家族から，「言い訳をするな」と叱られた経験がある人も多いと思
います。これは，問題解決においては逆効果で，とくに自己肯定感を高めなければな
らない子供にとって，失敗を自分自身のみで引き受けてしまうことは，避けなければ
なりません。そこで，もし何かを失敗したときには言い訳，つまり失敗した理由を必
ず複数個あげて考えるようにしましょう。もちろん失敗の原因には，自分自身の至ら
なさもあるでしょう。しかし，決してそれだけに帰結させるのではなく，さまざまな

要因を考慮することも大切です。アドラーは，「問題の原因などどうでもいい。大切なのは解決策とこれからどうしたいかだ」と述べています。

(4) 承認欲求を捨てる

他人から認められたい・ほめられたいとする感情を承認欲求と呼びますが，自己肯定感を高めるために承認欲求を捨ててしまうことも一つの方法です。一般論として自己肯定感の低い人には，子供の頃，条件付きでしかほめられなかったという人がとても多いと言われています。条件付きでほめるとは，親や教師など周りの大人にとって都合のいい行為をした場合にほめられるということ。それは他人の欲望に従属しているに過ぎず，自己の存在そのものを肯定し価値を見出しているということにはなりません。大切なことは，良し悪しの価値の基準を他者ではなく，自分の中に持つということです。それが自己肯定感の本質と言えます。アドラーは，「他人からの賞賛や感謝などを求める必要はない。自分は世の中に貢献しているという自己満足で十分である」と述べています。

(5) 目的意識を持つ

自己肯定感が高いという状態は，自分にとってのより良い状態ですが目的に向かうための原動力に過ぎません。目的意識を持つことによって，過去に対する劣等感やこだわりが消え，目的を実現するための戦略を実行していくための未来のみが残ることになります。アドラーは，「過去を後悔しなくていい。未来に怯えなくていい。そんなところを見るのではなく，今このときに集中しなさい」と述べています。

1.7　これからの教学

これからの教学について，人工知能やロボットの発展による，さらなる社会変化を少し先読みし，知識基盤社会に対応する教える力と学ぶ力について，キャリア教育をも含めて考えていきましょう。

1　知識基盤社会に対応する学びの大切さ

現代は，知識基盤社会の時代と言われています。一昔前のように知識や技術を効率よく吸収することが求められた時代や，知識や技術がほとんど変化しない社会であったときは，学校教育では，授業者が正解保持者として多くの学習者にそれを伝達することが求められてきました。しかし，時代が刻々と変化し，常に新しい課題への対応が求められる現代社会では，未知なる部分も多く，答えが一つとは限りません。このような時代に対応するために，私たちは何を大切にして学べばよいのでしょうか。

例えば，自動車産業を例に考えてみましょう。これまでクルマの心臓部と言えば，

内燃機関（エンジン）でしたが，ハイブリッド車や電気自動車は，電気モーターや蓄電池が主力部品に移行しています。このことは，地球規模で持続可能な社会をめざした開発がその背景にあります。太陽光発電や水素と酸素を科学的に結合させる燃料電池など，枯渇する恐れのある化石燃料から再生可能エネルギーへと転換期を迎えています。

　一方，自動運転技術が普及するようになるとクルマ社会そのものの概念も変わってきます。ボタンを押すだけで目的地にたどり着けるようになれば，運転技術を磨く必要もありません。人間が運転しなくても交通ルールを守って自動運転してくれるGoogle の無人カーが，すでに公道での実験も大詰めを迎えているようです。無人運転のクルマの中が会議室となったり，映画を楽しんだり，カラオケ大会を催したり，移動中の空間が全く変わる可能性を秘めています。そんな時代になると，車中のコミュニケーションを深めるための新しいビジネスモデルが提案されるなど，これまでに考えたこともなかった仕事が生まれてくるのではないでしょうか。では，次に雇用や仕事の未来について考えてみましょう。

2　学び続けることの大切さ

　文部科学省の産業競争力会議（2015 年 2 月）の資料に，オックスフォード大学のオズボーン（Osborne, M. A.）准教授の「今後 10 〜 20 年程度で，アメリカの総雇用者の約 47% の仕事が自動化されるリスクが高い」という報告と，ニューヨーク市立大学のデビッドソン（Davidson, C. N.）教授の「2011 年度にアメリカの小学校に入学した子供たちの 65% は，大学卒業時には，今，存在していない職業に就くだろう」という報告が掲載されています。この先の 20 年後が半端ないスピードで変化し続け，想像もできない仕事が生まれてくる可能性を示唆しているわけですが，確かに，一昔前は携帯ショップもありませんでしたし，スマホアプリのデザイナーもいませんでした。では，このような社会変化に対して，職業人としてどのような能力を身に付ける必要があるのでしょうか。

　脳科学者の茂木健一郎氏によると，ロボットが完全に人間の知性を手に入れるには，少なくともあと 50 年はかかると言われています。先で述べたオズボーン准教授の調査では，多くの仕事が機械やコンピュータの脅威にさらされることがわかってきました。彼は，各仕事に必要なスキルはどのようなもので，そのスキルを機械がどれだけ自動化できるのかを時代の潮流とテクノロジーの発展を考慮して詳細に調査しています。なくなる可能性が高い職業として，レストランの案内係や金融機関の融資担当者，ネイリスト，洋服の仕立屋，時計修理工，スポーツの審判員，電話オペレーターなどを列挙しています。人工知能が人間を超える可能性と，それによって影響を受ける職業についてはっきりと触れています。

　一方，コンピュータ化の障壁となりうるものとしては，手先の器用さや芸術的な能力，交渉力や説得力など9つの仕事特性を抽出しています。つまり，人工知能では計れない個性を磨くことが必要になってくると考えられます。

3　協働作業を重視した学びの大切さ

　日本が中国や韓国に対して安いものを大量生産しても，労働賃金の差で価格競争に勝てるわけありません。付加価値をつけた商品を開発するとか異なる専門性を組み合わせることが不可欠です。複数の主体が，何らかの目標を共有し，ともに力を合わせて活動することを協働と言います。最近よく耳にする言葉ではコラボレーション（collaboration）です。国内の新しいコンセプトのお店のコラボレーションでは，ファミリーマートとカラオケDAMが合体した熱唱できるコンビニの出店や，ビックカメラとユニクロが協働して出店したビックロなどもその一つでしょう。異なる働き方，異なる技能を持っている人，異なる業界などを組み合わせることによって，新しい活動やこれまで存在しなかった事業が生まれてきます。

　現代の変化に対応するには，社会に出てからも学び続けることが時代の変化に対応する力と考えられます。言い換えれば，専門的なスキルが古くなると次につなげていく新しいスキルを身に付けなければなりません。例えば，翻訳の仕事で考えてみましょう。インターネット上に翻訳機能があるので，単に英語を日本語に訳すだけでは仕事になりません。けれども，医療といった特定分野の英語に詳しい翻訳者となると，付加価値が高まります。先にも述べたように，学び続けてさらに奥深い専門性を獲得して，専門性を組み合わせていくことが重要となるのではないでしょうか。

　教学において協働する力やチームワークを育成するためには，PBL（Project／Problem Based Learning）型のアクティブラーニングが効果的と言われています。PBLの事例では，企業と高校・大学の産学協働事業として，さびれた商店街の活性化や野菜や果物のブランド化など多種多様なPBL型アクティブラーニングが展開されています。これらの詳細は後の章で述べることにします。

1.8　コミュニケーション実践演習の紹介

　ここでは，コミュニケーションにおける「伝える力」，「受容する力」，「論理的に考える力」に関する実践を紹介します。各実践の演習シートについては，巻末記載の専用HPからダウンロードが可能です。

【ジェスチャー】
　ジェスチャーの演習は，身振りで情報を伝える力を育成する演習です。この演習の

ねらいは，①情報をジェスチャーだけで相手にわかりやすく的確に表現・伝達できる，②ジェスチャーから得られる情報をもとにして的確な判断や推察（読みとり）ができることをめざします。ジェスチャーは，非言語コミュニケーションによる表現方法の一つですが，意図した内容を相手に適切な表現で伝達し，相手が的確に読みとることです。無言で伝えるジェスチャーを体験することで，豊かな表現伝達の方法を考えることができま

ジェスチャー

す。自分が伝えたいものを身振りだけで表現するにはどうすればよいのか。また，どのようなジェスチャーが伝わりやすいか。その場面や相手の既有知識（レディネス），あるいは文化的背景によって，ジェスチャーの意味することが違ったり捉え方が変わったりということを学びます。

【図形カード並べ】

　図形カード並べは，的確な指示を行う力を学ぶために3人で行うグループワークです。ねらいは，①指示すべき情報を，口頭で相手にわかりやすく的確に表現伝達できる，②口頭指示から得られる情報をもとに，その意図を的確に判断・推察できる，③口頭による情報伝達の不確かさとそれを補完する視覚や聴覚の役割に気づくことです。口頭で適切に伝達できることや口頭指示の難しさに気づきます。視覚情報から言語のみによる情報

図形カード並べ

の伝達を実施し，口頭での説明の難しさと注意点に気づいてもらうことにより詳細で正確な情報の伝え方を学びます。また観察者役は，「どのような指示が適切なのか」，「どのような言葉を使ったので伝達の不一致が生じたのか」などをじっくり観察し発信者に伝えます。さらに，出題者→回答者のみの一方的な情報のやり取り，出題者⇔回答者の双方向の情報のやり取りの2パターンを行い，違いを考察し口頭で指示する際のポイントを学びます。

【ほめ言葉】

　ほめ言葉は，相手を意欲的にさせる力の育成をめざします。心理学者マズローの「欲求5段階説」が背景にある理論で，第4段階のほめられたいといった「尊厳欲求」を本演習で満たし，最終段階の「自己実現欲求」について考えます。ねらいは，尊厳欲求を満たすために，相手に自信を与え，意欲を持たせる効果的なほめ方を考えます。演習では，3つの役割としてそれぞれが「ほめる」，「ほめながら改善点を示す」，

「批判する」という担当に分かれ，ほめることの実践を行い，相手をさりげなくほめることや，ほめたうえで相手の改善点を効果的に示すことを学びます。実際の場面でもただ批判したり改善点を示したりするだけでは，相手に改善を求めることは難しいものです。そこで，それぞれの役割での印象の違いも理解します。

ほめ言葉

【無言面接】

　無言面接は，表情や振る舞い，姿勢など視覚情報に絞った無言の面接を体験し，自分の行為や態度などが相手にどのような印象を与えるか体験します。ねらいは，好印象を与えるための表情，態度，アイコンタクトなどの非言語情報を相互に点検し，豊かな表情で自分を魅力的に見せる方法を考えます。

　演習では，各グループで被面接者が一人，残りが面接官となって入室から退室までの面接を無言で実施し，全員が被面接者を2回ずつ体験し，どうすれば好印象を与えられるかを学びます。無言面接の時間は1分程度ですが，視覚情報としての表情や手の癖は，人に与える印象の中でも多くを占めます。自分を良くアピールするには言葉による聴覚情報だけでなく，視覚情報である容姿にも気を配り，第一印象を良くする方法を学びます。とくに，人によって感じ方が違うため，グループでの演習を通して，どのような見え方・感じ方があるのか知ることができます。また，面接官が2回の無言面接で面接シートにチェックを入れ，終了後に回収して被面接者に渡し自己分析させます。

無言面接

【フォトランゲージ】

　フォトランゲージのねらいは，①写真から得た視覚情報より事実内容を正しく読みとることができる，②写真から得た視覚情報を推察および洞察できる，③複数の写真を関連づけて物語を構成することができることをめざします。写真などの視覚情報を読み取る力を身に付けるための実践ですが，事実を的確に把握する観察力や，伝えたい情報を抽出する洞察力を磨くことを考えます。フォトランゲージには2種類の演習があります。一つ目は観察力を身に付けるために，ある写真を見てそれが何を表現しているかを推測

フォトランゲージ

します。二つ目は，物語を考える力を付けるために，与えられた写真を使って物語をつくることで，自分が伝えたい情報を抽出し表現します。この2種類から選択や判断するための情報について，また表現や文章構成に関する技能を学びます。また，写真には，同じ情報源でも発信者側の見せ方や受信者側の背景によって伝わる内容が異なってしまう危険性について学びます。

【トラストウォーク】

　トラストウォークとは，センシティビティトレーニング（感受性訓練）の一つであり，「トラスト＝信頼」，「ウォーク＝歩く」の言葉の通りです。この演習では，3人グループをつくり誘導者，被誘導者，記録者の3つの役割に分かれます。被誘導者はアイマスクを付けて誘導者の指示によって歩き，記録者は口頭による指示が適切であるかチェックします。ねらいは，立場や状況の違う相手がお互いに必要とする情報を捉え，わか

トラストウォーク

りやすく相手に適切に伝えることです。誘導者は的確な声かけが求められ，相手の立場を考えた情報伝達が重要になります。また，被誘導者も危険を感じた場合や誘導が上手く伝わらないと感じたときは，誘導者にそのことを伝える必要があります。三者の役割を通し客観的に成果を判断できます。さらに，それぞれの意見交換により立場や考え方の違う相手にどのような配慮が必要なのか体験と合わせ，日常の場面でも同じ場面に遭遇した際に相手に対して配慮することを学びます。

【アサーション】

　アサーションの柱となる考えは，「誠実」「率直」「対等」「自己責任」であり，より良い人間関係を築くために，自分と相手の両方の意見を大切にした表現方法です。

　ねらいは，普段の自分の対応の特徴や，自分も相手も大切にした対応を行うべき場面に気づくことや自他の気持ちを大切にした対応をすることです。対応の種類は，自分と相手の意見が食い違う事例について，自分ならどう対応するかを考え，

アサーション

「アグレッシブ（攻撃的）」，「ノンアサーティブ（非主張的）」，「アサーティブ（主張的）」の3パターンの対応を行います。それぞれの対応で，アグレッシブは自分の主張優先で相手の気持ちを配慮しない対応，ノンアサーティブは自分よりも相手優先で自分を後回しにする対応，アサーティブは自分のことを考えつつ相手の気持ちにも配

慮した対応です。日頃のコミュニケーションにおいて相手の意見と食い違いが生じたとき，お互いの歩み寄りによる解決策を学びます。

【イヌバラ法】

イヌバラ法（後述）は，受容的に聴く力を養うことを目的とします。ねらいは，あいづちや聴き返しなど，相手の気持ちを受け止めながら聴くことや聴き方を見て伝わっているかどうか気づくことです。

イヌバラ法は，ロールプレイによるカウンセリング実習法です。一般的なロールプレイでは，カウンセラー役とクライエント役を人間同士と想定して行いますが，イヌバラ法では，クライエント

イヌバラ法

役は人間以外のもの，例えば犬などの動物やバラなどの植物になりきってロールプレイを行います。話し手は，人以外のものになったつもりで，そのものが抱える悩みを聴いてもらうというものです。つまり，相手の気持ちになって話を聴くにはどうすれば良いのか考えます。このとき，なりきるものが偏らないようにし，さまざまな状態を体験することが大切です。聴き手の反応の仕方を「うなずき」，「うなずき＋繰り返し」，「うなずき＋繰り返し＋聴き返し」の3種類で行い，話し手がどんな気持ちになるかを体験し，交流することで受け取り方の違いや良い聴き方を学びます。

【ロジックツリー】

ロジックツリーは，図解思考ツールの代表的なものであり，問題の中心となる原因を細分化し突き止めます。ねらいは，問題を「原因―結果」の関係で整理することです。

ロジックツリーは，まず「問題分析」を行い，原因と結果の関係でツリー状の階層構造に表します。次に「目的分析」では，ネガティブな表現をポジティブな表現に逆転させ，「手段―目的」の関係に置き換えます。下位の小さな原因を改善す

ロジックツリー

ることで，上位の大きな問題を改善することができます。また，可視化しやすいメリットがあり，グループで協力して問題に取り組むことができます。複雑な問題に対しても，グループで協議することで，どのように対処すれば良いのか対策の立て方を学びます。また，このロジックツリーは付箋に書き込み，模造紙に整理しながら上位・下位の問題をツリー状に仕分けします。例えば，メタボ→運動不足→日常生活で運動を必要としない→デスクワークの仕事が多いといった内容を下位になるほど具体

化します。演習応用編では，「いじめ」，「スマホ依存症」など具体的な問題を取り上げ実施します。

【ポスタープレゼン】

ポスタープレゼンは，物事を好印象に伝える手段として扱われます。ねらいは，資料をうまく活用した表現力を身に付け，情報を伝える力を磨くことです。

ポスターを用いることで文字だけでなく絵や写真，図などの視覚情報を効果的に取り入れることができます。模造紙で多彩に記述表現したり，ICT 機器も活用できます。発表の場面では，プレゼンテーションでよく用いられる AIDMA の

ポスタープレゼン

法則を意識します。「Attention（注意をひく）」，「Interest（興味を持たせる）」，「Desire（欲望を持たせる）」，「Memory（印象に残す）」，「Action（意図した行動に移す）」を考えグループで実施します。

自分が伝えたい情報を盛り込んで一方的に話をしても，聴き手は受け入れてくれません。聴き手が情的（おもしろい）と知的（ためになる）の双方に満足するように，資料の効果的な活用方法や情報の伝え方について学びます。

【マイクロプレゼンテーション】

マイクロプレゼンテーション（micro presentation, 以下「MP」）は，プレゼンの設計・実施・評価を行う模擬訓練の一つです。目標は，発表者と聴き手による相互評価を行い，自らのプレゼンの設計・実施・相互評価を通して改善点に気づくことです。MP は，本来のプレゼン時間よりも短く 5 ～ 10 分とし，要点を絞った発表をグループなど少人数で行い，聴き手と発表者相互による評価を行うものです。プレゼンのメディアは自由

マイクロプレゼンテーション

で，プレゼンソフト，ビデオ，配布用紙資料，実物の演示など必要に応じて選択できます。自己のプレゼンを評価されることで，プレゼンの流れ，提示内容，話し方や態度など自己を省みることができます。また，他の人のプレゼンの良い部分を参考に取り入れることで，プレゼンスキルを向上できます。なお評価項目は，次の評価シートを参考にしてください。また，より詳細なプレゼンテーションの評価シートは巻末記載の専用 HP をご参照いただき入手できます。

プレゼンテーションの評価シート

テーマ：「　　　　　　　　　　　　　」　発表者氏名

		《評価の観点》	点数
①	言語情報	主語述語、明確な論理性	
②	聴覚情報	声の高さ、速さ、大きさ、響き、間、言葉づかい、言葉の癖	
③	視覚情報	身振り手振り、表情・態度、体の姿勢、アイコンタクト、癖	
④	メディア利用	設計、内容、量、メディアの特徴を活かした利用方法	
⑤	理解度	わかりやすい、ためになった	
⑥	関心度	興味深かった、楽しかった、面白かった、印象に残った	
⑦	定着度	同じ内容を他の人に伝達・説明できる	

良かった点

改善すべき点

コラム　オーディエンス教育

　みなさんは，人と会話をするとき何に注意を払いながら相手の話を聴いていますか。相手に視線を向ける，話の内容に合わせてうなずく，しっかり聴いて理解しようとする，話の邪魔をしない，という点が一般的でしょうか。話し手は，相手の視線やうなずきなど，聴くための意思表示を確認することで会話を先に進めていくことができます。一対一など少人数での会話の場合は，話し手への気配りによりスムーズな会話が実現します。それでは，一対多など大勢を相手にする発表やプレゼンテーション，授業や研修などの場合はどうでしょうか。話し手への気配りも頭の中にありますが，何となく携帯端末を触ったり，隣の人と話をしたり，つい居眠りをしてしまう，という人が多いかもしれません。とくに授業や研修の場合，受講者本人の高いモチベーションや意欲がなければ，「ついつい〜」といった何気ない行為が時間の大半を占めることになりかねません。話し手と聴き手の関係を考えるうえで，一対多のプレゼンテーションなどでは直接的な意思疎通を図る手段が乏しい点にあり，会話との大きな違いと言えます。

　それでは，プレゼンテーションでの聴き手の何気ないおしゃべりや他の行為は，話し手や話の進行にどのような影響を与えるでしょうか。聴き手からの意思表示が確認できない中では，とても話しにくい場となることが容易に想像できます。あらかじめ準備した話題が十分に話せず伝わらず，話し手は不安や不満を抱えることになります。聴き手は，会話の場合と同様に，話し手に視線を向けたり，うなずきを返したりすることによって，聴くための意思表示をして話しやすい場を提供する努力が必要です。オーディエンス教育は，プレゼンテーション（一対多の情報伝達の場を総称して）において聴き手が示す表情や態度の重要性に気づくことを目的にした訓練法です。

　オーディエンス教育では，聴き手が演技をすることによって意図的に図1-10に示す5つのパターンのプレゼンテーションの環境をつくり出します。プレゼンテーションを行い，どのような環境下

 仲間意識型 話し手をグループの仲間として温かく受け入れる聴き方

 注意散漫型 興味・関心が薄いため集中できず，落ち着きのない聴き方

 自己中心型 自分のことだけに集中し，話し手が一所懸命でもまったく聴こうとしない聴き方

 無反応型 表情や態度から何を考えているかわからず話し手を混乱させる聴き方

 威圧型 話し手を反抗的な態度や横柄な姿勢で迎え，威圧感を与える聴き方

図1-10　聴き方5パターン

でスムーズに情報伝達できるのか，また苦手な環境下では話し手と聴き手の双方がどのような気持ちになるのか考えていきます。聴く態度を意識的に演じることによって，日常の自分の聴き方を振り返り見直すきっかけになります。また，聴き方が自分だけの問題にとどまらず，プレゼンテーションの進行に大きく関係することに気づき，話し手への気配りを持つことや話しやすい場を提供することの重要性に気づくことができます。

仲間意識型の聴き方

さらに，自分たちで考えた新しい聴き方を，訓練の中に取り入れても良いかもしれません。例えば，「真面目型」。これは，話を真剣に聴き，間違いや矛盾点や理解できない点があれば話し手に質問するような聴き方で，「仲間意識型」と比べ話し手に対して厳しい見方を持った態度となるでしょう。

オーディエンス教育の基本は聴き手の気づきで

自己中心型の聴き方

すが，発展編として2つの訓練法を紹介しておきましょう。一つ目は，プレゼンテーションの中で，演技ではなく日頃の自分の聴き方を第三者に観察・記録してもらい，改善点を整理することで，話しやすい場を提供するための改善策を見つける方法です。二つ目は，困った聴き方をする相手へ話し手が対処を試みる場とする方法です。話し手の積極的な対応が，困った相手を振り向かせるコツをつかむ良い契機になるかもしれません。

聴衆者としての聴き方を疎かにすることは，ときとして話し手に苦手意識を植えつけてしまいます。オーディエンス教育をとおして聴き方を見直し，話すための環境，話しやすい環境を振り返ってみてください。

黒川　マキ

■　第2章　主体的な学びの理論　■

　みなさんは，これまで学校で教育を受けてきましたが，同じ教科・科目であっても先生が違えば授業の進め方やわかりやすさ，おもしろさに違いを感じたのではないでしょうか。その結果，先生の教え方によって教科や科目の好き嫌いに影響したり，将来の進路にまでつながったりしたことはありませんか。このように先生である教員は，授業を行うときに自身の専門知識や経験に加え，教授学習理論をもとにさまざまな工夫を取り入れた授業を設計します。教授・学習理論によっては，授業の流れがまったく違ったものになり，教育的な効果も異なってきます。

　本章では，基本として教授学習理論の代表的な行動主義や構成主義，評価方法，これからの教えと学びについて説明します。さらに，発展として，学習者にとって魅力ある授業を行うために学習意欲について考えます。最後に，これからの学びと言える主体的で知識の深い学習のための理論と方法について学びます。

2.1　教授学習の理論

1　学習の変遷

　ここでは，1940年代以降の日本における教育方法を振り返り，2つの教授学習理論の考え方について知りましょう。

　教授学習理論は，大きく分けて2つあります。一つは，教員の主導により学習者が知識や技能を習得する行動主義です。もう一つは，学習者主体による問題解決や自ら知識を獲得する構成主義です。

　図2-1は，文部科学省の学習指導要領をもとに，行動主義と構成主義の変遷を振り子（菅井，1993）で示したものです。ここでは，知識理解の学力を重視した行動主義か，意欲関心の情意面を重

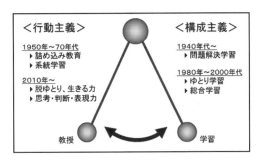

図2-1　行動主義と構成主義の振り子イメージ
（菅井（1993）を参考に作成）

視した構成主義か，2つの観点から日本の教授学習理論の変遷を見てみましょう。まず，1940年代の学習指導要領においては，生活経験をもとに学習者が自ら学ぶ情意面を重視した学習，すなわち問題解決学習を主としていました。しかし，体系的な知識獲得にはつながらず学力低下の批判を受けることになりました。そこで，1950年から70年代は，教員主導による教授を主とした授業が進められ，詰め込み教育，系統学習やプログラム学習により学習内容の基礎基本の習得が重視されました。その後，詰め込み教育の弊害が落ちこぼれや受験戦争などの社会問題となったため，1980年から2000年代は，再び個を重視した構成主義に戻りました。この時代は，子供にゆとりを確保するため学校週5日制が導入され，総合的な学習の時間や各教科の学習内容が厳選され，ゆとり教育やゆとりの時代と言われました。さらにその後，ゆとり教育により学力低下や理科離れに対する批判を招く結果となったため，2010年からは，脱ゆとり，生きる力の育成を掲げ，思考・判断・表現力を取り入れた学力を重視した学習，すなわち行動主義に移りました。そして現在は，学習内容の充実を図りつつ構成主義の学習方法や形態が推奨され，振り子でいう中央部分あたりにあると言えるでしょう。

ここで，みなさんに教授学習理論の2つのイメージを明確にしてもらうために次の演習に取り組んでもらいます。

図2-2は，作家川端康成氏の『雪国』の一節で，「国境の長いトンネルを抜けると雪国であった」です。この一節を読んで，どのような情景を脳裏に浮かべますか。後で消せるように鉛筆などで下枠内に簡単な絵を描いてください。

さて，どのような絵を描かれたでしょうか。多くの方は，次の2つの写真のように描き，それぞれ特徴があります。①の写真は，すべてを見渡せる視点から撮られたものです。すなわち，高所の広域，客観的な視点からの写真ということができま

図2-2 『雪国』（川端康成，新潮文庫）

写真提供：ピクスタ

『雪国』の一節から想像する2つのイメージ写真

す。②の写真は，トンネル内の視点から撮られた写真です。すなわち，低位置の狭域，主観的な視点からの写真ということができます。みなさんの描かれた絵は，①か②のどちらかに分類できるのではないでしょうか。①は，教員が高所から学習者を見下ろす視点，いわゆる行動主義に近いイメージを示します。教員からの教授を主とした学習方法で，知識を与えるというイメージです。②は，教員が低い位置（学習者目線），いわゆる構成主義に近いイメージを示します。教員は学習者の横にいて，意欲・関心など学習活動を重視した学習方法で，学習者自らが知識の獲得をめざすというイメージです。行動主義と構成主義の教授学習理論の特徴について，次で詳しく説明します。

2　行動主義

　第二次世界大戦直後の日本の教育は，教育課程が十分に整備されていない時代で，学習者自身が経験や体験を通して学ぶ経験主義が中心でした。1958年の学習指導要領の改訂以後は，教科ごとに教育内容・課程が整えられ体系的に学ぶ系統主義に移行していきました。その結果，学校教育は教員主導の画一一斉授業により学習者に知識を詰め込む知識偏重型の学習へと変わっていきました。この教授学習理論を行動主義と言います。

　行動主義の起源は，ロシアの生理学者であるパブロフ（Pavlov, I. P.）の古典的条件づけの研究であると言われています。パブロフは犬を飼い，飼い主が餌を与えます。当然，犬は餌を見ると唾液を分泌します。あるとき，飼い主の足音が聞こえると犬が唾液を分泌することに気づきました。パブロフは，飼い主の足音（条件）により，犬が唾液を分泌する（反射）ということを条件反射として示しました。パブロフ自身は，この条件反射は人間の学習には結びつかないと考えていました。しかし，ア

メリカの心理学者たちが刺激による条件反応学習と捉えたことで行動主義の起源となりました。その後，スキナー（Skinner, B. F.）のプログラム学習やティーチングマシンの研究により，さらに世界中に行動主義が広まっていくことになりました。

行動主義による授業風景

図2-3　行動主義のイメージ

　上の写真は，行動主義による授業風景です。すべての学習者は，黒板に向かって座り，教員の話を聴いています。行動主義の特徴であるように，教員が主体となり，教育課程や教科書に準拠した課題提示により問題解決方法を学習者に教え，教員が与える刺激と学習者の反応の繰り返しによって授業が進められます。つまり，図2-3のように，教員が新しい知識や技能となるレンガを積み上げ（知識の教授），そのレンガの階段を学習者が克服し（知識の獲得），目標に到達することをめざしていきます。

　行動主義では，教員が主導的に授業を行い，学習者は系統学習を進めるために，知識理解や技能習得が効率的に行えます。反面，教員の専門性に加え，指示・説明など，教授方法の上手下手に左右されやすいことや，学習者側での既習知識や技能の有無で，授業についていけないケースが生じてしまいます。

3　構成主義

　1989年の学習指導要領の改訂により，生涯教育から生涯学習という表現（教育→学習）に変わったことを知っていますか。行動主義では，学習者の主体的な学習よりも，総体的に教員の教授が重視されていました。しかし，詰め込みや暗記による知識偏重型の教育により，ついていけない学習者が増え，応用力や個の伸長の欠如が問題になりました。それ以降，生涯学習へと表現が変わったように，生涯を通じて自ら学習ができる自己教育力の育成と個性を大切にする教育へと移行してきました。新しい教育では，学習者一人ひとりの個性を大切にし，興味・関心・意欲・態度を重視した主体的な学習を中心に，到達目標へと導くことを理念としています。この教授学習理論を構成主義と言います。

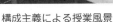

構成主義による授業風景

図2-4　構成主義のイメージ

　上の写真は，構成主義による授業風景です。学習者は，常に黒板に向かって座るのではなく，ときには学習者同士で話し合いをしています。構成主義では，学習者が自ら進んで知識の獲得をめざし学習していきます。図2-4は，構成主義のイメージを示したものです。教員は，行動主義のように頂点に立つのではなく，学習者の関心やレディネス（既有知識）を考慮したスキーマ（系統だった知識・概念）を準備し，それを提供することで学生の立場（視点）で授業を進めていきます。学習者は，個々の意思によって学習を進め，自分の問題解決をめざします。

　以下に，構成主義の3つの特徴を示します。

(1)　学習者が自ら知識を構築する

　構成主義をデューイ（Dewey, J.）の問題解決的思考から考えてみます。デューイは，教授による刺激によって学習者が機械的，反射的に反応するものとは考えず，学習者が課題に対する疑問を持ち，主体的に思考を働かせ，解決方法を探索し，考察や反省することが重要であると考えました。つまり，デューイの示した「為すことによって学ぶ（learning by doing）」は，主体的な問題解決の探求によって知識を再構築するという構成主義の教授学習理論となります。

(2)　共同体の中で学習する

　ヴィゴツキー（Vygotsky, L. S.）は，教員による学習内容の伝達から，学習者同士の協同学習へ転換させることの重要性を示しました。つまり，学習者同士の異なる価値観や考え方の相互作用によって教育内容を理解することが学習であるとしています。この考えは，構成主義のもとになっています。

(3)　知識は状況に依存する

　行動主義では，教員によって学習者の学習しやすい分量に教育内容が分割され，やさしい問題から難しいものへ順番に教授されていきます。しかし，それでは現実に問題を解決しようとしたときに，必要な知識が上手く引き出されず，解決に結びつかないという状況が起こります。

ピアジェ（Piaget, J.）は，子供を主体とし，それを取り巻く環境を客体として，主体と客体の相互作用による連続的構成過程により知識はつくられるべきであると考えました。社会がさまざまな関係から構成されているのと同じく，問題解決にもさまざまな知識や技能が必要です。知識の結びつきを考慮した学習の必要性を強調しました。

　このように，構成主義では，学習者が中心となって学習を進めるため，一人ひとりが興味・関心を持ちながら問題解決法を探求し，自己教育力や協調性を養うことができます。さらには，学習者間で意見を出し合うことで，さまざまな価値観や考えを学び，予期しない問題に対しても実践的に知識や技能を組み合わせて考えることができるようになります。しかし，学習者の考えが拡散してまとまらず，目標到達までに予想以上に時間がかかることがあります。また，自己評価やグループ評価を取り入れた結果，教育内容が予定通り進まず，定量的あるいは客観的な評価に支障をきたすといった欠点があります。

4　これからの学び

　近年，アクティブラーニングという言葉をよく耳にします。アクティブラーニング（active learning）とは，能動的（active）な学習（learning）を意味します。

　アクティブラーニングは，教員による一方向的な講義形式の教育とは異なり，学修者が主体的に問題解決に参加する教授・学習法の総称です。学修者が能動的に学修することによって，認知的・倫理的・社会的能力，教養，知識，経験を含めた汎用的能力の育成を図ることができます（中央教育審議会，2012）。

　アクティブラーニングという教育方法が近年注目されている背景には，1990年代以降に起こった大学教育改革のキーワードとして授業改善が指摘されてきたことによります。そのため昨今では，学生の主体的な学びを意識して，小教室でのグループ討議やプレゼンテーションを重視した授業，また多人数の場合でも後述のスマートフォンやタブレット端末，電子黒板などのICTを活用した学習者参画型授業が注目されています。

　1996年の中央教育審議会第1次答申では，ゆとり教育の中で児童生徒の「生きる力」を養うことが示されました。2003年の学習指導要領の改訂では，生きる力の教育理念により，確かな学力の育成が重視されるようになりました。この確かな学力とは，文部科学省により，「いかに社会が変化しようと，自分で課題を見つけ，自ら学び，自ら考え，主体的に判断し行動し，よりよく問題を解決する資質や能力」と示されています。その

携帯電話を使いアンケートに回答する学習者

結果，構成主義の教授学習理論がさらに求められるようになりました。しかしながら，構成主義と行動主義の相反する教授学習理論には，どちらにも利点や欠点があります。

　それでは，これからの教授学習理論にはどのような考え方が求められるのでしょうか。学習指導要領では，自ら考え，自ら学ぶといった主体的な学習を重視する教育が求められています。しかし，学校教育で全ての学習を構成主義に移行していくとどうなるでしょう。主体的な学びは促進されますが，学習の進み具合が個々によって異なるため，学力差が生まれてくることが予測されます。そのうえ，学習者の主体的な学びだけで，文部科学省が設定した教育課程や教育内容を全て網羅できません。

　そこで，図2-5に行動主義と構成主義をブレンドした学習のイメージを示します。まず習得すべき基礎基本の学習内容は，教員主導による行動主義の学習を行い，応用・発展的な教育内容は，学習者個々の能力や関心に基づいて構成主義の学習を行ってはどうでしょう。そして，最終的には，教員が，押さえるべき学習内容の知識や技能の確認やまとめを行います。これは，あくまで理想論ですが，双方の教授学習理論を組み合わせた学習方法であり，学習を効果的に進める教育方法の一例です。

　現代では，知識基盤社会の進展やグローバル化により，画一した断定的な教育方法や理論での対応は困難です。時代とともに教授学習理論が変化してきたように，行動主義や構成主義のどちらか一方の考え方だけで教育が成立するものではありません。これからの時代の教育は，学習者が独自に目標や課題，方向性を設定し，必要に応じた知識や技能，経験が得られるように，ICTを教育に活用するなどインタラクティブな学習環境を整備することや教員が学習者を積極的に支援し学習を進めるなど，今までの教育観とは異なる新しい試みが求められています。

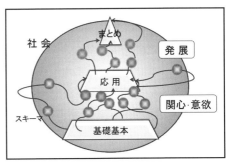

図2-5　行動主義と構成主義のブレンド学習

2.2　教育の評価

　教員は，教授学習理論を参考に，学習内容に合わせて授業設計し授業を行います。その際，欠かせないのが学習者への適正な教育評価です。教育評価は，学習者の理解度の測定や，教員自身の指導方法を振り返る役目があります。

教授学習が多種多様なように，それに伴う教育評価もさまざまなものがあります。教育の世界では，適性処遇交互作用（Aptitude Treatment Interaction：ATI）という考え方があります。適性処遇交互作用とは，全ての学習者に等しく最適な教育方法がないことや，学習者の特性（既有知識や経験など）により効果的な教育方法が異なるということを言います。つまり，学習者の学びの適性と指導という処遇には互いに作用があり，組み合わせ方によりさまざまな学習効果が生じるということです。

　したがって，教育評価では多様な学習者の教育評価について，基準を定め，学習の理解度を適正に評価することが大切です。また，学習者に評価結果の根拠をフィードバックすることも忘れてはなりません。本節では，教育評価の基本となる点を説明します。

1　相対評価と絶対評価

　これまでの学校教育において，みなさんは，どのような評価方法や形態を経験しましたか。おそらく，小テストや小レポート，提出物，発表，定期試験や最終試験などのさまざまな試験により評価されてきました。成績評価には，相対評価と絶対評価という代表的な評価方法があります。この2つの評価方法は，あらかじめ設定しておいた評価規準に合わせた教授・学習を行い，さまざまな評価基準をもとに成績評価をつけます。評価規準とは，学習者が身に付けるべき学習内容のことであり，評価基準とは，評価規準で示された学習内容の習得状況を量的に表す指標のことです。規準も基準も「きじゅん」と読みますので，前者を「のりじゅん」，後者を「もとじゅん」と呼ぶことがあります。

　相対評価とは，学習者が所属する集団（学級・学年・県・全国）の成績水準をもとに成績を決定する評価方法です。例えば，5段階の評価の場合，クラス内の試験で良い点数をとった者のうち数％が5で，平均点の人は3という成績がつくということです。相対評価により，教員が極端に偏った評価をつけることを防止し，学習者の客観的な成績の位置づけがわかるという利点があります。しかし，対象集団が小さい場合，十分に相対的，客観的であると言えないことや，個人の学力習得レベルがわからないなどの欠点があります。

　絶対評価とは，評価基準をもとに学習者の試験などの結果により成績を決定する評価方法です。例えば，学習者が試験で85点をとり，5段階の評価による評価基準で90点以上が5，80点以上は4と決められていたとすると，学習者の成績は4となります。絶対評価では，評価規準と評価基準がきちんと設定されていることで，学習者の習得した知識の理解度が把握しやすくなる利点があります。しかし，思考や判断，表現の評価観点が測りにくい，評価規準・評価基準を適切に決める必要があるので教員の力量差に影響されるなどの欠点があります。

2　形成的評価と総括的評価

　アメリカの教育心理学者であるブルーム（Bloom, B. S.）は，図2-6のように，学習の教育評価を，実施段階に応じて診断的評価，形成的評価，総括的評価の３つに分類しています。

　第１段階の診断的評価は，新しい学期や単元に入る前にアンケートや小テストで学習者のレディネスを知り，学習者が必要な知識や技能をどれだけ身に付けているかを診断的に評価し，指導計画の参考にするものです。

　第２段階の形成的評価は，学習の進行中に小レポートや小テスト，課題などを用い，学習状況（理解度，到達度）を把握するための評価のことです。教員は，学習者の形成的評価の結果を確認し，学習者がどの程度到達目標に達しているのか，学習者全体がどのような傾向にあるのかなど学習過程の問題点を把握でき，補充指導を行ったり指導計画を修正したりといった学習改善や，一人ひとりにあった学習課題を割り当てることができます。また，学習者は形成的評価ごとの課題目標を達成していくことで満足感や積極性が高まったり，達成できなければその課題を再度行い，確実に解決して次の学習へとつなげることができるようになります。

　第３段階の総括的評価は，従来からある各単元の終了時点や学期末に履修した内容をどこまで習得したのかを確認する中間・期末試験による評価のことで，いわば学習の事後評価と言えます。教員は，学習者が最終的にどのくらい到達目標に達成することができたかを把握し，同じ学習範囲や次の学習過程を修正・改善することに役立てます。また，学習者は自己の学習成果・結果を確認することができます。

　ブルームは，この３つの評価の実施段階において，とくに形成的評価を重視するべきであると考え，教員は形成的評価をもとに反省し，学習過程・内容の修正・改善を行い教授するべきであると主張しました。

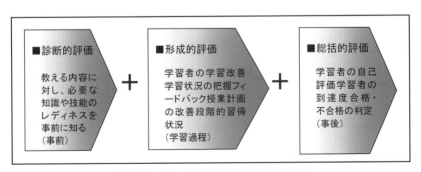

図2-6　ブルームの３つの評価の実施段階

3 パフォーマンス評価とポートフォリオ評価

　授業で学んだことを知識理解として測定するのであれば，ペーパーテストで十分なのかもしれません。しかし，実験や実習，作品作成，身体表現やプレゼンテーションなど，能動的な活動を伴う学習の評価は，ペーパーテストだけで測ることは容易ではありません。そこで登場した教育評価が，パフォーマンス評価です。これは，学習者の知識だけを重視するのではなく，思考や判断力，表現力，技能などについて，人の持つ能力（performance）を観察しながら評価する方法です。近年，講義を中心とした知識注入型の行動主義の授業から学習者中心の課題解決学習を取り入れた構成主義の授業が増えてきました。その結果，従来の知識理解を試験の点数でのみでは評価しにくいため，学習者の学習活動や能力の質的な評価が必要となってきました。

　パフォーマンス評価の概念として，ギップス（Gipps, C. V.）が，話したり書いたりしてコミュニケーションする技能，問題解決活動など，私たちが生徒に取り組んで欲しいと願っている現実の学習活動をモデルにして評価するものと定義しています。また，パフォーマンス評価の基本的な特徴は，①実際の活動で評価する，②時間的に長期にわたる学習活動を評価する，③一定の意味のある学習活動を設定し評価する，④複合的な技能や能力を用いる課題によって評価する，⑤学習者が自分で作り出すことを重視し評価すると示されています。さらに，パフォーマンス評価の利点は，筆記試験だけでは測りにくい思考力や判断力などを観察・測定できることや，学習の最終的な成果の評価ができることです。欠点は，評価場面が一度しかないことや，再挑戦の場がないこと，教員の主観的な評価になりがちであることが挙げられます。そのため，パフォーマンス評価では，教員の間で共通の評価基準を設定し，その評価基準をもとに採点する（モデレーション）を行い，評価の一貫性・信頼性を確保する必要があります。

　ポートフォリオ（portfolio）とは，紙ばさみ，書類入れ，作品集を意味する言葉です。教育分野では，学習者の学習過程で生まれた成果物（テスト，メモ，レポート，作品，プレゼンテーション資料など）を系統的に整理し，学習者の自己評価を加え，学習者の学習過程を振り返りながら評価することをポートフォリオ評価と言います。

　ポートフォリオ評価は，1980年代にロンドン大学のクラーク（Clerk, S.）を中心に社会的構成主義の学習観をもとに考案された評価方法で，日本では，総合的な学習の時間の実施を機に1990年代から広がりはじめました。その後，ポートフォリオ評価は，「学生の進歩に関する発達描写（Clemmons, 1993）」や「達成したことや，そこに到達するまでの歩みを記録する学習者の学力達成に関する計画的な集積（Tombari, 1999）」などの概念へと発展してきました。ポートフォリオ評価の特徴は，①情報の収集，②反省，③必要な情報の選択，④コミュニケーション，⑤評価の5つの特徴的

要素があります。これらの要素は，循環的，継続的に行われることによって，その効果が発揮されるものと考えられています。

　ポートフォリオ評価の目的は，学習のポートフォリオを作成することではなく，学習者が自己の学習の進み具合をモニタリングしたり，理解度を把握したり，自己をコントロールする機能を持つメタ認知能力を養うことが挙げられます。最近では，学習者が自ら学んだポートフォリオとして，ゲーリー土持氏がラーニングポートフォリオ（learning portfolio）という言葉で示しています。同様なポートフォリオの考えとして教員の教育活動の記録や自己評価用としてティーチングポートフォリオ（teaching portfolio）があります。

4　オーセンティックな評価

　シャクリー（Shaklee, B. D.）は，評価は真正（authentic）で妥当でなくてはならないと主張しました。そして，社会において従来からある試験重視の評価では知識や理解を測ることしかできず，学習者の表現や態度，思考，関心などの評価に関して真正性や妥当性，信頼性が欠けるという意見が高まりはじめました。

　ハート（Hart, D.）は，学びに値するならば評価に値すると述べ，ウィギンス（Wiggins, G. P.）は，真正とは，現実に近づけることと生徒の自由度を大きくすることであると述べています。このことからも，評価が真正であることの重要性がわかり，学習活動を真正的（authenticity）に評価するオーセンティック評価が生まれました。

　オーセンティック評価では，先に述べた形成的評価や総括的評価，パフォーマンス評価，ポートフォリオ評価などの教育評価を学習者の評価が真正となるように，学習者の学習段階，状況に合わせて選択する必要があります。また，オーセンティック評価を行うには，教員は学習者が現実社会と深く関わることができる授業設計をし，その中での複雑な課題と真正的に向き合い解決策を探索できるようにします。これは，社会で必要な能力・技能を高めることのできる学習内容を教授したり，教員間での一定の評価規準と評価基準のモデレーションを含めた相互理解を行ったりすることで真正性を高め，教員の主観に捉われにくい客観性のある評価として注目されています。

2.3　主体的で深い学びのための理論と方法

　本章の最後に，発展的な内容として主体的で深い学びのための理論と方法を説明します。そもそも学びにおいて「深い」とは何か，そして「主体的」とはどのようなことをいうのでしょうか。本節では，「深い」ということを知識の深い学習（ディープラーニング：deep learning），「主体的」ということをさまざまな能動的な学習形態に

よる学習（アクティブラーニング：active learning）として考えます。この2つの学びは，似て非なるものであり，今後はこのどちらの学びも意識し学習できるディープ・アクティブラーニングが必要になってきます（図2-7）。これからの社会は，情報の社会化から社会の情報化と言われるほど，知識となる情報をいかに効果的かつ協調的に収集や統合，創造できるかが鍵となります。

本節では，前半に，知識の深い学習についての考え方や特徴，その方法を説明します。後半では，さまざまな能動的な学習形態による学習について，代表的な理論と方法を紹介します。

そして，みなさんには本節を読んでいただきディープ・アクティブラーニングとしての学習方法を見い出し，積極的な実践により既存の学習に変革を加える一助になれば幸いです。

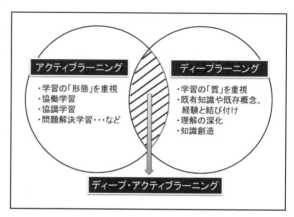

図2-7 ディープ・アクティブラーニングモデル

1 知識の構造

知識は，ある事象に関する事実と，事実と事実をつないだり問題を解決したりする手続きから構成されています。図2-8は，知識の構造を示したDIKWモデルです。最下位層から順にデータ＞情報＞知識＞知恵という知識の構造を表しています。

データとは，それ自体では意味を持たない記号（文字・数字など）のことです。データが整理・分析されることによって価値づけや意味づけされ情報となります。さらに，情報が目的や内容に応じ体系化され，問題解決のための手続化をされることで知識となります。そして，その知識が正しく認識され，有効化や熟達化されたものが知恵となります。このデータから知恵を育成する過程が知識創造であり，知識創造力こそがこれから社会で求められる重要な力となります。

図2-8 DIKW モデル

2　知識の深い学習

　知識基盤社会である現代では，学習者が知識の獲得だけに偏らずに，学習と社会とのつながりを意識したり，課題発見・問題解決のために主体的・協働的に学ぶことが必要となります。そのためには，教員が知識の構造を把握し，学習者が主体的に意欲を持って学習に取り組む知識の深い学習を行わなければなりません。表2-1は，知識の深い学習と伝統的な教授主義の学習の比較を示しています。前述の構成主義（知識の再構成を促す学習）と行動主義（知識の変容を促す学習）とは異なりますので注意してください。

　知識の深い学習において重視される項目を以下に挙げます。

・教授だけでなく学習に焦点化

・学習者の既有知識

・概念的理解の促進

・省察

・学習環境の整備

表2-1　知識の深い学習と教授主義の学習の比較

知識の深い学習	教授主義の学習
深い学習に必要なのは，学習者が新しいアイデアや概念を先行知識と先行経験と関係づけることである。	学習者は，教材を自分たちがすでに知っているものとは無関係なものとして学ぶ。
深い学習に必要なのは，学習者が自らの知識を，相互に関係する概念システムと結合することである。	学習者は，教材を相互に切り離された知識の断片として扱う。
深い学習に必要なのは，学習者がパターンや基礎となる原則を探すことである。	学習者は，事実を記憶し，手続きを実行するのみで理由について理解することがない。
深い学習に必要なのは，学習者が新しいアイデアを評価し，それらを結論と結びつけることである。	学習者は，教科書で出会ったものと異なる新しいアイデアを理解することを困難に感じる。
深い学習に必要なのは，学習者が対話を通して知識が創造される過程を理解し，議論の中の論理を批判的に吟味することである。	学習者は事実と手続きを，全知全能の権威的存在から伝えられた静的な知識として扱う。
深い学習に必要なのは，学習者が自身の理解と学習過程を省察することである。	学習者は記憶するのみで，目的や自身の学習方略を省察することがない。

（学習科学ハンドブック（Sawyer,R.K., 2009）をもとに作成）

学習とは，知識を受動的に記憶するのではなく，能動的に参加することで情報を解釈し，知識を構築していく過程を言います。学習をより円滑かつ効果的に進めるためには，学習者の既有知識（prior knowledge）に基づいた授業設計が必要です。また，学習者の概念的理解を促進するために，知識の状態を振り返る省察（reflection）の機会を与えなくてはなりません。さらに，学習者間という共同体の中での相互作用による学習が必要です。それにより，状況に依存した転移可能な知識（間主観的な知識）の構築が可能になります。そして，それらを支える学習環境の整備が大切になります。学習環境とは，単なる学びのための準備や ICT 活用のことだけではありません。教員が知識をかみ砕いてわかりやすく教授することや，学習者の主体的な学びを支援できる学びの場のことを言います。

3　学習への深いアプローチ

　知識の深い学習により，学習者には概念的理解の促進などのさまざまな効果が期待できます。そこで，知識の深い学習を行うためには，どのような学習へのアプローチが必要となるのでしょうか。

　学習へのアプローチには，大きく分けて「深いアプローチ」と「浅いアプローチ」の 2 つがあります。以下に，2 つのアプローチの特徴を示します（松本，2015）。

　＜深いアプローチ＞
　・これまで持っていた知識や経験に考えを関連づけること
　・パターンや重要な原理を探すこと
　・根拠を持ち，それを結論に関連づけること
　・論理や議論を注意深く，批判的に検討すること
　・学びながら成長していることを自覚的に理解すること
　・コース内容に積極的に関心を持つこと

　＜浅いアプローチ＞
　・コースと知識を関連づけないこと
　・事実を棒暗記し，手続きをただ実行すること
　・新しい考えが示されたとき，意味を理解するのに困難を覚えること
　・コースか課題のいずれにも価値や意味をほとんど求めないこと
　・目的や戦略を反映せずに勉強すること
　・過度のプレッシャーを感じ，学習について心配すること

　深いアプローチでは，既有知識や経験とのつながりや自覚的に学ぶということに特徴があります。対して，浅いアプローチでは，その逆に近いことに気が付くのではないでしょうか。どちらのアプローチが学習者にとってよりおもしろく為になり，有益なものとなるのかは一目瞭然です。

　知識の深い学習への方法が見えてきたところで，具体的にはどのような行為が必要になるのでしょうか。そこでヒントとなるのが，図2-9に示すビックスとタング（Biggs & Tang, 2011）という学者によって作成された学習への深いアプローチと浅いアプローチの特徴を学習活動の動詞からまとめた図です。

　深いアプローチでは，振り返る，離れた問題に適用する，仮説を立てる，原理と関連づけるといった高次の学習能力を用いた行為が必要になるのが特徴です。また，浅いアプローチでは，記憶する，認める・名前を挙げる，文章を理解するなどの低次の学習能力を用いた形式的かつ単調な行為となります。深いアプローチでは，高次から低次にかけた状況に応じた幅広い行為が必要になるのに対し，浅いアプローチでは，この高次部分の行為による学習活動が欠如しています。

　授業や生徒の個別の状況によっては，深いアプローチより浅いアプローチの方が学習しやすく好まれる場合があります。一般的には，単なる教授中心型の行動主義的な学習を進めると浅いアプローチとなり，教員も学習者も双方にとって単調でつまらないかもしれませんが楽なことでしょう。しかしながら，高い学習効果を獲得するためには，授業をより戦略的かつ綿密に設計し，学習者を主体とした知識の再構成型の構成主義的な授業を行うことが求められます。そのため，教員には，浅いアプローチで満足するのではなく，深いアプローチの学習を取り入れることを検討し，より高次の学習を求めることが重要となります。

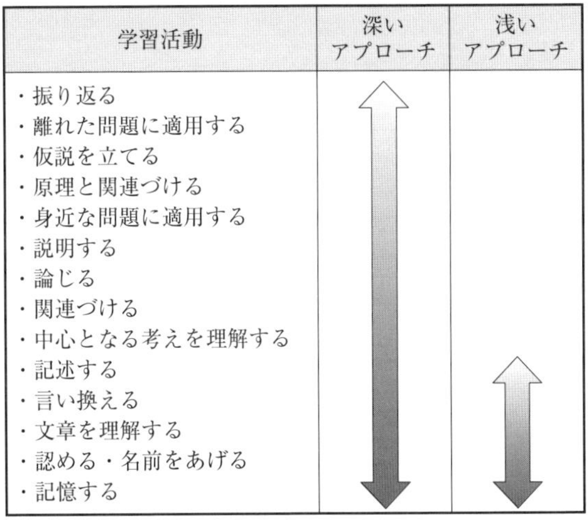

学習活動	深い アプローチ	浅い アプローチ
・振り返る ・離れた問題に適用する ・仮説を立てる ・原理と関連づける ・身近な問題に適用する ・説明する ・論じる ・関連づける ・中心となる考えを理解する ・記述する ・言い換える ・文章を理解する ・認める・名前をあげる ・記憶する		

図2-9　学習活動の「動詞」から見る学習への深いアプローチと浅いアプローチの特徴（ディープ・アクティブラーニング（松下, 2015）をもとに作成）

4　学習ピラミッド

　次に，記憶に残りやすい学習方法について考えてみましょう。マズール（Mazur, E.）は，さまざまな学習形態を用いて，10年後にその記憶がどれだけ残っているのか（平均定着率）を追跡調査し，学習ピラミッド（Learning Pyramid）として整理しました（図2-10）。

平均定着率は，受動的学習である講義（5％），読書（10％），視聴覚教材（20％）では低くなっています。一方，能動的学習であるデモンストレーション（30％），グループ討議（50％），実践・体験する（75％），他人に教える（90％）を取り入れた授業に至っては，長く記憶に残りやすいことを示しています。

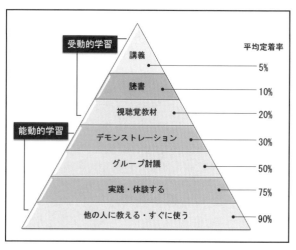

図2-10　学習ピラミッド

　つまり，受動的学習と能動的学習を比較した場合，受動的学習ほど内容が身に付きにくいことを示しています。そのため，例えば，講義形式や視聴覚教材を用いた授業を行う場合に，単にそれだけで行うのではなく，学習者が能動的に学べる工夫として，グループワークによって意見をまとめたり，他の人に教えたりする学習活動を取り入れることによってより学習内容の定着率を高めることが可能になります。この学習ピラミッドは，教員の経験知や実践知を含めて，多方面の教育活動の内容をできるだけわかりやすく伝えるためのツールとして大変参考になると言えます。

　一方，学習ピラミッドには批判も存在します。学習ピラミッドのもととなった考え方にデール（Dale, E.）の経験の円錐があります（図2-11）。

　デールは，人間の認知は直接的・具体的な経験から，いろいろな抽象化を経て，最後に最も抽象的な言語象徴，すなわち概念化に達すると説明しています。つまり，言語的シンボル（教科書の文字情報など）による学習

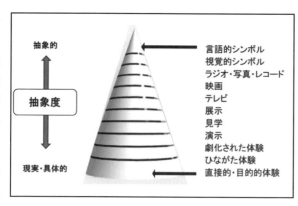

図2-11　デールの経験の円錐（Dale, 1946）

だけではなく，多様な教育メディアを活用することによって，円錐の上昇方向と下降方向の両方向への動きが活発に行われることで，教育的に豊かな経験となることを示しています。マズールの学習ピラミッドでは，この経験の円錐をもとに考えが練られバランスの良い学習ピラミッドと平均定着率が示されていますが，実際の研究に基づいた値にもかかわらず，10%，20%，30%…など綺麗な10%刻みになるわけがないと指摘されています。そのため学習ピラミッドは，あくまでも理論的なモデルであって，具体的な数字と結びつけられたものではないと言われています。

5　能動的な学習方法の紹介

⑴　ガニェの9教授事象

　学習心理学者のロバート・M・ガニェは，学習者の学習活動を重視し，効果的に教育目的を達成するために，教員による働きかけを9つに分類しました。この9つの働きかけは，学習についての理論と実践の両側面から考えられたもので，ガニェの9教授事象として広く知られています（表2-2）。

　一般の講義形式の教育活動において中核となる「4．新しい事項を提示する」の前には，「1．学習者の注意を喚起する」，「2．学習目標を知らせる」，「3．前提条件を確認する」というプロセスが入ります。この3つのプロセスが導入となります。導入では，テレビで言えば，見たい番組のチャンネルを合わせる作業に当たります。このプロセスにより，学習者の既有知識や経験を引き出し，これからの学習に向かいやすい姿勢を整えます。

　展開では，「4．新しい事項を提示する」には，既知の情報との意味的関連を強調する「5．学習の指針を与える」を伴うことが効果的であり，理解した事項を確認するための「6．練習の機会を設ける」と，理解を深める「7．フィードバックをする」が重要なプロセスとなります。これらプロセスより，学習者は新しく学んだ事項を自分の記憶に組み込みます。さらに，組み込まれた事項を知識や技術として引き出す作業が行われます。

　最後のまとめでは，学習内容のチェックをしたりテストをすることによる「8．学習の成果を評価する」や，学習の成果をノートにまとめたり，宿題を課して学習の成果を持続させる「9．学習の保持と転移を促す」が重要なプロセスとなります。

　このようにガニェは，与えるだけの講義形式ではなく，学習者の視点で，既有知識などと関連づける重要さ，失敗を学ぶ場と

表2-2　ガニェの9教授事象

導　入	1．学習者の注意を喚起する 2．学習目標を知らせる 3．前提条件を確認する
展　開	4．新しい事項を提示する 5．学習の指針を与える 6．練習の機会を設ける 7．フィードバックをする
まとめ	8．学習の成果を評価する 9．学習の保持と転移を促す

しての練習，そのフィードバックや評価により学習の成果を試していく授業プロセスを提唱しました。これは，効果的な教育活動を設計する際や，現状の教育活動を改善するためのヒントを得るためにも，学習者の視点に立った授業設計として大変参考になる枠組みです。

(2) 協調学習

ここでは，協調学習について説明します。みなさんは「協調」，「協働」，「協同」，「グループワーク」と同類語を混同していないでしょうか。それぞれに意味があり異なっています。例えば，「きょうどう」ですが，漢字で書くと協働，協同，共同と3種類あり，いずれも教育で使われています（図2-12）。一般的に，能動的な学習にお

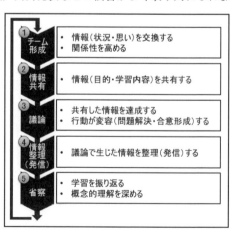

【協働】　心（大）＋行為（大）
2人以上の者が心身を合わせ協力して働く
【協同】　心（大）＋行為（小）
2人以上の者が心身を合わせ助け合う
【共同】　心（小）＋行為（小）
2人以上の者が力を合わせる

図2-12　「きょうどう」の違い
※共働は生物間に適用される用語のため除外

いては，状況に応じて使い分けるのが適切ですが，積極的な「きょうどう」として「協働」という単語が多く使用されます。

では，協調と協働ではどのように異なるのでしょうか。協働では，学習の形態を重視するのに対し，「協調」では，学習の質を重視することに違いがあります。「協調」とは，「他者と比較や吟味，修正する」という意味です。つまり，協調学習とは，個人の理解やその学習プロセスにおいて他者と比較，吟味，修正する過程を経る学習を言います。

協調学習では，問題解決や合意形成，共同発表などの演習がよく取り入れられます。また，他者との比較，吟味，修正の過程を経るために図2-13に示すような学習サイクルを用います。

①チーム形成では，チーム内での構成員の情報（状況・思い（興味・関心））を交換するなどし，互いの関係性を高めます。②情報共有では，情報（目的・学習内容）を共有します。その際，単調な解説・説明を行うのではなく，互いにさまざまな考えを提示しながら思考を深めることに留意が必要です。③議論では，他者の発言する内容をよく聞

① チーム形成
・情報（状況・思い）を交換する
・関係性を高める

② 情報共有
・情報（目的・学習内容）を共有する

③ 議論
・共有した情報を達成する
・行動が変容（問題解決・合意形成）する

④ 情報整理（発信）
・議論で生じた情報を整理（発信）する

⑤ 省察
・学習を振り返る
・概念的理解を深める

図2-13　協調学習サイクル

き，判断を保留しながら思考を深めます。また，多様な視点で考えることも重要です。④情報整理（発信）では，議論で生じた情報を個人やチームで整理します。また，個人やチームごとに情報発信することで学習内容を他と共有・認知し合います。⑤省察では，チームでの学習状況や学習内容を振り返ります。また，②情報共有から④情報整理では，教員のファシリテーターとしての支援が重要となります。

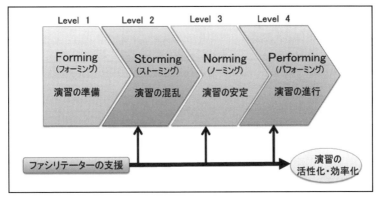

図2-14　演習支援のプロセスモデル

　図2-14は，タックマン（Tuckman, B. W.）の組織変革モデルを参考に，教員の演習支援のプロセスモデルとしたものです。

　Level 1は，チーム形成の初動やチーム内において問題設定の把握を行い，目標を共有する段階です。Level 2は，チーム内の学習者間の既有知識や技能，思考，価値観などの相違により混乱が起こり，Level 1の演習が期待どおりに機能しない段階です。すなわち，時間や労力の浪費につながります。しかし，この混乱という対立は協調学習においては非常に重要です。なぜなら，建設的な対立のあるチームは，対立がないチームより明らかにチーム力が高まっていき，後の学習効果へとつながるからです。Level 3は，徐々にチーム内の学習者間での能力や特性の受容がはじまる段階です。それにより，役割分担や行動規範・秩序が形成されることで相互の関係性が安定した演習につながります。Level 4は，チーム内の学習者の関係性の安定と一体感の確立により演習が機能する段階です。この段階に達することで，演習がLevel 1で共有した目標達成へ進むことになります。

　教員は，Level 1より後の各Levelにおいて，学習者の学習状況やチームの演習の進行状況を観察し，必要に応じて直接的・間接的に演習の支援を行います。とくに，Level 2では，実際に実践的な演習に入る初期の段階であり，チーム内で演習の進行方法がわからず混乱や模索することになるため，積極的かつ状況に合った支援・指導

が必要になります。また，Level 1 での準備の度合いで各チームの進行に差が生じるため，より広範囲の状況把握を行わなければなりません。そして，Level が上がるにつれて，支援の割合や強度を小さくしていき，チームごとの主体的な演習活動を誘発・促進していくことが協調学習では必要となります。

このように，単に学習者の話し合いを重視する協調学習と言っても，学習サイクルや演習プロセスをしっかりと意識した授業設計や支援を行わなければ，高い学習効果が期待できません。そして，この話し合いによって得られる学習効果すなわち知識創造など個人の理解度にも収斂と建設的相互作用という2つの考え方があります。

話し合いによる収斂とは，学習者間で共通の問いを解くために複数の考えを持ち寄り話し合われたとき，その学習者間でそれぞれの考えが一つの考えとして，整理されることを言います。これは，学習者間において協調的な概念的変化すなわち解の抽象化が起こっています。話し合いによる建設的相互作用とは，学習者間でそれぞれの考えを話し合いながら，一人ひとりが考えを深化させ独自の考えを構築することを言います。

協調学習では，この収斂や建設的相互作用の結果，学習者が自分自身の考えを整理したり，他者から新しい考えを取り入れたりすることで得られる新しい考えこそが，自己に取り入れられる新しい知識となります。そして，教員はこの新しい知識がどのような過程で身に付き，どのような知識が獲得されるのかまで考え，チームの編成や課題設定，支援方法などを検討しなくてはなりません。そういった意味で，協調学習については，とりあえず実施はできたとしても，非常に奥深く，しっかりとした学習理論や授業設計がなくては本来の期待できる効果は得られない学習方法となってしまいます。

(3)　問題解決

協調学習を実施するうえでは，演習時に何らかの問題が与えられるため「問題解決」を避けて通ることはできません。一般的に問題解決では，学習者のさまざまな考えを集めることや広げることをしながら，まとめたり，絞ったりしていく発散収束の形で議論を進めていきます。図2-15 に，堀（2010）の問題解決の代表的なプロセスを示します。ここでは，次の4つのアプローチに分類しています。

①　問題解決型アプローチ

問題解決の代表とも言えるプロセスです。与えられた問題の本質を追求していくのが目的で，問題の原因を深く追求し改善・解決のための案を考え出すプロセスです。実施する際には，責任追及にならないことや，感情が絡む問題ではやる気などの情意面への影響が考えられるので注意が必要です。

②　目標達成型アプローチ

問題の原因を追求せず改善策のみを考えるプロセスです。つまり，問題の対象の良

い部分や注目すべき部分のみに着目して，前向きに目標の達成をめざす行動優先のポジティブなプロセスです。

③　対立解消型アプローチ

対立ある問題の解決をめざすプロセスです。一般的に対立の原因は，何か行動を起こすとプラスの効果が出る反面，マイナスの効果が生じてしまうことにあります。そこで，マイナスの効果を解消するための方法，ひいては両者が共に納得可能な案を見い出すことが最大の目的です。

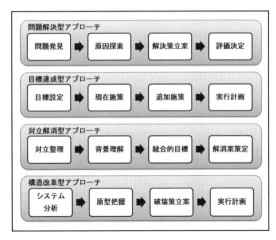

図2-15　問題解決の代表的なプロセス
（※チーム・ファシリテーション
（堀，2010）をもとに作成）

④　構造改革型アプローチ

最も難しい問題解決の一つで，何らかの事象に対する考え方や在り方，進め方などの構造自体に悪循環があり，その悪循環を解消するためのプロセスです。構造を把握する力や悪循環の流れを修正することでの他への影響を考えることのできる力など，どうすれば悪循環の解消をできるかという広く深い力が必要となります。

⑷　プロジェクト学習

プロジェクト学習を英語表記にすると PjBL（Project Based Learning）となります。PBL は，よく問題基盤学習の PBL（Problem Based Learning）と混同されてしまいますので注意して使いましょう。図2-16に，この２つの PBL の比較を示します。

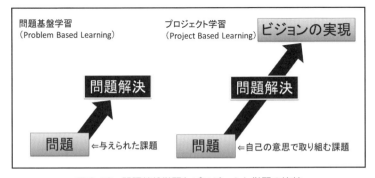

図2-16　問題基盤学習とプロジェクト学習の比較

問題基盤学習では，与えられた課題を動機づけとし，教員主導による問題解決を行います。そのため，問題のない状態がゴールとなります。

　プロジェクト学習では，自己の意思で取り組む課題を設定し，学習者主体により問題解決を行います。さらに，問題解決を通してビジョンの実現を行うことがゴールとなります。図2-17にプロジェクト学習においてとくに養われる力をフェーズごとに示します。

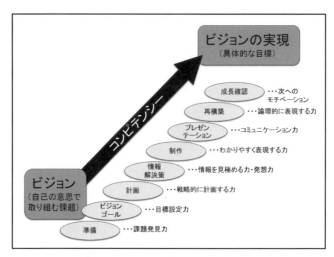

図2-17　プロジェクト学習で養われる力
（鈴木（2012）を参考に一部変更して作成）

　プロジェクト学習では，図に示すように，「準備」から「成長確認」まで順に問題解決を通してビジョンの実現をめざします。その中で学習者は，教員の指示ではなく，自己の判断に基づき，自らがすべきことを実行していきます。そのため，自ら的確に動く力（＝セルフコーチング）がとくに身に付きます。また，各フェーズにおいて大切な力が身に付いていきます。そして，ビジョンの実現までの一連のフェーズには，マイルストーンの機能があります。マイルストーンとは，フェーズごとに学習の内容が分かれているため，ビジョンの実現まであとどれくらいか，今どのあたりにいるのかといったことがわかります。それによって，ゴールまでの学習意欲が持続しやすくなります。また，注意点として次のフェーズに進んだ際には，前のフェーズを引き継がないことが挙げられます。なぜなら，だらだらと引き継いでいると明瞭な意識や作業の切り替えができないためです。一つのフェーズが終わるごとに振り返る時間や思考の時間を設けることがポイントです。

　プロジェクト学習では，他の学習と異なり試験による評価は困難になります。それ

は学習者が単なる知識の獲得ではなく，知識の創造や知識の深化をさせる学習活動すなわちコンピテンシーの獲得を行っているためです。そのため評価には，ポートフォリオ評価が適しています。ポートフォリオには，ゴールシートや計画表，レポート，アンケート，自己評価，他者評価，各種成果物を取り入れると良いでしょう。

⑸　**ジグソー学習**

　ジグソー学習は，社会心理学者のアロンソン（Aronson, 1997）が開発した学習方法です。建設的相互作用を用いた学習とも言え，個々の学習者の理解を保証して組み合わせ，集団全体に明示する方法を言います。図 2-18 にジグソー学習のイメージを示します。

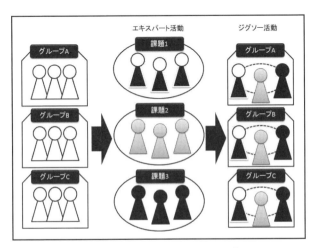

図 2-18　ジグソー学習のイメージ

　まず，学習の人数に応じてグループを作成します。次に，学習内容や課題を必要数に分け，他のグループから一人程度ずつ集め学習に取り組みます（エキスパート活動）。その後，もとのグループに戻り，学習内容を報告し合います（ジグソー活動）。最後に，報告内容を受けて，より考えを深め自分たちの意見をまとめます（クロストーク活動）。

　このようにジグソー学習では，学習者の既有知識や経験に応じた解や理解について，他者の視点や考えにより，修正や統合が行われ，より深い知識や知識の適応範囲を広げることが可能になります。また，一人ひとりがそれぞれ自分の考えを持ち，協調作業をせざるを得ない学習状況をつくることで互いに尊重して学習を進めることができます。学習者の前提条件が異なることを利用した話し合いを活性化させる学習方法の一つとして知られています。

最近では，このジグソー法を発展的にしたものとして，ダイナミック・ジグソー学習が実践されはじめています。ダイナミック・ジグソー学習では，学習テーマを細分化した学習事項ごとに関連づけながら，その範囲を広げ説明を繰り返すという学習が行われています。これにより，学習内容の保持率が高まることや積極的な学習活動をより活性化することが可能になります。

(6)　コルブの経験学習モデル

　図2-19に，組織行動学者のコルブ（Kolb, 1984）が提唱した経験学習モデルを示します。

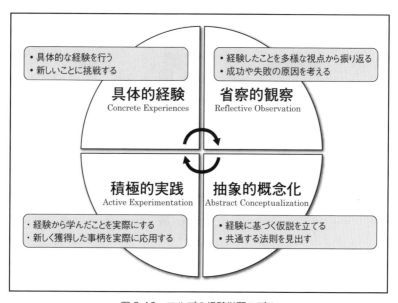

図 2-19　コルブの経験学習モデル

　コルブの経験学習モデルでは，経験を振り返る際に，同じ思考からは同じ概念化がされ，同じ行動が起こり，同じ経験を積むということは望ましくないとしています。そこで，経験から学ぶために具体的経験，それを振り返る省察的観察，次に生かすための抽象的概念化，学んだことを実際に行う積極的実践という4つのステップに学習を整理しました。

　具体的経験では，具体的な経験を行うことや新しいことに挑戦することから学習者の開放性や自発性の向上に効果があります。省察的観察では，経験したことを多様な視点から振り返ることや成功・失敗の原因を考えることから省察する力が養われます。抽象的概念化では，経験に基づく仮説を立てることや共通する法則を見出すこと

から分析する力が養われます。積極的実践では，経験から学んだことを実際にすることや新しく獲得した事柄を実際に応用することから決断力や問題解決能力が養われます。

　以上のように，コルブの経験学習により，学習者は，「こうすれば，上手くいく」という経験や考えを獲得することになります。さらには，4つのステップを繰り返すことで「学び方を学ぶ」という学習が可能になります。

コラム　ラーニングコモンズ

　みなさんは，右の写真を見て，どこで，何をしている様子だと思いますか。写真の中央にいる女性は，机に脚を乗せながら読書しています。この写真は，カナダのブリティッシュコロンビア大学（The University of British Columbia，以下「UBC」）の図書館での様子です。日本の図書館の感覚で海外の図書館を見ると，自由で開放的と感じる人，中にはマナーが悪いと感じる人がいるかもしれません。しかし，近年は日本でも，学習者同士で話し合ったり，プレゼンしたり，静かに考えたりする新しい学びのスペースとしてラーニングコモンズという考え方が取り入れられています。

UBC の図書館の様子

1　ラーニングコモンズとは

　日本の図書館と言えば，子供からお年寄りまで，誰にでも開放され利用することができる公共施設です。多くの文献を所蔵し，私たちが，その文献を必要なときに閲覧するという形態です。情報技術が発達するにつれ，多くの文献が電子化され，IT 活用により情報を入手できるようになりました。そして，現在では，個人からグループへの学習形態の変化や教員による知識の伝授から学習者の主体的学習への移行に伴い，図書館も学びの場へと姿を変貌させはじめました。この新しい図書館の在り方をラーニングコモンズと言います。

　2008 年の OECD のラーニングコモンズに関する報告書によると，ラーニングコモンズとは，「図書館スタッフの知識や技術を効率的に融合し，利用者が適切な専門知識を参照できるように導くなど，利用者に対してさまざまなサービスを提供するために，図書館と情報技術と他のアカデミック・サポート・サービスを機能的，空間的に統合したものである。また，質問，コラボレーション，ディスカッションや相談を通じて学習を奨励するダイナミックな場所である」と定義されています。

　これによって，とくに大学の図書館では，従来の図書館の持つ静的な学習空間だけではなく，動的な学習空間を加えたものへと変化してきています。

2　ラーニングコモンズの事例

　立命館大学の例を見てみましょう。立命館大学の３つの図書館（衣笠図書館，メディアセンター，メディアライブラリー）では，館内に「ピア・ラーニングルーム

（呼称：ぴあら）」を設置しています。その特徴について見ていきましょう。

① 情報検索のサポート

簡単な情報検索やメールのチェックのために PC を設置，無線 LAN 対応のノートパソコンの貸出。機器操作や検索に対してのサポートスタッフの常駐。

② ディスカッションのサポート

学びのスタイルに合わせた設備の展開。可動式の机，大型ディスプレイ，テレビ会議が可能，ホワイトボードなど自由に空間を創造することによってディスカッションの量・質・表現の幅を向上。

③ プレゼンテーションのサポート

プロジェクターによってプレゼンテーションの練習が可能。プレゼンルームでより大規模での本格的なプレゼンも可能。

以上のサポートは，学生同士の主体的で創造的かつ自立的な新しい学びのスタイルを促します。そして，大学での学びの入り口の役割を果たし，効果を発揮します。

3　これからのラーニングコモンズ

図書館は，ラーニングコモンズの考え方をもとに，利用者の主体的，自立的な学習支援のために，文献をはじめネットワーク環境の整備，協同学習スペースを設けるなど新しい学びの場へと変わりつつあります。これは，ちょうど学校教育の教授学習理論が行動主義から構成主義重視へ移行されたのと類似しています。つまり，図書館の利用においても，利用者（学習者）が自

ぴあら（QR コードより映像視聴可能）
※ PLRritsumei から引用

ら課題を見つけ，自ら解決法を探求し，自ら解決していく主体的学習のための活用が求められているのです。

今後，ラーニングコモンズが発展するためには，図書館がより良い利用者の主体的な学びの場になるように環境を整備するのはもちろんのこと，利用者側もなぜ図書館に行き学習するのか，なぜ個人ではなくグループで学習するのかといった学びの目的をしっかり持ち学習に取り組む必要があります。そうすることで，構成主義的な学習を重視したラーニングコモンズの良さが発揮されるでしょう。

納庄　聡

コラム　情報活用能力を養う学校図書館の活用

1　学習の基盤となる情報活用能力を養成する学習の階段

　情報教育とはメディアリテラシーと同義である情報活用能力の育成を目標とした「情報の教育」であり，いわゆるコンピュータスキルの教育ではありません。そして情報活用能力は学習の基盤となります。マイケル・ゴーマンらは，学習が深まるとはどういうことか,何を目標とするのかを端的に表したモデルとして「学習の階段（Ladder of Learning）」（図1）を提起しました。「情報」を取り込み，「知識」として積み上げ，「理解」しただけでは不十分で，自分の中に蓄積され「知恵」となる様を階段に例えました。この「知恵」とは「知識」の運用能力のことであり，生きる力そのものです。この生きる力に到達するには情報活用能力が必要なのです。断片的な内容知ばかりを蓄積しても生きる力にはつながりません。内容知を知識として体系化し，理解することで知恵として学習者の中に定着します。一旦自分の中に体系化しないと，プレゼンテーションやディベートは「理解」や「知恵」のレベルの技能であるため，こなせま

図1　学習の階段

せん。「知識」を「理解」することから先は学習者の個人的な営みになります。定期テストや大学入試が終われば忘れてしまう断片的な情報を叩き込み，必要が無くなった知識を切り捨てるような精神を育てるのではなく，この一連の流れを支援し，学習者が方法知として習得するまでが教育の役目であり，「理解」や「知恵」の領域に到達するのが目標です。

　断片的な情報が人の手によって体系化され，本という形として知識が大量に収集・保存され，みなで共有できる図書館が教育の現場に初めから備えつけられています。これはとても幸運なことではないでしょうか。多種多様な情報と知識に触れてこそ，多くの分野に興味を持つ視野の広さが獲得できます。マイケル・ゴーマンらは「図書館はいまだかつて情報だけを扱ったことはない，図書館は知識を扱ってきた」と強調しています。そして図書館は「情報」と「知識」を多くの人々の間で，共有可能するための施設であり「理解」を手助けします。先人が遺した「知識」は学習者が「理解」して「知恵」として活用してこそ脈々と受け継いできた意味があるというものです。

　この学習の階段が示す学力観は，フィンランドの教師養成課程で行われている教育観と同じで「正しい結論だけを知識として教えるというような教育観ではなく，生徒自らが知識を構成する方法論（メタ知識）を獲得するように教師は支援する」というものです。この「支援する」という表現のように，構成主義において我々大人は学習者である子供たちを新たな課題の発見や問題解決方法，学習方法に導くファシリテー

ターであるべきです。子供たちが自ら情報を求めるように上手に差し向けることで，自発的で自律的な学習に対する姿勢が身に付き，受け身な指示待ち人間になることを未然に防ぎます。

　しかし，多くの学校教員はせっかく最初から備えられている学校図書館をただの資料置き場と認識している場合が多く，教育に活用しようとしていません。そして，学校図書館に配置されている学校司書は教育・学習において情報の取扱いがどれだけ大事か熟知しています。各科目の知識や指導力といった教師力では教員にはとても及びませんが，学習資源を無駄にせず活用するためにも学校司書や司書教諭に頼って欲しく思います。

2　次につなげる探究学習

　探究学習は情報活用能力を育む情報教育に最適な教育方法でもあります。しかし学習指導要領に記載されている探究学習をこなすため，総合的な学習の時間で1回限りの取り組みを行っても，次の課題の設定に結びつかなければ意味がありません。重要なのは図2内の「まとめ・表現」をした後，次の課題の設定につなげることです。学習者は授業で1回限りの探求学習をやらされても，授業の終了時間や制作物の完成などのゴールを始めから見せてしまえば，それまでをいかにやり過ごすか，という姿勢が生まれます。いわば時間内のみの「与えられた主体性」となってしまいます。ゴールを見せず学習者の知識欲のままに課題に取り組ませ，学習者同士で相談し，他人の意見を取り入れて考察することができれば「主体的・対話的で深い学び」の実現です。次の課題設定につなげ，探究を繰り返すことで図のようにより高次の問題を発見し，取り組む姿勢が身に付きます。

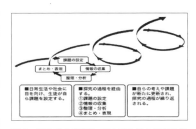

図2　探究的な過程における生徒の学習の姿

　探究学習において多様な考え方に触れ，自分の考えを問い直し，学び直すことを目的とするならば，「多様なリソースに触れられる環境」が必要です。実際にさまざまなメディアを利用することなく，情報活用能力を身に付けることはできません。図書館は情報メディアが多種設置されており，実際に使うことで使い方と共に情報を比較・検討する選択能力が鍛えられます。自分の目的に合った情報を図書館で本を探す方法と検索サイトで検索する方法とでは，必要とされる能力が違います。学習者である児童生徒のみならず，支援する司書教諭も学校司書も情報活用能力の発揮が望まれます。

　情報活用能力は教育を終えた先，生涯学習社会の中をより良く生きるためにも不可欠な能力です。情報教育に最適な施設である学校図書館を教育に活用してみませんか。

林口　浩士

アクティブラーニングのこれから
　　　　　　　　〜自己調整学習者を育てる〜

1　自己調整学習とは

　第2章では，ガニェの9教授事象やコルブの経験学習モデルなど能動的な学習方法を紹介しました。アクティブラーニングを実施するための学習方法は，その他に自己調整学習があります。

　自己調整学習を登山に例えて考えてみましょう。右の図は，山頂に登るためのルートが描かれたものです。

　まず，登山者は，頂上をめざし，次の休憩所までの目標到着時間を決め，実際に登りはじめます。休憩所に到着すると，目標時間までにたどり着いたかと振り返りをし，また次の休憩所までの目標時間を決め，登りはじめます。つまり，登山では，目標設定→実行→振り返り…を繰り返し行います。

自己調整学習のイメージ

　自己調整学習では，動機づけ，メタ認知，行動の3要素を身に付ける必要があるため，登山と同様に，予見（目標設定）→遂行制御（実行）→自己省察（振り返り）の3段階のプロセスを繰り返します。3要素を身に付けるために，3段階のプロセスを繰り返す学習方法が自己調整学習です。

2　自己調整学習の方法

　右の図は，自己調整学習を予見，遂行制御，自己省察の3つの段階，3つのレベル，9つのフェーズに分けた循環型の自己調整能力モデルです。

　授業では，レベル1の「目標」のフェーズ→「援助要請の回避」→「自己評価の忌避」→レベル2の「遂行目標」→「第一援助要請」…と循環するように，各段階に合わせた授業を展開し，学習者がレベル3に近づくことをめざします。各段階を踏むことにより，動機づけ，メタ認知，行動の3要素が身に付いていきます。

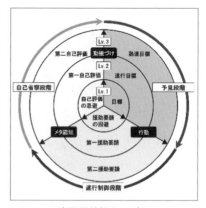

自己調整能力モデル

Lv.	段階	フェーズ	内　容
1	予見	目標	・目標を設定する
	遂行制御	援助要請の回避	・勉強に行き詰った時にすぐ諦める
	自己省察	自己評価の忌避	・自己評価を嫌って避ける
2	予見	遂行目標	・他者と比較した成績重視の目標を設定する
	遂行制御	第一援助要請	・勉強に行き詰った時に即座に援助を求める
	自己省察	第一自己評価	・他者と比較した自己評価を行う
3	予見	熟達目標	・技術の向上や知識の習得を目指した目標を設定する
	遂行制御	第二援助要請	・解決困難時に援助を求める
	自己省察	第二自己評価	・身に付いた技術や知識についての自己評価をする

　レベル1は，学習者自身が目標を立て，モチベーションを向上させる「目標」，学習中に行き詰ったときに他者へ援助を求めることが少なく解決しようとせずに諦める「援助要請の回避」，自己の学習に不満があり上手く省察できず自己評価を避ける「自己評価の忌避」のフェーズがあります。

　レベル2では，他者から低い評価を受けることを避け自分と他者とを比較したり成績を重視したりする目標を立てる「遂行目標」，勉強に行き詰ったとき自力で考えることなく即座に他者に援助を求める「第一援助要請」，他者と比較し自己評価を行う「第一自己評価」のフェーズとなっています。

　レベル3では，技術の向上や知識の習得をめざした目標を立て難題が出ても諦めずに取り組む「熟達目標」，問題を自力で解こうとし解決が困難なときには他者に援助を求める「第二援助要請」，身に付いた技術や知識について自己評価を行いその結果を新たな目標につなぐ「第二自己評価」のフェーズとなっています。

　このように，自己調整能力モデルは，レベル3へと近づくにつれ，高次なフェーズ内容となっています。各段階を踏み，循環することによって，学習者をレベル3へと導きます。

3　自己調整学習者をめざして

　動機づけ，メタ認知，行動の3要素を備えた学習者は，自己調整学習者と呼ばれます。自己調整能力モデルのレベル3に向かうほど，自己調整学習者に近づくというイメージです。予見，遂行制御，自己省察の各段階を踏み，循環することによって自己調整能力が身に付き，自己調整学習者が誕生します。

　今後，自己調整学習を単に学習者にさせた自己調整学習者ではなく，学習者によって引き起こされる自己調整学習者が誕生することで，社会で求められる「自ら主体的に行動する人」につながるのではないでしょうか。

中谷　有里

×××

■　第3章　主体的な学びの実践　■

×××

　本章では，日頃の授業技術の改善について，小中高の事例を通して基本的かつ実践的な授業技術を学び，学習指導案の書き方を解説します。また，授業の評価方法や授業実践に役立つ実践例を紹介します。

　主体的な学びのある授業，とりわけ児童生徒たちにとって魅力ある授業を日々行っていくためには基本的な授業技術をしっかりと身に付けておかなければなりません。

　図3-1は，メーガー（Robert F. Mager, 1974）が提唱した授業設計時に必要な3つの質問です。

　授業設計では，目標（どこへ行くのか），評価（たどり着いたかどうかをどうやって知るのか），方法（どうやってそこへ行くのか）を考えます。目標を明確にすれば，目標達成のための方法とそれに対応した評価が必要です。そして，その方法は一つとは限りません。学習者の実態や理解度などに応じて変えなければなりません。そのため，教員は学習指導案という授業設計のマニュアルを作成し授業に臨みます。

　　（目標）Where am I going?
　　　　　　どこへ行くのか？
　　（評価）How do I know when I get there?
　　　　　　たどり着いたかどうかをどうやっ
　　　　　　て知るのか？
　　（方法）How do I get there?
　　　　　　どうやってそこへ行くのか？

図3-1　メーガーの3つの質問

3.1　授業技術

1　板　書

　黒板に文字を書くことを板書と言います。板書で，基本となるのはチョークの持ち方です。チョークは，親指と人差し指，中指の3本で包むように持ちます。書く際には，黒板に対して斜めにし，チョークを回しながら書くと先が丸みを帯び，整った字を書くことができます。文字の大きさは，こぶし大くらい（10cm四方）を目安にします。

　板書の際には，正しい文字，正しい筆順で書き，文字が斜めにならないように注意します。漢字は少し大きく，平仮名は少し小さく書くと読みやすくなります。また，

チョークの持ち方

黒板消しで真っ直ぐ縦か横に消すことによって薄く線が残るため，それを利用して斜めにならないように文字を書くこともできます。

　チョークの色は，基本は白と黄色を中心に使います。色の見え方に特性のある人は，男子の約5％，女子の約0.2％と言われるため，単純に考えるとクラスに1〜2人は色覚について配慮を必要とすることになります。できる限り赤色や青色を避け，蛍光チョークなどがあれば使うのも良いでしょう。

　板書する際の姿勢は，四分六の構えが有名です。黒板の方ばかり向いて板書していては，学習者の状況が上手く捉えられません。そこで，体を黒板へ40％，学習者へ60％向けるようにし板書します。それにより，学習者の仕草や動作を見ることができ，説明内容などが学習者に届いているのか，学習の進捗状況はどうかの把握ができます。

2　机間巡視

　机間巡視とは，授業中に教員が生徒の机の間を回ることを言います。学習者主体の授業が求められる現在では，机間巡視という教員主体をイメージさせる言い方は避けられ，机間巡視の際に指導を行う机間指導，机間で支援を行う机間支援と言います。下の写真は，机間指導（左）と机間支援（右）の様子です。

机間指導（左）と机間支援（右）の様子

　机間指導は，少し高圧的に見えますが，学習内容の説明や何をしたら良いかなど指示を誘導的に進めるうえで適しています。机間支援では，学習者の目線の高さに合わせて寄り添い，安心感を抱かせることで，補助的な説明など支援を行うときに適して

います。ただし，あまり距離が近すぎると学習者に不快感を抱かせることもあるので注意が必要です。

　机間巡視では，単に机の間を歩いて回れば良いというわけではありません。学習者の学習環境や仕草，態度から学習の状況を読み取り，授業の進行に役立てます。

　下の写真は，ある2人の学習者の机上の様子です。左の写真では，机上がすっきりと整理され，授業に不要なものがなく集中して学習に取り組んでいる理想的な様子です。一方，右の写真は，机上に飲み物や携帯電話など授業に不要なものがたくさん置かれ，授業に必要な教材は乱雑に積まれています。集中して学習に取り組める状況とは言い難いでしょう。そして，このような学習者がいる状況では，周りの学習者と雑談をしたり，落ち着きがなかったりするなど悪影響を与える可能性があります。机間巡視で発見した場合は，注意し指導しなければなりません。

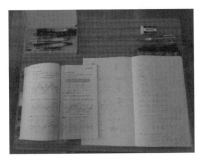

机上の様子

　次に，学習するのに適した姿勢を考えてみましょう。

　下の写真は，理想的な学習姿勢です。しっかりと姿勢を正し，腹と机の間に少し隙間が空く程度に椅子を引いています。また，机に両手を添え，両足（とくにかかと）

理想的な学習姿勢

が床に着き，リラックスしながらも学習に集中できる姿勢です。

　学習者の仕草や態度からも学習の状況を読み取ることができます。

　下の写真は，授業中の足元の様子です。左の写真は理想的な状態ですが，右の写真では机から足がはみ出ています。教室の廊下側や窓側の席でよく見かける光景です。一見，話をしている教員の方を向いているように見えますが，学習に対する意識が乏しかったり，横や後ろの人と話をしていたりする場合が多いです。

授業中の足元の様子

　また，次のような学習者の仕草で学習状況を把握することもできます。

　・視線が落ち着いていない→注意を集中していない

　・背中が曲がっている→集中力が低下している

　・手足が落ち着きなく動いている→授業に飽きている

　他にも，ペンをカチカチ鳴らす，ノートに不要な絵を描く，あごに肘をつくなど，さまざま仕草や態度から児童生徒の学習状況を把握することができます。ただし，無意識のうちにそのような動作をしていることもあります。そこで，本書では学習者の聴く態度の育成に資すため，１章コラムでオーディエンス教育を載せています。ぜひ一読され，実際に演習を行い，学習者自身に気づきを与えることも大切でしょう。

3　説明・指示

　説明とは，授業の導入や重要語句・用語などの解説をすることです。基本的なポイントとしては，次のことが挙げられます。

　・話に一貫性がある

　・無意味な繰り返し・強調がない

　・重要ポイントを強調できる

　・何をするのか明確にできる

　・否定ではなく肯定的な表現を使う

指示とは，考え方や行動の目安について方向づけや順序づけなどして示すことです。抽象語をなくし具体的に端的にわかりやすく伝えることが必要です。

例えば，「少し右に寄りなさい」という指示を出すより，「右に３歩寄りなさい」という方がわかりやすく従いやすくなります。複数指示を出す場合には，「一つ目は〜，二つ目は〜」と行動する順番を付けると良いでしょう。また，指示を出す際は，全ての指示が終わるまで行動させないようしたり，動作を止めたりすることで，聞き間違いの防止につながります。

説明・指示中心の授業は，授業がスムーズに進む半面，学習者は受け身になりがちで集中力が続かないといった問題点があります。学習者がどのように受け取ったか，反応をしっかりと観察し，その説明や指示が適切であったか，振り返らなければなりません。

4　質問・発問

質問と発問は，どちらも学習者に何かを問うというイメージがあります。２つの違いを述べるならば，質問は単に答えを求めるのに対し，発問は考えを求めるという点です。とくに，教育における発問とは，学習者の思考・認識過程を経るものであり，学習者の既有知識や学習内容の理解度を測ったり，出てきた意見を上手く活用したりすることで授業をより深い学びへ導くことができます。

質問や発問をするポイントとしては，次のことが挙げられます。

・何を問うのかはっきりさせる

・簡潔に容易な言葉で問う

・主要な質問・発問の内容は，あらかじめ整理しておく

図3-2は，ブルームの教育目標の分類をもとに，学習者の思考段階に応じて６つの能力に整理したものです。

例えば，理科の授業におけるそれぞれの能力の質問例は下記のようになります。

① 知識「CO_2とは何ですか」

② 理解「CO_2はなぜ発生するのですか」

③ 応用「CO_2の増加以外の地球温暖化にかかわる例を

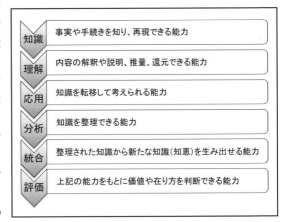

知識	事実や手続きを知り、再現できる能力
理解	内容の解釈や説明、推量、還元できる能力
応用	知識を転移して考えられる能力
分析	知識を整理できる能力
統合	整理された知識から新たな知識(知恵)を生み出せる能力
評価	上記の能力をもとに価値や在り方を判断できる能力

図 3-2　思考段階に応じた６つの能力

挙げてください」

④　分析「CO_2 が増加する原因は何ですか」

⑤　統合「CO_2 の増加を防ぐにはどうすれば良いでしょうか」

⑥　評価「このまま CO_2 を増加させ続けて良いでしょうか」

　①から⑥に進むにつれて，高度な思考が必要になります。学習者の思考段階に応じた発問をしたり，より深く考えて欲しい内容を扱ったりするときにこの6段階を知っておくと発問を有効に行うことができます。

　ただし，発問の仕方によっては，学習者の思考を深めるどころか，混乱させてしまう恐れもあるので下記のことに注意してください。

　・発問を行ったときに学習者の反応を確認しない

　・発問を投げかけてすぐに発言を求める

　・学習者が思考や作業をしている途中で新たな発問を行う

　・内容を練らずに授業の流れのまま発問する

　・情感がこもっていない

　また，自由な思考や表現が伴うような発問により学習活動を促す際には，統制型と活動型の2つのタイプの学習活動があります。図3-3は，その2つの学習活動の比較です。

　統制型では，考える意見や表現に制約がない（あいまいな）うえ，発問に教員の価値観が含まれる学習活動を表しています。制約がないことで学習者は自由に考えることができますが，教員の価値観が発問に含まれることで，ある程度，その価値観に近い思考や表現が行われ落ち着いた学習活動になります。例えば，「2020年，人間にとってパソコンは必要ですか」と発問した

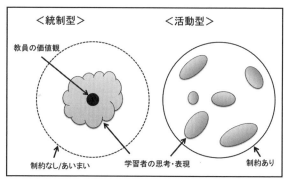

図3-3　統制型と活動型の学習活動の比較

ときを考えます。学習者は「必要」，「必要ない」の2つを考えます。しかし，当然学習者は，教員の価値観（考え）では「必要」と答えて欲しいという考えが働きます。見えなくとも教員の統制が学習者には働いています。

　活動型では，発問に教員の価値観は含まれませんが，考えるうえでの制約があります。このような場合，教員の価値観に左右されないために，制約内で多種多様な思考や表現が行われ活発な学習活動になります。例えば，「2020年，どのように情報技術

が発展しているでしょうか。ただし，今ある情報技術をもとに考えてみましょう」という発問を考えてみます。学習者は，今あるインターネットの発展やタブレット情報端末などの制約をもとに，どのような発展を遂げるか考えます。一見すると，かなり制約が強いように思いますが，学習者は情報技術に関することであれば，どの視点からでも，どんな技術からでも考えることができます。その結果，制約があるなかでも活発な話し合いや思考を深めることができます。

5　信頼関係を築く方法

　教員が授業を行っていくうえで，最も大切なことの一つは，学習者との信頼関係を築くことです。信頼関係を築くことをフランス語でラポール（rapport）と言います。ここでは，授業中の教員と学習者のコミュニケーションや教育相談に用いられるラポールという方法について説明します。

　ラポールとは，フランス語で厳密には「橋を架ける」という意味を持ち，他者と心が通じ合っている，互いに信頼している，互いに受け入れているということを言います。ラポールには，以下の4つの基本的な方法があります。

① 　ミラーリング

　　相手のフィールドにそっと入るような気持ちで相手の仕草や姿勢の特徴を真似る方法です。相手に不信感を抱かれないように注意しながら行うことで，相手の警戒心を和らげたり，安心感を抱かせたりすることができます。

② 　ペーシング

　　相手の話し方や感情，呼吸などに自分を合わせて，無意識に共通点があると思わせることで安心感を抱かせる方法です。

③ 　キャリブレーション

　　相手の言語以外の特徴をもとにし相手の状況を読み取る方法です。言語以外の特徴には，声の音調や表情，目の動きなど，さまざまなものがあり，それらをもとにし相手の些細な心情の変化を捉え対応することで，より親密な関係が構築できます。ただし，日ごろから意識的に訓練を積むなどの経験がとくに必要です。

④ 　バックトラッキング

　　相手の発言を同じように返すことです。わかりやすく言えば，オウム返しです。返し方には，同じように事実を返す方法や感情を含めて返す方法，要約して返す方法などがあります。これにより相手は自分の話を理解されていると思い，受け入れられやすくなります。

　さらに，この4つのラポールの方法を組み合わせたりすることで，学習者との良好な信頼関係を築くことができます。例えば，学習者の話している内容に耳を傾け同調しながら聞き，内容を要約し，他の学習者にもわかるように伝え，発言者本人が熱心

に考えた答えならば「よく考えましたね」とKRを一言添えます。それにより，発言者は自分のことを認めてもらったという意識が高まり教員を受け入れ信頼関係が深まるでしょう。

6　学習意欲を引き出す方法

　アメリカの教育工学者である
ジョン・M・ケラー（John. M.
Keller）は，1983年，動機づけ
に関する膨大な心理学研究や実
践値を統合し，実践者向けに使
いやすい形に整理し，ARCSモ
デルを提案しました（図3-4）。

```
↓ 注意　　（Attention）　────　面白そうだな
　 関連性　（Relevance）　──　やりがいがありそうだな
　 自信　　（Confidence）　──　やればできそうだな
↓ 満足感　（Satisfaction）　─　やって良かったな
```

図3-4　ARCSモデル

　ARCSモデルには，注意（Attention），関連性（Relevance），自信（Confidence），満足感（Satisfaction）の4つの側面があり，学習意欲を刺激し，持続させる動機づけのヒントとして知られています。

　動機づけの第一歩としては，学習者に「面白そうだな」という注意が喚起され，持続させる必要があります。その後，学習者は学習目的や内容を知り，何かの目的を達成するために「やりがいがありそうだな」という関連性を感じたり，気づいたりしなければなりません。そして，ある程度の学習が進み目標達成の兆しが見えることで「やればできそうだな」という自信を持ちます。最後には，努力した結果が予想した期待に添うことで「やって良かったな」という満足感を抱きます。それにより，学習意欲をより長く持続させる動機づけとなります。

　以下に，学習意欲を引き出す例を示します。

＜学習意欲を引き出す例＞

・目標を明確にする

・好奇心を喚起する

・楽しい体験をさせる

・自信を持たせる

・不満のない学習環境をつくる

・学習を自分でコントロールさせる

　上から4つは簡単にイメージできるでしょう。教育現場では，下の2つ「不満のない学習環境をつくる」，「学習を自分でコントロールさせる」に，とくに注意しなければなりません。最近の学習者（児童生徒）は，グループ分けで少し苦手とする友達がいたり，座席が一番前になったりするだけで学習意欲の低下につながります。また，挙手がないのに当てることや急な指示を出すことで学習が自分の思い通りにならず学

習意欲を極端になくしてしまうことがあります。そのため，教員の言動には，細心の注意が必要です。

7　学習を効果的にする方法

　学習を効果的にする方法には，2章で述べたように学習理論から授業を組み立てる方法とここで扱う授業技術を駆使して授業を組み立てる方法の2つがあります。

　図3-5は，学習活動における時間と飽きの関係を示したものです。

　ここまで本書を読み進めたみなさんでしたら，授業開始時には学習者の興味・関心の高い題材を用いることでしょう。しかしながら，それよって生まれた刺激や学習意欲などは，長く持続したり，増加し続けたりすることはあまりなく，少しずつ減少し飽きが発生してしまいます。そこで教員は，学習者に何らかの刺激（Cue）を考えなくてはなりません。授業に飽き，眠くなりかけている人に「起きなさい！」というのは，一時的に目は覚ましますが，効果はあまり続きません。

　そこで効果的なのは，学習の形式を変えるということです。以下に，効果的な刺激の例を示します。

　＜効果的な刺激の例＞
　・積極的に参加させる
　・意味のある／身近に関
　　係する内容を扱う
　・選択させる
　・十分な時間を与える
　・協力させる
　・振り返りとフィード
　　バックをする
　・ほめ合わせる
　・教え合わせる

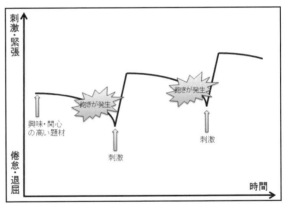

図3-5　学習活動における時間と飽きの関係

　例えば，授業の導入では教員の説明中心の授業を行い，少し飽きが発生しそうなところで課題を選択し協力して学習を進めます。そして，ある程度の時間を確保したところで，教え合い，教員による学びの振り返りとフィードバックを与えます。授業をいくつかに区切り，学習の形式を変えることが刺激となり，刺激が程よく連続することで全体的には学習意欲が持続・向上します。そのような授業ができると理想的です。とくに，他者との学び合いの活動に取り組むことは有効的な刺激として働きます。

3.2 授業設計と学習指導案

1 授業設計

　実際に授業を行うには，学習者の状況に合わせて，目標や教材，指導方法，評価方法などを決めなければなりません。学習の状況では，既有知識や経験などの学習に必要な前提条件（＝レディネス）を把握します。またそれ以外にも，今までの学習意欲や学習方法など，学習者の状況について知っておく必要があります。表3-1に，学習者について把握しておくべき事項を示します。

表3-1　学習者について把握しておくべき項目

前提条件	目標の達成のために知っておくべき内容や知識
関連知識	関連する内容ついての知識や経験
学習意欲	学習内容に関する学習意欲ややりがい，自信を持てるか
学業レベル	学習者の一般的な知能レベル
学習方法の好み	学習形態や指導方法で効果的であったもの
クラスの特徴	クラスの全体的な特徴や学習進度

（稲垣ら（2011）を参考に一部抜粋改変）

　次に，授業前の事前準備や授業中，授業後で意識すべき点を示します。これらをもとにして授業の構想を練っていきます。

⑴　授業前の事前準備

①　指導案（シラバス）の作成に関するポイント

・担当する授業の具体的な到達目標とは何か

・目標達成のために学習者にどのような活動をさせるのか

・学習者の活動をどのような順序でどの程度させたらよいか

・学習者の活動を評価するための方法や具体的な評価規準・基準をどう設定するか

・授業で使用すべき教材・教具は，何を使用するのか

・授業前の課題や次週の課題など，家庭学習に任せることは何か

②　教材研究に関するポイント

・教材内容の参考となる資料を十分調べておく

・実際に記述する板書内容を指導用ノートに整理しておく

・教材についての知識を深め，単元や題材を十分掘り下げる

(2)　**授業中**

① 　わかる授業をめざす

② 　教科・科目の特色をできるだけ取り入れる

　　例えば，英語であれば，授業中はできるだけ英語を使い，英語による指示や活動を通して，英語を学習している雰囲気をつくり，学習者が英語を使う場面をできるだけ多く設定します。

③ 　学習者の実態を把握しながら授業を進める

　　学習者の実態とは，これまで身に付けた知識（レディネス）や体験・経験です。例えば，数学で因数分解が解けない生徒がつまずいている場合，英文法が間違っている場合など，学習者の学力を考慮しつつ，常に授業中の反応に留意しながら授業を進めます。

④ 　個に応じた指導を心掛ける

　　授業中の反応や全体的な傾向を把握すると同時に，一人ひとりの特性にも注意を払い，個に応じた指導に努めることが大切です。全ての学習者が，基礎・基本の目標に到達できるとともに，より高度な学習内容を求める学習者に応えられるよう，個に応じた指導を心掛けます。

⑤ 　ICT 教育機器を有効に活用する

　　授業の導入場面で，学習者の関心を引く動画などの視聴覚教材を用いたり，授業に関連した教材などを書画カメラで演示したり，タブレットやクリッカーで感想を瞬時に集計するなど，ICT 機器の利点を把握し，効果的な場面で活用します。

(3)　**授業後**

　学習者の活動を評価規準と評価基準に基づき評価します。同時に，学習者による授業アンケートを実施するなどし，自分の授業を客観的に評価して，授業の成否を診断します。その結果を真摯に受け止め，次の学習指導案作成に活かし授業改善に役立てます。

2　学習指導案の作成

　学習指導案とは，授業の骨組みとなる教員用授業マニュアルのようなものです。小中高の教員養成課程履修者は教育実習の際に，必ず作成することが求められます。前述のメーガーの3つの質問にあったように，どこへ行き（目標），たどり着いたかどうかどうやって知るのか（評価），どのようにして行くのか（方法）を明確にしておかなければなりません。表3-3に学習指導案テンプレートを示します。

　学習指導案には，目標や評価，学習活動の流れなど書くべき項目が決まっており，所属の地域によって形式が異なります。また，同じような授業でも教員によってさまざまな書き方があるので，どんな教員が見ても授業がイメージできるようなわかりや

すい学習指導案を書くことが求められます。また，学習指導案の作成時には下記の点に注意が必要です。

・「～しよう」という表現は使わない

　教員が一方的に授業を進める教授中心型の学習になります。

・「～させる」という使役表現はできるだけ避ける

　上記と同じ理由の問題であり，「どうさせるのか」ではなく，児童生徒が必然的に「そうなるのか」という問題意識を持てるようにします。そのためには，教員の支援をより具体的に計画しなければなりません。

・「理解する」という表現を避け「わかる」「できる」を用いる

　「理解する」とは，気づく，考える，記憶することの3段階を経ます。そのため，理解するとしてしまうと，どの段階をいうのかわかりにくくなるので避ける必要があります。

　本節では，とくに教育実習や初任者研修で求められる基本的な形式の学習指導案を扱います。下記に示す全ての項目を学習指導案では必要とします。

(1) 単元名

　教材名をそのまま単元名として使う教科もあります。教科書の文言を使って単元名をつける場合が多くなりますが，独自の単元名を設定することも可能です。使用教科書や使用図書についてもここに書きます。

(2) 単元観（教材観）

　各教科の学習指導要領解説を熟読し，教科書での実施する単元の位置づけを把握します。単元のねらいに基づいて本時（当該授業）の位置づけを記述します。

　記述する際のポイントは以下の通りです。

・学習者の現状を踏まえて，どのような力を学習者につけたいのか

・本単元を学習することで，どのような力がつくのか

・単元や学年の先を思い浮かべ，どのような学習者を育成したいのか

・具体的な教材内容を取り入れながら，どのような学習活動を行うのか

・本単元で学習したことを，次へどうつなげ，発展させるのか

(3) 単元の目標

　各教科の学習指導要領を熟読し，本単元で指導すべき内容を把握・整理します。次に，「各学年（各分野）の目標及び内容」を参考にします。その際，学習者の実態や地域の実態を思い浮かべながらどのような目標が必要か考えます。文末は，「～ができる」や「～できるようにする」のように具体的な表現を使います。

　また，曖昧な表現は避けるようにします。例えば，「自転車に乗ることができる」という目標を設定したとき，これでは自転車に乗って何ができるのかはっきりしません。そこで，「自転車に乗って，10m 進むことができる」という具体的な数値など客

観的に把握できるようにして書くと誰からもわかりやすくなります。このように，目標ではより具体的な内容を明記するようにします。

(4)　単元の評価規準

単元の目標が達成できたかどうかを判断するためには，評価規準が必要になります。単元の評価規準を決めることで，教員の支援を具体化することができます。また，客観的に説明可能な評価により保護者にも説明しやすくなります。

以下に，評価規準を書く際に注意すべきことを示します。

評価規準には，関心・意欲・態度，思考・判断・表現，技能，知識・理解の4つの観点（国語科などは異なる）があります（平成29・30年告示学習指導要領からは，知識・技能，思考・判断・表現，主体的に学習に取り組む態度の3観点となりました）。評価規準を作成する際には，できる限り限定的に絞り込み，実効性のあるものにします。

最近では，絶対評価（到達度評価）に対応するために，指導と評価の一体化をめざし，形成的評価が重視されるようになりました。そのため，単元の評価規準や段階評価（ABC，5段階）などによって分けた数値による評価基準が求められることも増えています。表3-2に各観点に応じた文例を示します。

表3-2　各観点に応じた文例

関心・意欲・態度	思考・判断・表現
・進んで〜しようとする ・〜について追求しようとする ・〜を通して〜しようとする ・〜に気づく	・〜について考えることができる ・〜と〜を関連付けて考えることができる ・〜をもとに〜について判断することができる ・〜について工夫することができる ・〜に表すことができる
技　能	知識・理解
・〜することができる ・〜を行うことができる ・〜から〜を読み取ることができる	・〜について理解することができる ・〜を捉えることができる ・〜を活用し〜がわかる ・〜を通して〜の理解を深めることができる

(5)　単元の指導計画

単元の指導計画は，基本的には教科書で扱う順番通り計画すると書きやすくなります。しかし，必ずしも教科書の順番に縛られる必要はありません。児童生徒の実態や他教科との関連も考え，単元全体を見渡して，指導計画を練ることも可能です。

(6)　生徒観

学習者の実態を述べます。評価規準の4つの観点である関心・意欲・態度，思考・判断・表現，技能，知識・理解に分けて述べるのが一般的です。事前に把握するのが

難しい場合には，学力試験やアンケート調査，他教科の教員の意見などを参考に作成します。

(7)　指導観

　単元観や生徒観をもとに，授業を展開する際の指導上の留意点や注意点を記述します。指導観には，学習者の実態となる学習意欲や既有知識を把握し，現在の状況などを説明し，本単元でどのような指導・支援が必要か詳細に書きます。また，これまでの学習経験や他教科との関係に触れ，本単元の必要性を明確にします。それにより，どういう課題を設定するべきか，どういう教材を用意するべきか考えていきます。

(8)　本時の指導

　本時とは，1コマの授業を指します。指導の流れでは，一般的に，学習の流れ―教員の働きかけ―予想される生徒の活動―留意点という項目に整理されることが多くなります。しかし，この整理方法では，不慣れなうちは学習内容を教員の働きかけに書いたり，生徒の活動に書いたりと混同しがちになります。そこで本書では，生徒の学習活動―学習内容―評価・支援―留意点・教具という項目にしています。

　本時の課題や目標，予想される生徒の反応，評価については，　　　　（四角）で囲むようにすることで，他と区別できるようにします。また，発問を具体的に設定して記述しておくと，授業の流れをイメージしやすく，授業もスムーズに進めやすくなります。さらに，授業の改善ややり直しをする際に役立ちます。しかし，作成した授業の展開を意識しすぎると生徒の思考と活動の流れを無視してしまい，教員主導の授業になってしまいますので注意しましょう。

表3-3　学習指導案テンプレート

○○科　学習指導案	
○○学校　○年○組　○○月○○日（○） 第○時限目　○○：○○〜○○：○○ 場所：○○○　指導者：○○○	

1．単元	いくつかの内容で構成された学習活動を書く
2．単元観（教材観）	本単元を学習する（教える）意義（自分の考え）を書く
3．単元の目標	押さえるべきポイント（何をねらうのか）を書く
4．単元の評価規準	観点ごとに学習状態がどの程度までできれば単元の目標を達成したとするのか具体的に書く

関心・意欲・態度	思考・判断・表現	技　能	知識・理解

5．単元の指導計画	単元の目標や評価規準を元に，単元全体を通しての指導計画を書く
6．生徒観	本単元の学習内容と関連した生徒の実態を書く
7．指導観	生徒の様子や興味・関心，学習の状態などを考慮した指導方法を書く
8．本時の指導	下記には，授業1コマに焦点を当てたものを書く
(1)小単元	この授業で学ぶ内容の単元名を書く
(2)目標	本時で押さえる目標を書く
(3)目標達成の工夫	目標達成のための手だてや工夫を書く
(4)評価の手立て	評価規準に達しているか確かめる方法を書く
(5)教材	使用する教材を書く
(6)準備物	授業で使うツールを書く
(7)指導の流れ	第○時限　単元名：　　○○○

段階	学習活動	学習内容	○評価●支援	○留意点●教具
導入				
展開	課題や目標，予想される児童生徒の反応，評価			
まとめ				

9．参考文献	参考にした書籍，ウェブサイトなどを書く
10．ご講評	他の先生からの感想や評価，アドバイスを記入する

※ 学習指導案のテンプレートは，巻末記載の専用HPを参照し，ダウンロードが可能です。

3.3　授業分析と授業評価

　本節では，授業分析のための授業記録方法と分析方法，授業評価のためのマイクロティーチングとその評価方法について紹介します。

1　授業分析

(1)　授業記録

　授業記録とは，授業分析の根拠となるものであり，授業の振り返りができるだけでなく，授業内容を事実として記録することで客観的に分析することが可能です。授業記録の代表的な方法としては，次の3つがあります。

＜記述記録＞

　紙などを用いて授業で行われたポイントを記録したり，良かった点や改善点を書き留めたりします。手間がかからず容易に実施できることから，日々の授業記録によく用いられます。

　・授業者による記述記録

　　授業者（教員）が記録するため，授業の全てを記録することは難しく，あらかじめ焦点を絞り設定した事項のみ記録します。児童生徒の様子を記録することで児童生徒の関心・意欲や態度の評価にも活用できます。

　・参観者による記述記録

　　参観者が教室の後方や横，斜め前のように授業者（教員）の指導の様子を見たり，生徒の活動を見たりして記録します。

＜音声記録＞

　テープレコーダやICレコーダを使い，音声のみを記録します。気軽に実施しやすいメリットがあります。教卓の上に設置すると，授業者の声を中心に児童生徒の発言が記録できます。

＜ビデオ記録＞

　授業の様子を全て記録できます。とくに，他の記録方法では記録しにくい，非言語活動が記録できます。ビデオは，三脚を立て，固定型にするのが一般的です。グループワークのような活動がある際には，手元や各グループの話し合いの様子を記録することもあります。児童生徒の顔など個人が特定できる映像の場合には，個人情報の取扱いに注意することが必要です。設置場所は，学習者目線となる教室の後方からと教員の目線となる教室の前方からの2か所に設置すると良いでしょう。

(2)　フランダースの相互作用分析

　授業分析には，量的分析と質的分析の2つがあります。量的分析は，客観的なデー

タをもとにして分析することを言い，質的分析は，主観を排除せず，分析者の主観や感触をもとに分析することを言います。

　授業の量的分析の一つとして，カテゴリー分析を紹介します。カテゴリー分析とは，授業の中身を時間ごとに区切り，その時間に何が行われたのかを分類します。分類した結果を分析すれば，その授業の中で多く行われたことや実施されなかったことなどが客観的なデータとして表れてきます。

　教育におけるカテゴリー分析では，フランダース（Flanders, N. A., 1972）の相互作用分析が有名です（表3-4）。

　フランダースは，学習者に及ぼす影響のパターンに応じて，教員の発言を直接的影響と間接的影響に区分しています。

　例えば，「ドアを閉めてください」という教員の発言を例に考えてみます。もし閉めるように名指しされた学習者が何かの学習活動をしていた場合，学習者はその活動を中断して，ドアを閉めに行くことになります。つまり，このような発言は学習者の活動を直接的に制約するものです。

表3-4　フランダースの相互作用分析

教員の発言	間接的影響	① 感情の受容 ② 賞賛と励まし ③ 考えの受容と利用 ④ 発問
	直接的影響	⑤ 講義 ⑥ 指示 ⑦ 批判と正当化
学習者の発言		⑧ 学習者の発言_応答 ⑨ 学習者の発言_自発
		⑩ 沈黙と混乱

　一方，教員が「みんな少し寒く感じませんか」と尋ねたのに対して，一人の学習者が「少し寒いと思います。あのドアが開いているからです」と言います。そこで，教員が「そうね，あのドアを閉めてもらいましょうか」と言い，学習者が立ってドアを閉めに行きます。この場合も，確かに「ドアを閉めてもらいましょうか」という教員の発言が含まれていますが，明らかに，前者の命ずるものとは違っています。後者の一連の発言は，教員による生徒への間接的な働きかけとなります。

　教員によるこのような直接的影響および間接的影響に対して，フランダースは学習者の授業における態度を考えました。「ドアを閉めてください」という教員の発言に対して，学習者はそれを受け入れて，「はい」と言って閉めてくる。フランダースは，このような学習者の態度を応答と名づけました。授業において，学習者の応答という態度は，一つには，教員の発問に答える，あるいは，教員の指示にしたがうこととして現れてきます。もう一つには，児童生徒が進んで発言するという場合が考えられます。

　分析方法は，授業の中の教員と学習者の発言を3秒ずつの単位で，表3-4の①〜⑩

に対応するカテゴリーにしたがって図3-6のマトリックスに記号化していきます。記号化では，一定時間ごとに何が行われたのかをシートに正の字を書くなどして数え，客観的な事実だけを記録していきます。

図3-7に，熟練教員（左）と教育実習未経験者（右）のマトリックスの比較を示します。熟練教員の場合，記号化されたセルがさまざまなカテゴリーに広い範囲に分布しています。

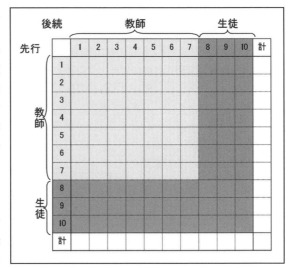

図3-6　マトリックス

これは，熟練教員が多様な授業技術を用いて授業を行っていることを表しています。一方，教育実習未経験者では，⑤講義のセルに集中してしまい，全体的な広がりやカテゴリーの種類が少ないことがわかります。このことから教授中心の講義型授業となり，学習者主体の授業はほとんど行われていないことがわかります。

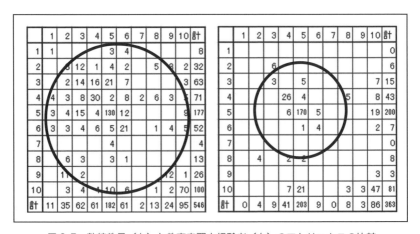

図3-7　熟練教員（左）と教育実習未経験者（右）のマトリックスの比較

　このようにフランダースの相互作用分析では，授業において用いた授業技術や授業における発言がどのような傾向を示しているか把握でき，自己の授業を振り返ることができます。

　フランダースの相互作用分析をするためのマトリックスに加え，改善点やわかったことなどをまとめて書き込めるシートは巻末記載の専用 HP を参照しダウンロードが可能です。

2　授業評価

　マイクロティーチング（MicroTeaching：MT）とは，実際の授業を行う前に規模を縮小して短い授業を設計・実施し，評価することです。それにより，教育技術の訓練・改善を図るものです。以下に，マイクロティーチングの特徴を示します。

・実際の時間より短くする（5 ～ 10 分程度）
・授業の内容や訓練内容を絞り，明確化する
・聴き手（評価者）は，実際と同じようにするために生徒役を行うこともある
・聴き手（評価者）は，学習者と教員の両方の視点から評価する

　マイクロティーチングの評価は，聴き手による記述記録（質的分析）で行います。質的分析を行うため，多様な意見が得られる利点があります。図 3-8 に，マイクロティーチング評価シートを示します。評価項目は教授技術，学習意欲，協働学習，ICT 活用の 4 種類のカテゴリーです。

　一つ目の教授技術は，基礎基本的な授業技術を項目として入れています。教員必須の授業技術ですので，意識的に授業に取り入れるべき内容です。二つ目の学習意欲は，ARCS 理論（p.78 参照）をもとにした項目があります。三つ目の協働学習は，ペア・グループ学習に関係する項目です。四つ目の ICT 活用は，ICT 活用に関係する項目です。評価項目数は，全 23 項目あり，参観者は全項目に対して，5 段階の評価をつけます。さらに，それぞれのカテゴリーに対して良かった点と改善すべき点を書きます。改善点を書く際には，授業者のモチベーションに配慮しながら書くようにします。また，他者の良い点を見つけることも教員になるうえで重要なスキルですので積極的に評価しましょう。

図 3-8 マイクロティーチング評価シート

日付	参観者名		授業者名	

評点：（5：大変良い、4：良い、3：普通、2：改善が必要、1：大いに改善が必要、非該当：MT中になし）

		評価項目	評点
教授技術	1	聞きとりやすい声や適切な言葉遣い、効果的な指示が明確にできる。	5・4・3・2・1 非該当
	2	学習活動の手順などの指示が明確にできる。	5・4・3・2・1 非該当
	3	適切な机間指導・支援ができる。	5・4・3・2・1 非該当
	4	身振りや手振り、アイコンタクト、豊かな表情など適切な情報を提示できる。	5・4・3・2・1 非該当
	5	働きかけて動きを返し「お返し（KR）」の3方向のコミュニケーションが効果的に取れる。	5・4・3・2・1 非該当
	6	反応に対する適切なフィードバックを与えられる。	5・4・3・2・1 非該当
	7	既有知識や経験を意識した指導ができる。	5・4・3・2・1 非該当
	8	工夫した発問ができる。	5・4・3・2・1 非該当
	9	文字の大きさや美しさなどを考慮した適切な板書ができる。	5・4・3・2・1 非該当
	10	ノートの書きやすさや見やすさなどを考慮した板書ができる。	5・4・3・2・1 非該当
	11	学習者の状況に応じた段階的な授業展開ができる。	5・4・3・2・1 非該当

良かった点：
改善すべき点：

			評点
学習意欲	12	関心や興味、好奇心を刺激できる。（Attention: 注意「おもしろそうだな」）	5・4・3・2・1 非該当
	13	親しみやすさやりがいを与えられる。（Relevance: 関連性「やりがいがありそうだな」）	5・4・3・2・1 非該当
	14	段階的な成功体験を与えられる授業設計や支援ができる。（Confidence: 自信「やればできそうだな」）	5・4・3・2・1 非該当
	15	学習内容が役立つと感じられる仕組みや評価ができる。（Satisfaction: 満足感「やってよかったな」）	5・4・3・2・1 非該当

良かった点：
改善すべき点：

			評点
協働学習	16	ペア・グループ学習を行う際、学び合いのための決まりや役割分担。	5・4・3・2・1 非該当
	17	複数の意見・考えを共有し、思考を深めるための手立て（ヒントなど）がある。	5・4・3・2・1 非該当
	18	ペア・グループ内での意見・考えを整理し、まとめるための手立て（ワークシートなど）が効果的である。	5・4・3・2・1 非該当
	19	まとめた意見・考えを全体に発表する際の話し方や開く姿勢を育成できる。	5・4・3・2・1 非該当

良かった点：
改善すべき点：

			評点
ICT活用	20	授業の魅力（興味・関心）を高めるICT活用ができる。	5・4・3・2・1 非該当
	21	画像や動画、音声など活用し、指導効率を高めることができる。	5・4・3・2・1 非該当
	22	ICTの特徴を活かし、学習効果を高めることができる。	5・4・3・2・1 非該当
	23	情報活用能力や情報モラルを育成した授業の組み立てができる。	5・4・3・2・1 非該当

良かった点：
改善すべき点：

全体の感想

3.4　授業実践の事例

　本節では，学習者の主体的な学びを促す方法である強制連結法と，問題や課題を論理的に考察し解決するロジックツリーを用いた方法について学びます。

1　強制連結法

　強制連結法（林，2002）とは，概念地図法やブレインストーミングによく用いられるKJ法（川喜田，1967）と同様のイメージマッピングの一つです。これらの共通点は，自分の既有知識や思考過程を視覚化する点です。そして，その内容から自分自身が持つスキーマを再認識できるだけでなく，他者ともスキーマを共有することができます。ここではスキーマの意味を，既有知識やそれによる思考や観点と捉えます。

　強制連結法の特徴は，キーワードを始点と終点に設定し，始点から関連するスキーマを連結していく過程で，いったん拡張した思考を終点に向かって収束していくところです。基本的な活用では，学習者のレディネスを把握することや，自分自身を分析することができます。さらに，授業設計やプレゼンテーション設計にも応用し活用することができます。

⑴　基本編：学習者のレディネスの把握

　学習者がやる気を持てる授業をするために，教員はさまざまな工夫を凝らします。例えば，教材を用いる，演習を取り入れる，わかりやすく説明するなど，一方的な知識の伝授に偏らない授業設計をしています。それでも，学習者がやる気を持って取り組める授業ではなく，十分に理解できなかったり，何となく授業を受けているだけになったりする場合もあります。その原因の一つに，学習者のレディネスを，教員がしっかりと把握できていないことが挙げられます。

　レディネスとは，学習者が物事を習得・学習する際に必要とする基礎条件のことです。つまり，レディネスの把握とは，「その学習に関する一定の知識や技能をどの程度持っているのか（既習度），どのような経験を持ち，何に興味・関心があるのか，また心身の発達段階はどの程度であるのか」などを把握することを意味します。教員が学習内容に関連する学習者のスキーマを考慮し，レディネスを把握することによって，学習者の興味・関心に則したトピック（学習内容・学習活動）を織り込んで，学習への動機づけを促す授業を展開することができます。すなわち，強制連結法を活用し学習者のスキーマを確認することにより，同じ内容であっても学習者のレディネスの違いに対応した授業を行うことが可能になります。そこから，学習者の理解度の向上や，やる気を持った主体的な学びへとつながっていきます。

【強制連結法の活用】

●方法

① 5人程度のグループをつくります。

② 強制連結シートの最上下端の　　　に始点と終点のキーワードを設定します。その言葉から連想した言葉を終点に向かって書きつないでいきます。

③ 10分間で，できるだけ多くの言葉を連想記述します。

※言葉の連結は，すべて終点までつながるとは限りません。途中で途切れる連結もあります。

④ 各自が作成したシートをグループのメンバー同士で交換し，次のような連結に印を入れましょう。

・おもしろい発想や新しい知識を得られるような連結 ⇒「◎」

・なぜこのような言葉のつながりになるのかわかりづらい連結 ⇒「？」

⑤ 「◎」を付けた連結のコメント，「？」の連結に対する質問を作成者にします。

⑥ グループ内で他のメンバーのシートを回覧し，お互いの内容を共有します。

●事例1：「学習者のレディネスを把握する」

図 3-9 は，日本人学生とミャンマー人留学生が行った強制連結の結果をまとめたものです。始点に「ロケット」，終点に「じゃがいも」というキーワードを設定しました。両者の連結結果を比べてみましょう。

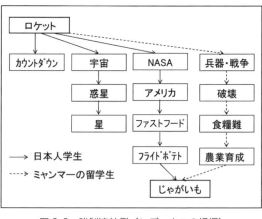

図 3-9　強制連結例（レディネスの把握）

この強制連結で記述された言葉は，各人の持つスキーマと捉えることができます。日本人学生の多くは，始点の「ロケット」から「NASA」→「アメリカ」→「ファストフード」→「フライドポテト」→「じゃがいも」と連結していました。ところが，当時，内戦が激化していたミャンマーの留学生は，「ロケット」→「兵器・戦争」→「破壊」→「食糧難」→「農業育成」→「じゃがいも」と大きく異なった連結をしました。このように，各々が持っているスキーマは，その人の背景（環境や経験など）によって異なる部分があります。教員は得たスキーマを分析し，学習者のレディネスの把握に活かすことで，全体または個に応じた授業設計に役立てることができます。

●事例２：「スキーマから自己分析する」

　図3-10は，大学で，グループワークの導入時に行った強制連結の一例です。始点に「現在の私」，終点に「教育」をキーワードとして設定しました。グループのメンバーとシートを交換し，内容から推測した作成者の人物像や自分自身の分析などから新たな発見をしています。

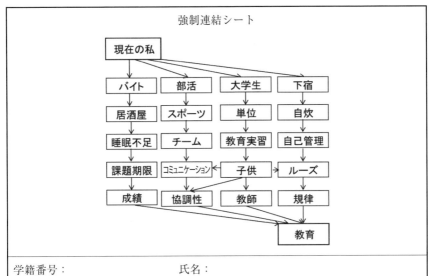

図3-10　強制連結の例（自己分析）

⑵　応用編：授業設計

　強制連結法を用いた授業設計では，学習指導要領に則した中で，その授業の到達目標に向かって，学習者がより効果的に興味・関心を持って主体的に学ぶことができる授業を設計することができます。学習者のレディネスや到達目標を意識し，さまざまなアイデアを取り込みやすく，限られた授業時間内での進捗状況に臨機応変に対応しやすいという利点などが考えられます。

●方法

授業設計の場合は，言葉の連想ではありません。あくまでも理論で展開します。授業で実践したいトピックの関連づけを行い，学習の構成を練っていきます。授業の内容や教員の考え，学習者のレディネスなどを，柔軟に思いつくままに書き出し視覚化します（図3-11）。

① 始点に対象となる「学習者」を，終点には「到達目標」を設定します。

② 学習者のレディネス（興味・関心，既有知識）を全て挙げます。

③ 学習者のレディネスからつながる話の展開となる複数のスキーマを挙げます。

④ 話の展開となるスキーマからつながる教員の伝えたい複数のスキーマを挙げます。

⑤ 授業を進める順に，関連づけたトピックを線で結んでいきます。

⑥ 最後に【学習者】→「導入」→「展開」→「まとめ」→【目標】と進む，基本的な授業展開の連結を，赤ペンなどで「→」でわかりやすく示します。

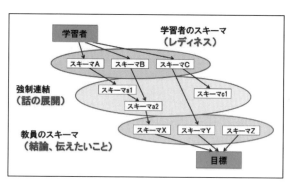

図3-11 強制連結法（授業設計のイメージ）

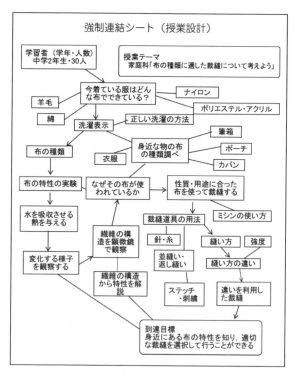

図3-12 強制連結法（授業設計の事例①）

●事例３：「強制連結法を用いた授業設計①」

　図 3-12 は，教育学部の学生が，中学２年生を対象に家庭科の授業設計をした事例です。テーマを「布の種類に適した裁縫について考えよう」とし，到達目標に「身近にある布の特性を知り，適切な裁縫を選択して行うことができる」と設定しています。

●事例４：「強制連結法を用いた授業設計②」

　図 3-13 のシートは，授業テーマを「古典文学の世界」と定め，中学３年生を対象に到達目標を「古典文学のおもしろさを知る」と設定した，古文の授業設計の事例です。思い浮かんだアイデアや工夫を取り入れて，学習者が古典文学に興味を持って楽しく学習できる授業を実践しようという思いがうかがえます。

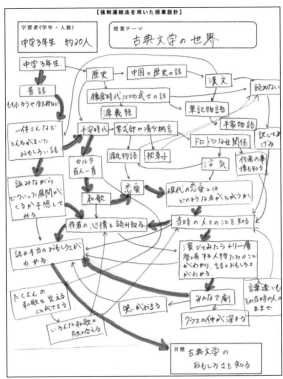

図 3-13　強制連結法（授業設計の事例②）

　※強制連結法の基本編と応用編で用いた２種類の強制連結シートは，巻末記載の専用 HP を参照いただきダウンロードが可能です。

2　ロジックツリーを用いた論理的な分析

　ロジックツリー（logic tree）は，物事を論理的に考えて解決する方法の一つです。
　この方法には，問題の原因を明確にする「問題分析」と，目的を達成するための手段を見出す「目的分析」の２種類の方法があります。問題の因果関係を階層的に捉え，問題の究明および具体的な解決策を考察することができます。どちらの分析も，個人やグループワークの課題解決の方法として用います。因果関係を可視化すること

で，要因の関係が整理され明らかになります。グループで課題解決する場合も，お互いの考えを共有して議論を深めることができます。

　ここでは，下の例題に示した「Aさんの状況」の問題を分析し，その改善を目的とした具体的な方策を考察していきます（図3-14）。

■例題：「Aさんの状況」

　大学2年生のAさんは，中学校の教員になることをめざしています。入学当初は，地元から離れた一人暮らしの生活に不安がありましたが，友達もでき，それなりに家事もできるようになりました。しかし，大学生活にも慣れてきた1年生の半ば頃からは，授業の復習もせず，気が緩んで自由を満喫してしまい学業がおろそかになってしまいました。そのために，試験や課題の成績も悪く，随分と単位を落としてしまいました。

　Aさんは，夜遅くまでテレビやSNS・ネットの動画サイトなどを長時間利用して，いつも寝るのは深夜です。朝は起きるのがとても辛く遅刻が目立つようになり，しかも授業中はよく居眠りをして集中できません。授業内で課せられた小レポートは，いつも半分程度しか書くことができません。また，自炊するのも面倒になって，朝食はとらず，夕食はスーパーやコンビニで弁当を買ったり外食で済ますことがほとんどです。体がだるくていつまでも疲れが残り，すぐに風邪をひくなど病気がちになっています。それで欠席することも多く次第に授業についていけなくなり，提出課題も何をしたら良いかわからずたまる一方です。どうしても期限内に完成できず提出しないこともあります。また，スポーツは苦手で家でゴロゴロしているのが大好きです。最近はとくに何をするのも億劫になってやる気になれず，時間があってもたまっている課題に取りかかろうと思えないのです。

　Aさんは，この悪循環を改めて成績を向上させなければ4年間で卒業することは難しく，志望の教員にもなれないと思っていますが，問題が山積で先が見えません。

図3-14　例題「Aさんの状況」

(1)　**問題分析**

　問題分析は，上と下の階層のつながりが因果関係になり，「なぜ〜？　なぜなら〜」という考え方です。「原因」と「結果」の因果関係を整理して，問題の構造を明らかにします（図3-15）。

●**方法**

①　中心問題に「このままでは大学を卒業できない」と設定します。

②　中心問題の直接的な原因と考えられる事柄を付箋紙に書き出し，第1階層に貼ります。

　・付箋紙1枚につき一つの内容（複文ではなく単文）を書きます。

　・否定的な表現で書きます。

　・事実を書き，定義のあいまいなもの，抽象的な表現は避けます。

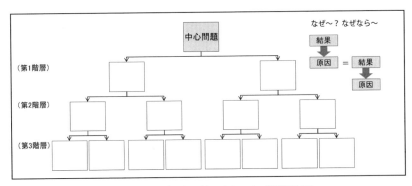

図3-15　ロジックツリーのシート（問題分析）

③　第1階層の「原因」を「結果」と捉え直し，その「原因」を付箋紙に書き出し，第2階層に貼ります。

④　第3階層も，同様の手順を行います。

⑤　作成したロジックツリーの内容を検証します。因果関係を見直して，上下のつながりに矛盾がないか，飛躍していることがないか注意して，「結果―原因」あるいは「なぜ―なぜなら」となっていることを確認します。

　このように，問題の「原因」と「結果」の因果関係を構造化することによって，下の階層に行くほど原因はより具体的であり，問題の根本的な原因となっていることがわかります。根本原因を明らかにすることによって，問題の改善策を見出すための目的分析につなげることができます（図3-16）。

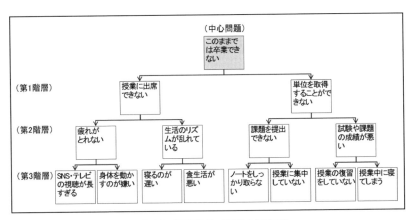

図3-16　問題分析（例題の解答例）

(2) 目的分析

　問題分析では，例題の A さんの中心問題について因果関係を分析しました。数多くある原因の中の根本的な原因を明確にすることができました。続いて，明らかになった問題の解決策を目的分析によって導き出します。そして，実際に目的を達成するためにどのような方策をとれば良いのか，具体的に計画する必要があります。

　目的分析は，下と上との階層のつながりが「～の手段を取れば，～の目的が達成できる」という考え方です。ロジックツリーの型は問題分析と同じでも，この方法においては第1階層を「目的の階層」，第2階層を「達成目標の階層」，第3階層を「行動目標の階層」と捉えて，「目的」と「手段」を整理します。そのうえで，第2階層と第3階層では，どのようなこと（評価指標）をどの程度（評価基準）実行すれば良いのか，具体的な「手段」の内容を詳細に決定し計画します（図3-17）。

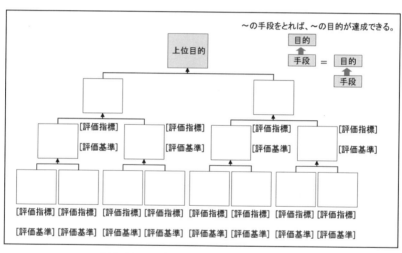

図 3-17　ロジックツリーシート（目的分析）

●方法

① 上位目的（最終的な目的）に「予定通り卒業する」と設定します。

② 問題分析で書き出した否定的な表現を，全て肯定的な表現に変更します。

③ 作成したロジックツリーの「手段」と「目的」の関係に矛盾点がないか，第3階層から上に向かって順に検証します。下の階層の「手段」を実行すれば，上の階層の「目的」が達成できるかどうかを考えていきます。

④ 第2階層（達成目標の階層）と第3階層（行動目標の階層）の評価指標と評価基準を考えます。現実に実行できる達成可能な内容を掲げます。

【評価指標と評価基準】

　ロジックツリーで目的達成のためのきっちりとした計画を立てたとしても，「何についてどの程度行うのか」ということを曖昧にしていては，一つひとつの手段を全うできず計画倒れになってしまいます。

　評価指標は「何について」という意味で考えます。評価基準は「どの程度」と考え，その目的を達成するための具体的な基準値を掲げます。これらを示すことによって，その「手段」の達成度を客観的に測ることができます。

■例題のロジックツリーを用いた目的分析の例

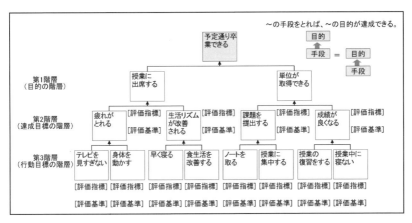

図3-18　目的分析（例題の解答例）

※問題分析と目的分析で用いたロジックツリーのシートは，それぞれ巻末記載の専用 HP を参照しダウンロードが可能です。

コラム　子供が学びとる授業実践
〜高等学校数学科でのトリックアートを用いた授業〜

　みなさんは，トリックアートというものをご存知ですか。人の目の錯覚を利用して平面図を立体的に見せるものです。最近では，トリックアート展などの催しがさまざまなところで開かれています。トリックアート展では，カメラ持参を推奨しています。それはカメラ越しに平面図を撮影することによって，大迫力の面白写真を撮ることができるからです。

　「トリックアートはどのように描くのだろう」，「一度描いてみたい」そう思ったことはありませんか。

　下の写真は，授業で生徒が描いたルービックキューブの絵の作品です。左の写真は，平面図を斜めからとったものです。右の写真は，平面図を真上から撮ったものです。同じ平面図でも写真の撮る角度によって見え方がまったく違いますね。どうしてこのようになるのでしょうか。この性質が社会でどのように利用されているのでしょうか。

　実は，辺の長さと視点の高さなどの関係を数学によって表現することができます。

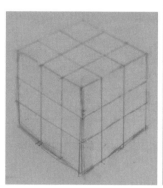
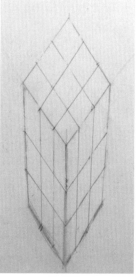

トリックアートの作品（ルービックキューブ）

1　授業の目的

　本授業では，学習者の主体的な学びを進めるためにトリックアートを題材としました。ICT や教具などを用いることによって視覚的な理解を進めるとともに，グループでの協働学習を行い「子供が学びとる授業」の実践を目的として実施しました。

2　授業の方法

　トリックアートを題材として立ち上がる平面図形について４人一組のグループで協働学習を行います。本時の目標は以下の３点です。

① 平面図形が立ち上がる方法を見つける。

② トリックアートがどのような場面で役立っているか知る。

③ トリックアートを数学的に表現できる。

3 授業の流れ

本授業の流れを下に示します。1コマ65分の授業です。

導入 （5分）	PCとプロジェクターを用いて、スクリーンに映されたトリックアートの動画を見る。	一人での思考
活動1 （20分）	平面図形が立ち上がる方法を考える。 スマートフォンや携帯電話のカメラ機能を使う。	一人での思考 グループでの思考
活動2 （10分）	実際に世の中のどこでどのように利用されているか話し合う。	考えの交流・発表
活動3 （20分）	数学的に表現する方法を考える。	一人での思考 グループでの思考
まとめ （10分）	本時に学んだことを自分の言葉でまとめる。	一人での思考

4 授業の様子

　右の写真は、スマートフォンのカメラ機能を用いて平面図形が立ち上がって見える場所を探している様子です。初めから細長く描かれた平面図形をカメラの位置を動かし、立方体に見える位置を見つけた生徒です。この生徒は具体操作からいろいろな見え方・考え方があることを見つけ出し関係性を帰納的に表現していました。こういった表現をするために消しゴム、ペットボトルなどの実際の立体物をカメラ越しに見る

授業の様子

ことによって自ら課題解決の見通しをたて、じっくり考えている生徒の様子も見受けられました。その後は、自らの考えをグループの中で共有しお互いの考えを高め合うことができていました。作品の中にはドラえもん、動物、豆腐、リンゴ、ガムテープなどさまざまなものがありました。ただ単にルービックキューブを描くという活動で終わらずに、生徒が主体的に活動している様子が十分に見受けられました。

木原　裕紀

1　チームとして働く力

　近年，大学の課題として学生の自主・自律化をめざそうとする動きから，本人が主体的に参画するアクティブラーニングが注目されています。多人数教室では ICT 機器を活用したリアルタイムな議論，少人数授業ではグループワークを重視した活動などが展開されています。このコラムでは，PBL（Project/ Problem-Based Learning）の事例を紹介します。PBL は，地域社会の活性化や社会問題の検討などのプロジェクト型と，工学や医療系に多い課題解決型に分かれます。どちらも正解が決定しているわけではなく，オープンエンドで終わることもあります。

　さて，芦屋大学のソーラーカー活動は 1992 年からはじまり，近年，PBL として，学生，教職員，OB，協賛企業が参画し，車両開発や競技大会への出場まで成し遂げました。その他本学では，小中学校への環境学習の出前授業や企業イベントに協力しています。

競技大会　　　　　　　ギネスブック更新　　　　　学校の訪問授業

　競技大会では，2014 年に FIA（国際自動車連盟）の鈴鹿 5 時間耐久レースで 5 連覇（OLYMPIA クラス）を達成しています。教学面では，「工学基礎（太陽光発電の仕組みやエネルギー変換の仕組みを学ぶ）」と「経営コミュニケーション論（ブランディング力やスポンサードといった経営マネジメントを学ぶ）」に位置づけています。学生の興味関心により，車両開発やドライバーの車両部と広報活動，スポンサー獲得活動，国際交流の通訳を担当するマネジメント部の 2 つのチームに分かれています。これらは，アメリカやヨーロッパチームの活動をモデルにしています。

ミシガン大学の活動の様子

2　PBLによるオーストラリア大陸横断レースへの挑戦

　筆者は，2011年にオーストラリアで開催された大陸横断レース「2011 WSC（World Solar Challenge）」に参加しました。この大会は，北端のダーウィンから南端のアデレード（総走行距離：スチュアート・ハイウェイ約3,000 km）を6日以内に走破する過酷なレースです。規定の時間内（8～17時）で走行距離を競い，ゴールのアデレードをめざします。停車地は，夕日で充電できる高台の場所を探し，テントを張り仲間と寝食を共にします。ときには南十字星が輝く満天の砂漠地で眠ることもあります。筆者は，ソーラーカーのすぐ後ろを走る指令車（8人乗りワゴン）を運転しましたが，この車の役割は，ソーラーカーから送信されてくる蓄電や発電状況の解析，風速や天気状況の情報を入手し，走行速度の指示や車両のコンディションを無線で交信します。一日の走行距離は約600 km。ときには，前方からやってくるロードトレイン（荷車を牽引した列車のような巨大トラック）の回避指示やソーラーカーの中で蒸し風呂状態のドライバーに眠気覚ましのジョークを連発することもあります。チームは，100 km先の天気や他チームの動向を探る「偵察車」，ソーラーカーのすぐ前を走る「先導車」，車両整備の工具や交換部品を積み込んだ「トラック」，活動を記録する「メディアカー」，食材の調達などの「サポートカー」，筆者が運転した「指令車」の6台に分乗します。この大会の結果は，世界中から37チームが参加し，規定時間に完走したのが5チーム，我がチームは4位でした。

　ソーラーカーの開発や競技大会参戦には，ヒト・モノ・カネの3要素が前提で，最新情報の収集や活動時間の確保，さらにチーム文化の醸成が重要だと言われています。その中で，ヒトに焦点を当ててみると，車両製作に関わる技術者のこだわりや緻密さ，発想力は当然必要なことです。また，大陸縦断時のサポートカーの運転手がペーパードライバーでは役に立たず，ソーラーカーのドライバーは，サーキット走行に慣れた巧みなハンドルワークが必要とされます。一方，企業にスポンサードを取り付けるスタッフには，交渉力と説得力を兼ね備えた人材が欲しいところです。課題は山のようにありますが，学生が楽しんでいる本学なりのPBLをさらに発展させていきたいと考えています。

学生の企業訪問

車両開発の様子

FIA 鈴鹿大会

藤本　光司

■　第4章　主体的な学びの支援　■

4.1　これからの学びの支援

1　学びが大きく変わる

⑴　教育の質保証

　デューイは，「教育は社会の縮図である」という言葉を残しています。いま，教育に問われているのは，理想的な社会実現のための質保証ではないでしょうか。教員は，学習者たちに生きていくための基礎的な学力や生き抜くための専門的な知識を与える義務を持ちます。そして，高い意識を持って学習者が自ら考えるように仕向けることが教員の役割です。しかし，授業における学習者たちの実態を顧みれば教員の指示は，素直に聞き入れ行動することはできても，自ら学習課題を設定し自ら問題を解決する能力は，学習者たちに十分に備わっているとは言い切れません。言葉を換えれば，自己理解が曖昧で自らの意志で自己決定ができないために，自己実現の可能性を低めています。このような教育の根本的な改善には，学習者自身の実生活の中身に沿って教員が考えられる授業方法および支援の質的改善が必要になります。

　さらに，広い視点から考えれば主体的な学びの推進は，何よりも学習者たちの置かれる職場環境に大きく影響します。現在は，他国籍企業で働く人だけでなく，国内企業でも多くの海外企業とかかわりを持ちながらグローバル化された事業経営が展開されています。そのような社会で，学習者たちが主体的な学びを通して，問題の認識・対応方法の確認・現実的な行動範囲・アクションプラン作成という一連のマネジメント能力および人間性豊かなコミュニケーション能力を身に付けることは，学校卒業後の社会へのアクセスをスムーズにします。

⑵　21世紀型スキルへの対応

　近年の高度化・複雑化した社会に対応できるよう各学校では，生涯にわたって学び続ける力，主体的に考える力などを持った人材育成に努めています。教員には，「何を，どのように教えるか」という知識の質や量の改善。そして，学習者には，「どのように学ぶか」という学びの質や深まりが期待されています。そして，課題の発見と解決に向けて主体的に学ぶ支援の確立・充実が求められています。

　また，グローバル社会の中で21世紀型スキルや次世代型教育という言葉が盛んに

使われるようになりました。これは，今までの知識が不要になるわけではなく，あくまでも今までの知識をベースにして，そのうえに新しい学びが広がることを意味しています。それは，教科の知識をもとに学習者自身が課題を見つけ，それについてメディアやICTを駆使して調べ，グループで検討して結論を導き，プレゼンテーションするものになるでしょう。このような学びは，新たな課題に直面したときに，解決できる力となります。この対応として，国際的な団体である「21世紀型スキル効果測定プロジェクト」（ACT21s）が，必要な能力を規定し，4つのカテゴリーに分類しています。

《21世紀型スキル》
 ・思考の方法：創造性と革新性，批判的思考・問題解決・意思決定，
      学習能力・メタ認知
 ・仕事の方法：コミュニケーション，コラボレーション（チームワーク）
 ・学習ツール：情報リテラシー，ICT（情報通信技術）リテラシー
 ・社 会 生 活：市民性，生活と職業，個人的責任および社会的責任

 この21世紀型スキルは，1996年に文部省の中央教育審議会が答申した「21世紀を展望した我が国の教育の在り方について」の内容と類似します。21世紀型スキルという言葉は用いていませんが，文部省は「これからの子供たちに必要となるのは，いかに社会が変化しようと，自分で課題を見つけ，自ら学び，自ら考え，主体的に判断し，行動し，よりよく問題を解決する資質や能力であり，また，自らを律しつつ，他人とともに協調し，他人を思いやる心や感動する心など，豊かな人間性である」と述べています。

 これらの答申を受けて，学習指導要領に生きる力という理念が定着してきました。この21世紀型スキルをもっと極端に言えば，生き抜く力＝生きる力＋情報活用能力（多様で変化の激しい社会の中で，個人の自立と協働を図るための主体的な力）ではないでしょうか。

(3)　**学びの支援は，いまにはじまったことではない**

 歴史的な観点から捉えれば，我が国の教育の原点は藩校教育にあります。その教育には，主体的な学びと同じような要素が数多く含まれています。その代表的な学習スタイルが「会業・会読」です。これは，頻度の差こそありますが多くの藩校で取り入れていました。

 例えば，庄内藩（山形県鶴岡市）の致道館では「驚くほど自由主義と自己教育を重視」したことで知られています。致道館では，句読所（小学校）に担任がいて指導しますが，少数の英才教育となる終日詰（中学校）以上は，自分が立てた計画にしたがって自分のペースで進める自学自修と，当番藩校生の発表について話し合ったり，同じ書を読んで討論したりする会業と呼ぶゼミナール形式の方法が中心でした。

　この会業は，自学自修の結果を確かめたり，深めたり，反省したりする，極めて効果的な修学法として重視され，出席が義務づけられていました。また「学問は人から教わるものではなく，自分で学びとるもの」ということが強調され，教員による学習相談は，学習の進め方や調べ方の手がかりを与えるだけでした。教員たちも会業を開き，教材の研究成果を発表し合い，共同研究に努めました。その回数は職掌によって異なり，月に3回から18回までありましたが，主な役割は助教（教え助ける）でした。これは藩校生の会業に出席し，助言や指導をすることです。

　このような主体的な学びは，言葉こそ変わりましたが現代のピア・レビューと同じ学習法になります。(参考：鶴岡市教育委員会「国指定史跡庄内藩校致道館」, 1981)

2　主体的な学びへの展開

⑴　次世代型の教育

　次世代の教育とは，従来の教員中心の授業から，学習者たち自身が主体的に考えるきっかけを作る教育になります。つまり，教えることから学ぶことへの教授学習パラダイムの転換です。学習者たちに自発的に参加させることで，知識を深く定着させることができ，メタ認知能力（自分の

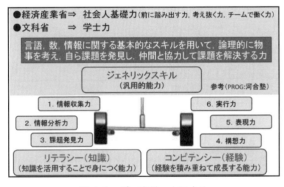

図4-1　ジェネリックスキル

学習方略や能力を自ら客観的にモニタリングする力）の向上も期待できます。これらの期待される能力はジェネリックスキル（汎用的能力）と言われ，リテラシー（知識）とコンピテンシー（経験）に区分されます（図4-1）。その内容は，情報収集力，情報分析力，課題解決力，実行力，表現力，創造力などになります。ねらいは，「何を知っているか」にとどまらず，「何ができるようになるのか」を重視するという，知識の量から資質・能力へのシフトです。しかし，授業方法だけが決して万能薬ではありません。学びがどのような能力を伸ばそうとするのかを明確にし，そのための組織全体の情報共有が必要になります。

⑵　学びの支援

　これまでの講義形式の知識伝達型授業では，教員から学習者へ教授するという一方向型授業が主であり，学習者は受動的な学習にならざるを得ませんでした。これが学習者の学習活動を消極的にし，教授されなければ，学習しないという姿勢を生み出し

てきました。教員は学習者たちの主体的な学びを望んでいます。しかし，負のスパイラルに陥ってしまい，情意を育む教育を実現できないときがあります。そこで，近年ではアクティブラーニングという学習者主体の授業形態が注目されてきました。この学習は，内発的動機づけを喚起しやすく，学力の低下が起きにくいと言われます。

アクティブラーニングの理論的な根拠になっているのが，全米教育協会（National Training Laboratories, 1960年代）が提示した学習ピラミッドです。これには，具体的な学習の定着率が示され，受動的な学習と能動的な学習の違いを明確に表現しています。学習者に自発的に参加させることで，知識を深く定着させます。さらに，メタ認知能力の向上も期待できます。そのとき，重要になるのが教員に課せられた学習支援の在り方です。

学習ピラミッドからわかるように，受動的な授業では記憶に残りにくく，能動的な授業になると学習定着率が上がります。このことを踏まえれば，受動的な教育よりも，ディベート力や考える力が備わる主体的な学びを増やしていかなければなりません。

(3) 深い学びの支援へ向けて

主体的な学びの支援は，学習者たちに教えることではありません。教えてしまえば，学習者たちの気づきを失ってしまいます。教員が問いかけ，学習者に気づきを促すことにより，自らの気づきが生まれ，それが主体的な学びにつながります。

学びの支援において，この気づきは，固定概念や先入観に捕らわれていたために，直接感じることができなかった「今，ここで」自分が感じている心や身体の状態をありのままに知覚することです。例えば，感情・身体言語など意識から排除していた部分を，本人が「今，ここで」気づくことができたときに，全体としての自分が感じられるようになります。

とくに，気づきの高まりは無自覚から自覚へと導くものであり，対象（学習内容）への気づきと自己自身への気づきに区分されます。前者の諸感覚を働かせて得た感覚的なばらばらの気づきは，理由づけ，関係づけ，比較，分類，観察，比喩などの思考を通して，他と関連づけられた気づきになります。それがさらに統合されて，一般化の方向に進みます。後者の自己自身の気づきは，対象とのかかわりを通して，その自分の良さや成長に気づくことです。

このような学びの支援において，教員に求められるスキルとして，ファシリテーションがあります。これは，人々の活動が容易にできるように支援し，円滑にことが運ぶよう舵取りすることを意味します。そして，最も大切なことは，決して誘導しないことです。

教員が，このファシリテーションを身に付けるには，経験が必要です。その一歩は，授業の導入段階で本時のねらいを適切に示すことです。この「適切に」という意

味は，単に「～を学ぼう」ではなく，目的，プロセス，手法，ゴールを授業の導入段階で丁寧に説明することです。

4.2　チームワークとグループづくり（つなぐ技術）

1　チームワーク

⑴　チームワークの意義

　ワークショップの起源は，モレノ（Moreno, 1930年代）による臨床心理の一手法として考案されました。その後，ワークショップという言葉を用いて，現代の社会教育に大きな影響を与えたのは，米国で行われた「人種差別をなくすために働くソーシャルワーカーのワークショップ」（1946）です。そのような中で，レヴィン（Lewin, 1951）は，場の理論（field theory）を発展させ，集団力学（group dynamics）という新しい分野を確立しました。具体的には，ロールプレイや自由討議の場での対話学習を実施し，日常生活における活動の計画づくりを通して，市民意識の啓発と実践的な訓練を行いました。その後，この考え方はトレーニンググループ，エンカウンター，自己啓発などの体験を通した自己覚知と社会参加を目的にした教育訓練という位置づけで継承されてきました。

　我が国において，ワークショップを教員研修に提唱したのは大照完（1945）と言われています。彼は，プロセスの観点からワークショップの成立すべき原理として，①具体性の原理，②自主性の原理，③協同性の原理（相互作用）の3点を挙げています。さらに，中野（2001）は「ワークショップとは，先生や講師から一方向的に話を聞くのではなく，学習者が主体的に議論に参加し，言葉だけでなく学習者が体や心を使って体験し，相互に刺激し合い学び合う，グループによる学びと創造の方法である」と提言しています。

　次に，チームワークについて考えてみましょう（図4-2）。

《チームワークの意義》

　・主体的な学びの中で，学習者の意欲や集中力を高め，学習効率を高めることができます。

　・現存する課題を，仮想チームの中で解決しながら学ぶため，実践的な学習になります。

　・自分の考えや知識を他の専門職と共有しながら学ぶことができるとともに，他の専門職からも自分の専門性を求められていることを理解し学習意欲を高められます。

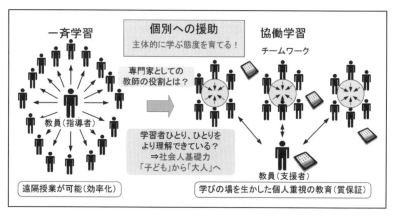

図4-2　チームワークの必要性

(2) チームワークへの支援

チームワークの力は，支援者がメンバー同士の相互作用，かかわり合いをうまく促進したときに最も効果的に引き出されます。

●参加の支援

個々のメンバーがチームに最大限に参加できるよう個々の力に応じて援助します。

●相互作用促進

メンバー・支援者間に偏りがちなコミュニケーションの方向性を，メンバー相互間に向かわせるよう働きかけます。

●「今，ここで」

個々のメンバーが，チームの中で，「今，ここで」感じたこと，考えたこと，言動などをチームの中で自己開示することを促し，自己洞察を高めます。

●葛藤の体験と対処

メンバー同士の葛藤を体験し，葛藤があっても対処していく経験をします。それを糧に外の世界でも葛藤やストレスに対処する力を付けます。

2　グループづくり

グループ活動を通じて，個人や集団の抱える問題に，より効果的に対処できるよう人々を援助する方法です。知識定着だけでなく，対人関係に関する能力を伸ばし，他者とのやり取りを通して，自らの振り返りを促します。従来から，グループ分けには出席番号や誕生日分けなどさまざまなものがありました。しかし，これまでのグループ分けについて，教員はあまりに安易に考えてきたように思われます。それらを踏まえ，ここでは，ネットワーク分析とFFS理論を紹介します。

(1)　ネットワーク分析法

　これは，集団の内部構造に関する定量的研究です。人間関係のネットワークや種類・濃度を図表化したものをソシオグラム（sociogram）として表現します。これには，社会的な地位・役割・立場を図表化したものと個人的な関係・感情・信頼感を図表化したものがあります。外見的・形式的に，誰もが観察できる地位や立場をもとにしたソシオグラムは組織図・役職図などの形で作成することができます。このソシオグラムの作成においては，個人を丸や点で表現し，それぞれの個人を示す丸を矢印や直線で結びつけることで関係性を表現します。ところが各個人を点線や実線で結んでいくソシオグラムでは，複雑な人間関係や大勢の人間関係を整理して表現することが難しくなってきたために，最近では数学のグラフ理論やマトリックス図によってソシオグラムを描くようになりました。

　また，内面的な感情や個人的な関係の好き嫌いの強さなどをもとにしたソシオグラムを作成するには，ソシオメトリーや心理検査などの専門的技法を活用します。ソシオメトリー（sociometry）は，人間関係を数量的に測定する研究法であり，集団の成員の他の成員に対する好き嫌いや，ある価値基準に対する賛成・反対を測定して組織集団の構成を図ります。そして，人間関係についての数量的研究をベースにして，各成員の好き嫌いの関係をマトリックス図に整理します。これをソシオマトリックス（sociomatrix）と言います。

　例えば，ここに10人の学習者たちがいて，グループ編成（2グループ×5人）をします。そこで友人3人を選出してもらいます。これを分析して人間関係を分析します（図4-3）。

　インターネットが普及した現代では，自分の対人関係をWebサービス上で可視化できるmixiやFacebookといったSNSが人気です。これもソシオグラムあるいはソーシャルグラフの一種と考えることができるでしょう。

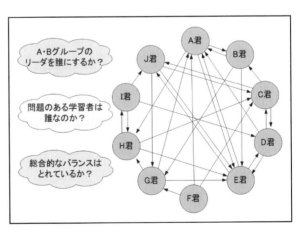

図4-3　ネットワーク分析によるグループ編成
　　　　（ソシオメトリー）

(2)　FFS 理論

　FFS（Five Factors & Stress）理論は，最適組織編成のために小林（1979）が提唱

表 4-1　FFS の基本マトリックス

原因子		A 凝縮性	B 受容性	C 弁別性	D 拡散性	E 保全性
ユーストレス特性	ポジティブ	道徳的	寛容的	理性的	創造的	順応的
		規範的	肯定的	分析的	積極的	持久的
		(社会性)		(論理性)	(適応性)	
		指導的	養育的	論理的	活動的	協調的
ディストレス	ネガティブ	独善的	介入的	機械的	衝動的	追随的
		(非社会性)		(非論理的)	(不適応性)	
		支配的	自虐的	詭弁的	破壊的	妥協的
		排他的	逃避的	確率的	享楽的	従属的

（小林（2007）を参考に作成）

した理論です（表 4-1）。アメリカの国防省で採用され，軍の班編成に用いられてきました。この理論は，組織編成に関する研究であり，以下に示す「思考行動パターンを決定する 5 つの因子とストレス」（通称「FFS 学説」）が基本となります。それが，私たちの中に意識されずに存在し，それらの強弱の組み合わせによって個性が形成されるという説になります。

　ストレスは，ユーストレス（eustress：よいストレス状態），ディストレス（distress：強いストレスがかかっている状態），アンダーストレス（ストレスが極端に弱い状態）の 3 つに分けられます。そして，ストレスは悪影響をもたらすものではなく，適度なストレスを受けている状態がベストという考えを前提とし，性格を分析します。

《思考行動パターンを決定する 5 因子》

　A　凝縮性（condensable）　　　自らを固定・強化しようとする力
　B　受容性（receptive）　　　　自らの外部の状況を受け入れようとする力
　C　弁別性（discriminative）　　自らの内・外部の状況を相反分別しようとする力
　D　拡散性（diffusible）　　　　自らを拡散・発展させようとする力
　E　保全性（preservative）　　　自らを保全・維持しようとする力

　なお，C：弁別性はタイプ判定に加えていません。それは，弁別性は自らの内・外部の状況を相反分別しようとする力のために，タイプ分けには影響しないからです。

《FFS 理論の特徴》

　・個々の思考行動特性がわかります。
　・強みの特性，判断軸，動機，学習法，陥りやすい癖が明確になります。
　・ストレス要因やディストレス状態での変容する行動特性がわかります。
　・相手とのかかわり方がわかります。

　ここでは，「FFS 理論シート（質問用紙）」などを活用して，学習者の思考や行動を分析し，リーダーとしてのタイプを判断します。このタイプは，①組織先導型，②

集団先導型，③改善支援型，④状況保全型に分類されます。

(3)　ネットワーク分析法と FFS 理論の連携

　この２つの理論を組み合わせて，効果的なグループ編成を考えることができます。例えば，ネットワーク分析をして，人気のある学習者をグループの中心にしても，その人物が本当のリーダーになれるとは限りません。そこで，その補完として，個人の性格を分析する FFS 理論を用いてグループ全体の調整を図ります。この２つの理論により，クラス全体の人間関係と各人の性格を把握しながら，授業目標に対処したグループ編成を行います。これらの理論を連携させ，理想的なグループ編成を追求します。みなさんの中には，性格の合わない学習者同士を結びつけるのもグループワークの利点であると考える方も多いでしょう。しかし，はじめからでは戸惑いが大きすぎます。よって，アイドリングが必要です。初期接遇のためのストーリー性も十分に考慮して，効果的なグループ編成をします。

4.3　学習ファシリテーション（気づかせる技術）

1　ファシリテーションの概要

(1)　ファシリテーションの語源

　ワークショップやグループワークの指導法の一つに，ファシリテーション（facilitation）があります。その語源はラテン語の「facile」（ファシル）からきており，「促進する，円滑にする，容易にする」と訳されます。そして，プロセスをやさしく効率的に演出するのがファシリテーションで，進行役がファシリテーター（facilitator）になります。

　一般的に，ファシリテーションが成り立つのは，会議が２人以上のときです。複数のメンバーによる活動をスムーズに行うために，中立的な立場で全体をデザインします。また，ファシリテーターとは人が集う場で，個人のやる気や経験や知恵を上手に引き出しながら，お互いの学び合いや創造的な議論，ときには紛争解決などを促進する人を言います。その活動は，プロセスをデザインすることからはじまり，場をコントロールしながら触発し，意見をかみ合わせます。そして，合意形成に導き，最終的に，学習者の行動変容を促します。

(2)　ファシリテーションの歴史的な経過

　ファシリテーションの利用頻度が高くなったのは，1970 年代頃に米国を中心とした事業分野への活用と言われています。これに関しては，コミュニティデベロップメントセンター（CDC：Community Development Center）の業績が高く，地域コミュ

ニティなど生活に密着した課題を話し合う技法として，ワークショップやファシリテーションが体系化されてきました。

その後，研修や会議を効率的に進める方法として発展し，グループによる現場主導型の業務改善のための手法と位置づけられるようになりました。いまでは，研修や会議にファシリテーターを置くことは，当たり前のようになっています。

教育分野に関するファシリテーションは，心理学者たちが開拓した集団力学，体験学習という考え方や手法を中心に体系化されました。これらは，1960年代を起源とするエンカウンターグループと呼ばれるグループ体験による学習促進のための技法になります。そして，メンバーやグループが成長するために働きかける人を促進者という観点からファシリテーターと呼ぶようになり，教員はあくまで指導者という立場を保つため区別されてきました。

現在では，ファシリテーションは主体的な学びの指導法として注目されています。いままでは，教員力の向上とはいかに深く教材を理解するか，いかに上手に説明するか，どれだけわかりやすいワークシートを作るかなどが中心でした。これからは，それらを踏まえたうえで意欲を引き出す問いかけができるか，学習者たち個人の力を引き出すことができるか，各個人をつなぎグループやチームの力を引き出すことができるか，集団での学びを促進することができるか，という能力の向上に期待が高まっています。

教員はさまざまな機会を通して，気づきを促し学習者たちの行動変容につながるような問いかけの技術を研鑽することが必要です。

2　学習ファシリテーションの位置づけ

⑴　学びとリスクの概念

主体的な学びのさまざまな取り組みを学習目標の達成に結びつけるためには，安心して自分の考えや意見を発言できる環境が必要です。たとえ，場違いな発言をしたとしても集団が許容してくれる環境ができあがっていなければ，グループワークは活性化しないでしょう。

学校やクラスの安全と信頼は，そこに存在するものではなく常日頃の「学びの場づくり」から得られるものであり，地道に時間をかけて構築しなければなりません。

●フルバリューコントラクト（full value contract）

自分を含めた学習者全員を尊重し，大切にすることです。一人ひとりは，大切でかけがえのない存在であり，自他の価値を最大限に尊重するための約束事（授業ルール）を確立させます。これを授業がはじまる前に説明します。この説明は，お互いの努力を最大限に評価するために必要です。つまり，自分を含めたメンバーをけなしたり，軽んじたりしないことです。具体的には「お互いの心の安全と身体の安全を守る」，

「自分に正直である」，「ネガティブなことにこだわらない」などが挙げられます。

●チャレンジ・バイ・チョイス（challenge by choice）

やるか，やらないかは自分で決めるということです。学習するうえで，３つのゾーンがあります。

図4-4は，非常にシンプルですが，学びが微妙なバランスの上に成り立つことを示しています。リスクが高すぎてはパニック（混乱）になってしまい，人は恐怖におののきます。とはいえ，低すぎてはコンフォート（快適）が過ぎてしまい，日常のルーティンに流されるだけになります。

このような学びとリスクからファシリテーターの役割を考えれ

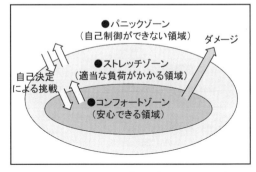

図 4-4　３つの学習ゾーン（Brown, 2008）

ば，コンフォートゾーン（安全な学びの場）を確保しながら，問いかけと気づきを促し，授業を進めていくことになります。教員は，学習者にとってこの最適なストレッチゾーンをいかにセットするかが学びの支援になります。

《学びとリスク》

・コンフォートゾーン（快適空間：comfort zone）

　学習者にとって何のストレスもない，心理的安全（psychological safety）の支配する空間です。ここでは，学習者は未知のものに出会うことも挑戦もありません。つまり，学習は起こりません。日常生活が支配し，学習活動は何事もなく普通に流れていきます。

・ストレッチゾーン（背伸び空間：stretch zone）

　学習者がさまざまな未知のものに出会い，それに対する適応や対処を求められる空間です。学習者には挑戦が求められ，かつ失敗するリスクが生まれます。しかし挑戦や失敗には学びがあります。この空間は別名，成長空間（growth zone），学習空間（learning zone）とも呼ばれます。

・パニックゾーン（混乱空間：panic zone）

　未知のものに出会う頻度，対処の難しさ・複雑さが格段に増し，学習者はいわばカオスに投げ込まれたような状況になります。高い不確実性が眼前には広がります。そこでは，失敗するリスクが高すぎて恐怖が支配し，とても冷静になることはできず学ぶこともできません。つまりパニック状態だけが存在します。

(2) ファシリテーターの立ち位置

　従来の知識伝達型授業では，教員の持っている知識を学習者たちに与えるという伝達，指導の教授法になります。この中での教員の役割は，授業の最初から最後まで知識を授けるものであり，学習者たちからフィードバックを受けることは少なく一定の位置を保ちます。つまり，教員は最後まで教員であり，常に絶対的な指導の立場を保ちます。これに対して，ファシリ

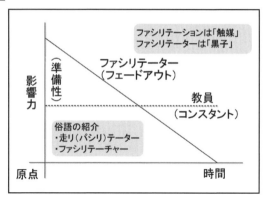

図4-5　教員とファシリテーターの違い

テーターは授業開始において，テーマやプロセスおよびグランドルールの説明など教員と同じような指導者の立場をとります（図4-5）。

　しかし授業が進行するにしたがって，段階的に指導の立場から対等，中立という立場をとり，最後にはその授業を学習者たちの主体性に任せるという委任の立場になります。つまり，フェードアウト（fade out）します。そのタイミングが重要であり，体験や経験から学ぶ要素が大きくなります。

　さらに教員が学習者たちから得られるものも多く，学習過程から得られるさまざまな知識および学習者たちが置かれている生活環境などが挙げられます。

(3) TA の活用

　グループワークでは，TA（ティーチングアシスタント）の活用が有効です。このTA制度は，大学院生に対し，教育的配慮のもとに学生などに対するチュータリング（助言）や実験・実習・演習などの教育補助業務を行わせ，大学院生への教育訓練の機会を提供するとともに，これに対する手当の支給により，大学院生の処遇の改善の一助とすることを目的としたものです。

　TAに学習支援のためのファシリテーション技術を習得させ，補助的な作業を一任させることは，効果的なグループワークにつながります。また，教員と学生の中間的な要素を持たせながら，教室の場の雰囲気をやわらげるのに適任です。このような考え方はやり方を変えれば，多くの学校で活用できるものです。

　また，授業においては学習者たちの中からリーダーやファシリテーターを教員が選出することがよくあります。そのときに，学習者たちが戸惑うことはそれらの役割の違いです。これを教員が事前によく説明しないと，運動部のマネージャーのように，ただ先生のお手伝いをするような役割になってしまいます。

　ここでファシリテーターとリーダーの違いを整理します（図 4-6）。

　リーダーは，集団の目的を明確にし，統率力を持って集団のベクトルをより強固なものに導く役割をします。つまり，学習者の考えを理解し最も良い方法を考え，どんどん引っ張っていくような役割になります。

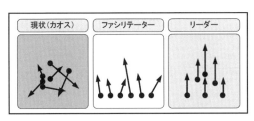

図 4-6　ファシリテーターとリーダーの違い

　これに対してファシリテーターは，バラバラなベクトルを持った学習者たちの考えをまとめ，一つの方向性を形づくるような役割になります。

　この2つの違いを十分に意識させながら授業を進めます。例えば，グループからファシリテーターを選出し，ネームプレート（「私が，ファシリテーターです」）などを首にさげるなどの準備も必要になるでしょう。

コラム 技能伝承 急がば回れ

1 必殺！ネジ回しの術

この写真は，自動車整備士が車のエンジン調整作業を行っているところです。真ん中をドライバーで回しつつ，100分の1mm単位の調整を行いながら，周囲のナットを固定します。一言にネジを回すと言っても，締める・緩めるだけではないのです。ネジや相手の材質，錆び，温度など，この他にも多岐多様なことを考慮しながらその先を予測し，指先の動きを調整して作業に挑みます。ネジを回すこと一つをとっても，一朝一夕で身に付くものではなく，どんな状況でも正確にネジを回せることは

大切な技なのです。これ以外にもさまざまな技を先輩から後輩に伝えていくのですが，単にこれらができるようになれば，技能を伝承できたと言えるのでしょうか。

2 なぜ遠回りをさせるのか

日本古来より続く技能伝承の特徴的な取り組みの一つに，師弟制度というものがあります。これは，師匠に弟子としてついて回り，師匠の身の回りのお世話をしながら，その背中を見て学ぶという方法です。実際の現場では，入門して直ぐには仕事らしい仕事をさせてもらえません。具体的に述べると，清掃や荷物持ち，作業後の後片付けなどです。料理人や植木職人など，みなさんも一度はテレビで見たことがあるのではないでしょうか。

一見遠回りに見えるこの期間には，技能伝承に必要不可欠なあるものを身に付けさせる狙いがあります。それは，「誠実さ」です。これは，人からの指示や座学では身に付けづらいものです。技の上達だけを考えれば遠回りとも思えるこの期間は，決して意地悪をされている訳ではありません。

冒頭に述べた自動車の整備工場なども，これに近い教育が行われています。お客様に見えない場所でも，大変困難で長時間に及ぶ作業でも，決して手を抜かない整備士を育てるためには，仕事に取り組む姿勢づくりが欠かせないからです。技を技能まで昇華させ，さらに伝承していくために，誠実さが必要不可欠な要素の一つであることを感じて頂けたのではないでしょうか。このようにして，師弟制度は伝統文化に限らず，実はみなさんの身近なところで現在も脈々と引き継がれ生かされています。

3 引継ぎではなく伝承するために

学校教育でも社会でも，評価を行うために出来栄えを数値として出力することが求

められます。これは，技術者の世界も同じことです。では，成果物の評価だけで技能は伝承できるのでしょうか。先の例から，そう言えないのは明白です。技能を伝承していくうえで求められる「誠実さ」を養うためにも，作品の出来栄えだけにとらわれることなく，「何を思い，どう取り組んだのか」を評価することが大切です。アクティブラーニングなどさまざまな手法を活用し積極的な対話を行いながら，具体的な現状の説明と改善策を一緒になって考えることが必要と考えます。

　では，「誠実さ」を養う技を身に付ければ技能伝承できたと言えるのでしょうか。これだけでは，その次の世代に伝わっていかないことでしょう。なぜなら，技能を伝承するということは，一世代で終わるものではなく時代の潮流にあわせてより良いものに革新しながら何世代にもわたり引き継いでいくものだからです。時代の潮流にあわせてより良いものに革新していくためには，広い範囲から最適解を導き出すことが求められます。そのためには技だけにとらわれない，多角的な視点が必要不可欠です。誠実かつ良い腕を持っている者を育てられたなら，引継ぎができたとは言えるでしょう。しかし，伝承できたとは言えません。伝承に必要な多角的視点という要素を得ていくためにも，今後 STEAM 教育などの重要性は，ますます大きくなっていくことでしょう。

4　令和新時代の技術教育と技能伝承

　技能伝承を成功させる要素の一つである「誠実さ」を身に付ける日本古来の方法として，師弟制度を挙げました。しかし，近年の技術は日々進化しており，限られた時間の中で師弟制度のような手法を単純に取り入れるのは難しいのが現実です。技術の進歩に遅れをとらないように学びの効率化が図られ，教育現場では ICT の活用が盛んに行われるようになった現代ですが，それらは方法に過ぎません。

　どれだけ教えやすくなって，良い成果物を作れるようになっても「技」だけでは不足する部分があることを感じていただけたのではないでしょうか。学びやすさ，教えやすさが進化しても，見失ってはいけない「本質」があるはずです。

　誰のために学ぶのか，何のために学ぶのか，何のための技術なのか，そんな問いやひらめきが学生たちの心の中に芽生えていくために，どんな学びの場を作っていけばいいのか，きっと多くのことを悩み考えることと思います。アクティブラーニングやSTEAM 教育はその本質を見つける助けになることでしょう。目先のことだけを考えると遠回りに見えるかもしれませんが，そこは「急がば回れ」。技能伝承に必要なものを毎日に考え，学生たちと一緒に七転び八起きしながらそれらの要素を一つひとつ揃えることは，本当の意味での近道なのかもしれません。

　みなさんは，令和の技術教育に何が必要か考えてみてはどうでしょうか。

成瀬　優享

■　第5章　教学と情報化　■

5.1　情報教育の意義

1　社会の情報化

　我が国で，情報化社会の到来が叫ばれるようになったのは1960年代からです。「第9次国民生活審議会総合政策部会報告」は，人類社会を根本的に変えてしまうような革新的な技術群を社会的技術と定義し，それを軸に社会の特性を整理したレポートです。情報化社会の捉え方としてしばしば引用されます。しかし，教育とのかかわりについては論じられていません。情報教育にかかわる提言は，5.2節「情報教育の変遷」で触れることにします。ここでは，その導入として，教育を情報社会の特質から考えるときの一つの見方を紹介します（本郷，2010）。

⑴　**集中から分散化された社会で求められる資質・能力**

　「第三の波」の著者であるトフラーらの議論を参考にすれば，情報社会の特質の第一のキーワードは分散化です。従来の工業化社会は，一部の人々が頭脳作業を担当し，そこに権力が集中する中央主権社会でした。一方，情報社会は基本的に分権社会です。通信ネットワークによって，末端部門でも頭脳作業に参加できるようになります。例えば，巨大なハイアラーキー組織の代表として軍隊があります。米国陸軍では，高度に情報化された兵士一人ひとりが必要な情報を共有し，自らが状況を判断して大きな権限を行使できる，あたかも指揮官のように行動することが許される組織へと変革が進められています。兵士一人ひとりが情報を共有し協調し合って行動することで，ローカルな状況（問題解決）に機敏に対応することが可能となるのです。この分散化の傾向はさまざまな分野で進行します。分散化を支えるのがネットワーク技術による情報や知識の共有化です。こうした環境では，誰かの指示にしたがって仕事や任務を行う受動的な態度は必要なくなり，自ら主体的，創造的に問題に取り組み，個性と特徴を生かして積極的に組織や社会に参画する自立した個人であることが求められます。

⑵　**多様化へ向かう社会で求められる資質・能力**

　第二は，多様化です。個性的で，多様なニーズに対応できた企業が生き残ることとなります。この多様化への対応は流通・経済，消費活動，教育サービスなどさまざま

な分野で避けて通ることはできません。猫の目のように変化する市場の多様なニーズ
に対応できるように，情報を収集し新たな技術革新を行い，既存技術や常識を思いが
けない方法で組み替えることが必要になります。これを可能にする基礎は「情報」で
す。多様な情報を目的に合わせて活用する資質・能力が求められます。

(3) 知識の揺らぐ不確実な時代に求められる資質・能力

　情報化が引き起こす変革や価値観の変動は，既成概念や知識体系を揺るがしていま
す。学校で学んだ内容はすぐに陳腐化し，そこで学んだ内容だけでは変化する社会に
対応することができなくなります。生涯学習社会への移行です。さらに，教える側は
伝えるべき内容に確信が持てず，本来学校教育が担うべき生涯にわたっての基礎・基
本の抽出（基礎学力）さえ揺らいでいるのです。そこで，学ぶ側に期待することは，
新たな課題や問題に出会ったとき，それを解決する能力を身に付けておくことです。
先の見えない不確実な時代における，教える側の認識や知識の限界を示しているとも
言えます。仲本秀四郎は，情報と知識の違いについて，表5-1のようにまとめていま
す（仲本，1993）。

表5-1　情報と知識の属性比較

情　報	知　識
・ある期間，動くもの，流れ（フローがある）	・ある期間，固定しているもの，流れではない
・必ずしも体系的になっていない	・内容に体系があり，構成する要素は秩序を持つ
・分子的，個別的	・総合的，汎用的
・寿命が短い ・短期間で消滅していく性質 　（三日前の新聞はただの紙屑）	・短命ではない ・普遍的，長期的 　（百科事典は，三日経っても価値は変わらない）
・虚偽なものが含まれてもしかたがない ・みだりに信じてはいけないもの	・虚偽があっては困る
・速さを尊ぶ，裏付けを欠くことが多い ・いくら正確でも遅いものは情報と言わない	・速さは関係ない

　知識が揺らぐ時代とはいかなる時代でしょうか。従来，学校教育は主に知識を扱っ
てきました。知識の集まりである教科書で，教員はためらうことなく教育に携わるこ
とができました。ところが今まで知識として認識できた事柄が，社会との関係性にお
いて相対的に情報化されるのです。さらに，学びの場へ意図的に情報を持ち込むこと
が仕組まれます。学校は情報と知識の相違やその取り扱いに多大な注意を払う必要が

あるように思われます。情報と知識が混沌として溢れる時代に，知識と情報を明確に区別し，その情報はどんな情報であり，それはどのようにしてそこにあり，なぜそこにあるのかを問題にしなければなりません。そして同時に，我々のまわりに現れてこない情報はどんな情報であり，それはどこにあるのか，なぜ我々のまわりに現れてこないのか，どのようにして我々のまわりに現れないように工夫されているのか，などいわゆる情報の信頼性や信憑性などを含め，一人ひとりが情報について深く問い直さなければならない時代です。

　学びの側面から言えば，得られた情報から新たな知識をいかに生み出していくか，そのための資質や能力をどのように身に付けるのかが問われる時代でもあります。

　さらに近年では，大量のデータから意味あるデータすなわち情報を作り出し，価値を生み出すデータサイエンスが注目を集めています。従来の学校教育が生み出された結果である知識を中心に展開してきたのに対して，これからの教育は，素材であるデータから情報を紡ぎ出し，さらに知識へと作り替える能力を持つ人材の育成が求められているのです。

⑷　**個人の時代に求められる資質・能力**

　情報化がさまざまな組織の分散化を促し，社会の多様性を許します。このような社会では，個人の力と影響力が増大し，そのことは，また個人の責任の重大さを生む社会でもあります。決定を下す一人ひとりの権限が増大すると同時に，その影響力はグローバル化した世界において，多大な影響力を与える可能性があります。個人が自らの立場で考え，行動することの重要性がますます求められる時代です。例えば，ブランド志向の若者のように，誰かが良いと言えば，それを買い揃えるようなみんなに合わせる人間には不向きです。思考や判断の原点としての自分がはっきりしていることが求められます。その意味から言えば，従来の教育が大切にしてきた自分づくりをさらに推し進めなければならないはずです。自分で考え，自分が納得するまで追求する態度や意味の問い直しや真実性の探求についての感受性が，今までにも増して必要とされる時代と言えます。

2　Society5.0

　先のような情報と社会の基本的な関わりを考察しつつ，近未来の社会を仮定した一つの姿がSociety5.0と呼ばれる社会とされています。

　図5-1は，Society5.0の社会をイメージした図です。

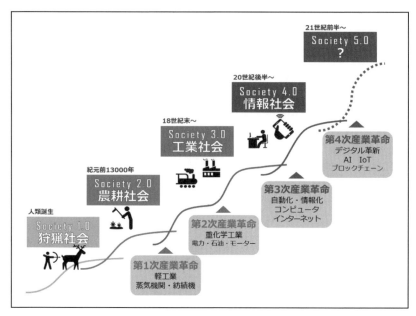

図 5-1　人類社会の発展（引用：Society5.0　ともに創造する未来，日本経済団体連合会）

　この図は，人類社会を根本的に変えてしまうような革新的な技術群を社会的技術と
定義し，その変遷が社会や文化を支えてきたと主張しています。重要なことは，社会
変革や社会を支えている重要な要因は社会的技術であるという点です。社会を理解す
るためには社会的技術の本質を理解することからはじめなければならないことが暗示
されています。

　Society 5.0 は創造社会であり，「ディジタル革新と多様な人々の想像・創造力の融
合によって，社会の課題を解決し，価値を創造する社会」であるとされます。
Society5.0 では，さまざまな制約から解放され，誰もがいつでもどこでも安心して，
自然と共生しながら価値を生み出す社会を目指していく社会といわれています。そこ
では「①規模や効率性のみを求めるのではなく，課題の解決や新たな価値創造に重き
を置く社会であること　②均一性ではなく，多様性を重んじること　③格差を放置せ
ず，富や情報を分散・循環させること　④多様化・分散化により，社会の強靭性を高
めること　⑤環境負荷を減らし，自然と共生すること」が特徴とされています。

5.2　情報教育の変遷

1　指導要領の編成

　比較的新しい教育の領域である情報教育の変遷をたどりながら，情報教育の生まれた背景，社会的要請などを通して，情報教育が目指す姿や目的を理解しましょう。

(1)　平成元年告示学習指導要領

　初等中等教育における情報化への対応は，昭和40年代後半に高等学校の専門教育において，情報処理教育が行われるようになったことに端を発しています。「情報活用能力」の育成という観点については，臨時教育審議会（昭59.9～62.8）と教育課程審議会（昭60.9～62.12），ならびに情報化社会に対応する初等中等教育の在り方に関する調査研究協力者会議（昭60.1～平2.3）における検討を経て，「情報活用能力」を学校教育で育成することの重要性が示されます。とくに，臨時教育審議会第二次答申においては，「情報および情報手段を主体的に選択し活用していくための個人の基礎的な資質（情報活用能力）」を読み，書き，そろばんに並ぶ基礎・基本と位置づけ，今日の情報教育の基本的な考え方としています。

　教育課程審議会答申では，「社会の情報化に主体的に対応できる基礎的な資質を養う観点から，情報の理解，選択，処理，創造などに必要な能力及びコンピュータ等の情報手段を活用する能力と態度の育成が図られるよう配慮する。なお，その際，情報化のもたらす様々な影響についても配慮する」と提言されました。

　これらの答申を受けて，平成元年告示の学習指導要領では，中学校技術・家庭科において，選択領域として情報基礎が新設され，中学校・高等学校段階で社会科，公民科，数学科，理科，家庭科（高等学校）など関連する各教科で情報に関する内容が取り入れられるとともに，各教科の指導において教育機器の活用が求められます。

(2)　平成10年告示学習指導要領

　平成8年10月に「情報化の進展に対応した初等中等教育における情報教育の推進等に関する調査研究協力者会議」において情報教育について具体的な検討がはじめられました。平成9年10月に「体系的な情報教育の実施に向けて」（第一次報告）が提言され，情報教育の基本的な考え方と体系的な情報教育の内容が整理されました。

　情報教育の目標は情報活用能力の育成とされ，情報活用の実践力，情報の科学的な理解，情報社会に参画する態度の3点に整理されました。

　ここで重要な点を以下に挙げます。

1）　情報活用能力を情報教育の目標として明確に位置づけ，間接的ながら，情報教

育とは情報活用能力を育成するための教育であると定義したこと。

2） 情報活用能力は，これからの社会においてすべての子供たちに育成すべき能力
であること。したがって，情報教育は，高等学校の専門教育としての情報処理
教育と区別される必要があること。

3） 情報教育は，情報活用能力の育成という明確な目標があること。その展開は，
すべての教科領域にわたり実践される必要があること。このことは，視聴覚教
育とは異なり，国語教育や数学教育などと同様に位置づけられる必要があるこ
と。

これらを踏まえ，教育課程審議会から平成10年7月に「幼稚園，小学校，中学校，
高等学校，盲学校，聾学校及び養護学校の教育課程の基準の改善について」が答申さ
れ，中学校技術・家庭科における「情報とコンピュータ」を必修にすること，高等学
校普通科に教科「情報」を新設して必修とすることが提言されました。平成10年12
月に小学校および中学校学習指導要領が改訂告示されました（高等学校学習指導要領
は平成11年3月告示）。この学習指導要領では，以下のような情報教育の充実が図ら
れました。

1） 小・中・高等学校段階を通じて，各教科や総合的な学習の時間においてコン
ピュータや情報通信ネットワークの積極的な活用を図る。

2） 中学校・高等学校段階において，情報に関する教科・内容を必修とする。

具体的には，中学校技術・家庭科（技術分野）で「情報とコンピュータ」を必修と
するとともに，高等学校で普通教科「情報」を新設し必履修（「情報A」「情報B」
「情報C」（各2単位）から1科目を選択必履修）とするとともに，専門教科「情報」
が新設されました（11科目で構成）。

(3) 平成20年告示学習指導要領

平成20年1月の中央教育審議会答申において，「社会の変化への対応の観点から教
科などを横断して改善すべき事項」の一つとして情報教育が挙げられ，重要性が指摘
されました。また，情報化の影の部分も子供たちに大きな影響を与えており，イン
ターネット上の誹謗中傷やいじめ，個人情報の流出やプライバシーの侵害，有害情報
やウィルス被害に巻き込まれるなどの問題への対応として，学校では家庭と連携しな
がら，情報モラルについて指導することが重要であるとされました。こうしたことか
ら，小・中・高等学校を通じて，各教科などにおいて，コンピュータや情報通信ネッ
トワークの活用，情報モラルに関する指導の充実を図ることや，情報活用能力の育成
にかかわる中学校技術・家庭科（技術分野）や高等学校普通教科「情報」における内

容の改善について提言されました。

　平成 20 年 3 月，小学校および中学校の新学習指導要領が告示され，教育の情報化について，情報教育および教科指導における ICT 活用の両面でさまざまな充実が図られました。また，平成 21 年 3 月には，高等学校および特別支援学校の新学習指導要領が告示され，小・中学校と同様に情報教育の充実が図られました。具体的には，共通教科情報科は 3 科目構成から「社会と情報」と「情報の科学」の 2 科目構成（p.136 参照）となりました。

⑷　**平成 29 年告示小・中学校の学習指導要領，平成 30 年告示高等学校の学習指導要領**

　平成 28 年 12 月の中央教育審議会答申において，情報活用能力は「教科等の枠を超えたすべての学習の基盤として育まれる資質・能力」とされ，その重要性が指摘されました。同答申において，情報教育の目標を先の 3 つの観点で捉えることとしました。その上で，情報活用能力についても，各教科等において育むことを目指す資質・能力と同様に，「知識及び技能」，「思考力，判断力，表現力等」及び「学びに向かう力・人間性等」の三つの柱によって捉えることが提言されました。

　さらに同答申では，発達の段階に応じて情報活用能力を体系的に育んでいくことの重要性や，将来どのような職業に就くとしても，時代を超えて普遍的に求められる「プログラミング的思考」などを育むプログラミング教育の実施を発達の段階に応じて位置づけていくことが求められること，学校の生活や学習においても，日常的に ICT を活用できる環境を整備していくことが不可欠であること，などを提言するとともに，小学校段階においてもプログラミング教育を位置づけることや高等学校の共通必履修科目として「情報Ⅰ」を設定することなども提言されました。

　同答申を踏まえ，平成 29 年 3 月に告示された小・中学校学習指導要領および平成 30 年 3 月に告示された高等学校の学習指導要領では，情報活用能力を言語能力や問題発見・解決能力と同様に，学習の基盤となる資質・能力と位置づけ，教科等横断的観点から教育課程の編成を図り，各学校のカリキュラム・マネジメントの実現を通して育成することとされました。

　学習指導要領解説では「情報活用能力をより具体的に捉えれば，学習活動において必要に応じてコンピュータ等の情報手段を適切に用いて情報を得たり，情報を整理・比較したり，得られた情報をわかりやすく発信・伝達したり，必要に応じて保存・共有したりといったことができる力であり，更に，このような学習活動を遂行する上で必要となる情報手段の基本的な操作の習得や，プログラミング的思考，情報モラル，情報セキュリティ，統計等に関する資質・能力等も含むものである」と示されています。

　ここで，情報活用能力をより具体的にした内容として，新たにプログラミング的思

考や統計などが明記されたことが新たな動きとして捉えることができます。プログラミング教育や統計教育からデータサイエンス教育へつながる事柄についてはこの後の項で紹介します。

2 情報教育の目標

　平成9年10月の「情報化の進展に対応した初等中等教育における情報教育の推進等に関する調査研究協力者会議」第一次報告において，情報教育の目標は，表5-2の3つの観点に整理されました。

表5-2　情報教育の3つの目標

> A：**情報活用の実践力**
> 　課題や目的に応じて情報手段を適切に活用することを含めて，必要な情報を主体的に収集・判断・表現・処理・創造し，受け手の状況などを踏まえて発信・伝達できる能力
> B：**情報の科学的な理解**
> 　情報活用の基礎となる情報手段の特性の理解と，情報を適切に扱ったり，自らの情報活用を評価・改善するための基礎的な理論や方法の理解
> C：**情報社会に参画する態度**
> 　社会生活の中で情報や情報技術が果たしている役割や及ぼしている影響を理解し，情報モラルの必要性や情報に対する責任について考え，望ましい情報社会の創造に参画しようとする態度

　その後，「初等中等教育の情報教育に係る学習活動の具体的展開」（文部科学省，平成18年8月）において，3観点・8要素に分類されました。

A　情報活用の実践力
　① 課題や目的に応じた情報手段の適切な活用
　② 必要な情報の主体的な収集・判断・表現・処理・創造
　③ 受け手の状況などを踏まえた発信・伝達能力
B　情報の科学的な理解
　④ 情報活用の基礎となる情報手段の特性の理解
　⑤ 情報を適切に扱ったり，自らの情報活用を評価・改善するための基礎的な理論や方法の理解
C　情報社会に参画する態度
　⑥ 社会生活の中で情報や情報技術が果たしている役割や及ぼしている影響の理解
　⑦ 情報モラルの必要性や情報に対する責任
　⑧ 望ましい情報社会に参画しようとする態度

⑴　情報教育と教育の情報化

「教育の情報化の手引き」では，情報教育と教育の情報化を以下のように分類しています（文部科学省，平成 22 年）。

教育の情報化とは，指導場面に着目したときの従来からの整理とともに，教員の事務負担の軽減などの観点も含め，次の 3 つから構成され，これらを通して教育の質の向上をめざすとされています。すなわち，情報教育は，子供たちの情報活用能力の育成を目標とした教育であって，単に IT を活用することとは異なります。IT を活用することが情報教育に位置づけられるためには，IT を活用することが子供たちの情報活用能力の育成にどのように資するのかが明確となっていなければなりません。

情報教育 情報活用能力の育成	教科指導における ICT 活用 各教科などの目標を達成するための効果的な ICT 機器の活用	校務の情報化 教員の事務負担の軽減と子供と向き合う時間の確保

⑵　情報活用能力の新たな定義

情報活用能力の定義については，平成 28 年 12 月に出された中央教育審議会答申「幼稚園，小学校，中学校，高等学校及び特別支援学校の学習指導要領等の改善及び必要な方策等について」において，情報活用能力は「世の中の様々な事象を情報とその結び付きとして捉えて把握し，情報及び情報技術を適切かつ効果的に活用して，問題を発見・解決したり自分の考えを形成したりしていくために必要な資質・能力」と新たに定義されました。

こうした情報活用能力は，各教科等の学びを支える基盤であり，これを確実に育んでいくためには，各教科等の特質に応じて適切な学習場面で育成を図ることが重要であるとともに，そうして育まれた情報活用能力を発揮させることにより，各教科等における主体的・対話的で深い学びへとつながっていくことが一層期待されています。

今回の改訂にあたっては，資質・能力の三つの柱に沿って情報活用能力について整理されています。情報活用能力を育成するためには，第 1 章総則第 3 の 1 ⑶や各教科等の内容の取扱いに示すとおり，各学校において日常的に情報技術を活用できる環境を整え，全ての教科等においてそれぞれの特質に応じ，情報技術を適切に活用した学習活動の充実を図ることが必要であるとされました。さらに，情報や情報手段を①主体的に選択し活用する，②情報技術の基本的な操作，③プログラミング的思考や情報モラル，④情報セキュリティ等を含む資質・能力であるとしました。

⑶ 資質・能力の三つの柱と情報活用能力

　これまでの「情報活用の実践力」「情報の科学的な理解」「情報社会に参画する態度」の３観点８要素だけではなく，各教科などにおいて育むことを目指す資質・能力と同様に，「知識及び技能」「思考力，判断力，表現力等」「学びに向かう力，人間性等」の三つの柱によって捉えていくことが提言され，以下のように整理されました。

◎　**知識及び技能**
（何を理解しているか，何ができるか）
　情報と情報技術を活用した問題の発見・解決等の方法や，情報化の進展が社会の中で果たす役割や影響，技術に関する法・制度やマナー，個人が果たす役割や責任等について，情報の科学的な理解に裏打ちされた形で理解し，情報と情報技術を適切に活用するために必要な技能を身に付けていること。
◎　**思考力，判断力，表現力等**
（理解していること，できることをどう使うか）
　様々な事象を情報とその結びつきの視点から捉え，複数の情報を結びつけて新たな意味を見いだす力や問題の発見・解決等に向けて情報技術を適切かつ効果的に活用する力を身に付けていること。
◎　**学びに向かう力，人間性等**
（どのように社会・世界と関わりよりよい人生を送るか）
　情報や情報技術を適切かつ効果的に活用して情報社会に主体的に参画し，その発展に寄与しようとする態度等を身に付けていること。

⑷ 情報活用能力の育成のためのカリキュラム・マネジメント

　情報活用能力は「学習の基盤となる資質・能力」として位置づけられ，各教科などにおける学習の中で活用され，育成されるものであるため，体系的な育成にあたっては，カリキュラム・マネジメントの実施が重要視されました。平成29，30年告示の学習指導要領総則では，カリキュラム・マネジメントを以下のように示しています。

第1章総則第1
　4　各学校においては，児童（注：中学校，高等学校においては生徒と置き換える。以下同様。）や学校，地域の実態を適切に把握し，教育の目標や目標の実現に必要な教育の内容等を教科等横断的な視点で組み立てていくこと，教育課程の実施状況を評価してその改善を図っていくこと，教育課程の実施に必要な人的又は物的な体制を確保するとともにその改善を図っていくことなどを通して，教育課程に基づき組織的かつ計画的に各学校の教育活動の質の向上を図っていくこと。

　教科横断的な能力としての性格を持つ情報活用能力は，各学校の教育課程を編成するなかで，各教科などとの関係を配慮し，長期的な視点に立って育成される必要があります。まさに適切なカリキュラム・マネジメントによって実現されるべき能力であると言えます。

5.3　プログラミング教育の充実

1　プログラミング教育の必要性

　新しい教育課程は，子供たちが社会で活躍する時代を想定して編成されます。では，新たな教育課程はどのような社会を想定しているのでしょうか。適切なキーワードかは別として，それは先の5.1節で述べた「Society5.0」という言葉で表現されています。

　「Society5.0」と呼ばれる社会は，大量の情報を生かし，人工知能を活用してさまざまなことを判断させたり，身近な物の働きがインターネット経由で最適化される時代であり，日常生活の在り方を大きく変えていくと予測される社会です。その核心的技術がコンピュータであり，その仕組みや原理を深く理解することで，コンピュータを巧みに活用して，価値を創り出す能力を身に付けることが求められています。今までのようにブラックボックスで良しとする時代の終焉です。コンピュータの働きを自らの目的のために創造し生み出し，とことん使いこなす能力を身に付けることが，あらゆる社会的営みにおいて求められる時代が来ているととらえています。

　コンピュータを使いこなすためにはプログラミングの理解が不可欠です。その能力はこれからの社会を生きていく全ての子供たちにとって，将来どのような職業に就くとしても極めて重要なことであるとの認識に立っているのです。

　こうしたことから，学習指導要領では，小・中・高等学校を通じてプログラミング教育を行うこととしており，とりわけ小学校学習指導要領（平成29年告示）において，令和2年度からプログラミング教育を行うこととされています。

　我が国でプログラミング教育を具体的に推進してきたのは，内閣府や総務省と言えます。2010年に「世界最先端IT国家創造宣言」がなされ，その後，総務省は「若年層に対するプログラミング教育の普及推進」事業を立ち上げ，平成27年（2015）6月に「プログラミング人材育成の在り方に関する調査研究」が作成されました。それまで，プログラミング教育に対して慎重であった中央教育審議会も大きく変化します。文部科学省は，平成28年（2016）4月19日に「小学校段階における論理的思考力や創造性，問題解決能力等の育成とプログラミング教育に関する有識者会議」を立ち上げ，その年の6月16日には，「小学校段階におけるプログラミング教育の在り方について（議論の取りまとめ）」を報告します。教育的施策としては異例の速さで打ち出された方針と言えます。

⑴　小中高等学校段階を通じたプログラミング教育の概要

　先の有識者会議では，学校教育として実施するプログラミング教育を次のような資質・能力を育むこととしています。

【知識・技能】
(小) 身近な生活でコンピュータが活用されていることや，問題の解決には必要な手順があることに気付くこと。
(中) 社会におけるコンピュータの役割や影響を理解するとともに，簡単なプログラムを作成できるようにすること。
(高) コンピュータの働きを科学的に理解するとともに，実際の問題解決にコンピュータを活用できるようにすること。
【思考力・判断力・表現力等】
・発達の段階に即して，「プログラミング的思考」（自分が意図する一連の活動を実現するために，どのような動きの組合せが必要であり，一つ一つの動きに対応した記号を，どのように組み合わせたらいいのか，記号の組合せをどのように改善していけば，より意図した活動に近づくのか，といったことを論理的に考えていく力）を育成すること。
【学びに向かう力・人間性等】
・発達の段階に即して，コンピュータの働きを，よりよい人生や社会づくりに生かそうとする態度を涵養すること。

　なお，プログラミング教育と発達段階の関係については，有識者会議のまとめにおいて，小学校では，「身近な生活の中での気付きを促したり，各教科等で身に付いた思考力を『プログラミング的思考』につなげたりする段階」としています。

　中学校及び高等学校では，「それぞれの学校段階における子供たちの抽象的思考の発達に応じて，構造化された内容を体系的に教科学習として学んでいくこととなる」としています。

⑵　学習指導要領におけるプログラミング教育

　プログラミング教育で育む資質・能力は，全ての学習の基盤となる資質・能力である情報活用能力の一部であり，全ての学校段階の学習指導要領の総則において，情報活用能力を育成することと規定されていることを踏まえる必要があります。

(小学校)
・総則において，各教科等の特質に応じて，「プログラミングを体験しながら，コンピュータに意図した処理を行わせるために必要な論理的思考力を身に付けるための学習活動」を計画的に実施することを新たに明記
・算数，理科，総合的な学習の時間において，プログラミングを行う学習場面を例示

（中学校）
・技術・家庭科（技術分野）において，プログラミングに関する内容を充実（「計測・制御のプログラミング」に加え，「ネットワークを利用した双方向性のあるコンテンツのプログラミング」について学ぶ）
（高等学校）
・全ての生徒が必ず履修する科目（共通必履修科目）「情報Ⅰ」を新設し，全ての生徒が，プログラミングのほか，ネットワーク（情報セキュリティを含む）やデータベースの基礎等について学ぶ
・「情報Ⅱ」（選択科目）では，プログラミング等について更に発展的に学ぶ

5.4　小・中学校の情報教育

1　小学校の情報教育

　学習指導要領総則において，「児童生徒の発達の段階を考慮し，言語能力，情報モラルを含む情報活用能力等の学習の基盤となる資質・能力を育成するため，各教科等の特性を生かし，教科等横断的な視点から教育課程の編成を図る」とされました。それを受け，学習指導要領総則，第2の2の(1)に「情報活用能力の育成を図るため，各学校において，コンピュータや情報通信ネットワークなどの情報手段を活用するために必要な環境を整え，これらを適切に活用した学習活動の充実を図ること」と示されています。また，各種の統計資料や新聞，視聴覚教材や教育機器などの教材・教具の適切な活用を図ることや，各教科等の特質に応じて，次の学習活動を計画的に実施することが求められます。

ア　児童がコンピュータで文字を入力するなどの学習の基盤として必要となる情報手段の基本的な操作を習得するための学習活動
イ　児童がプログラミングを体験しながら，コンピュータに意図した処理を行わせるために必要な論理的思考力を身に付けるための学習活動

などの具体的な活動が明記されました。

2　中学校の情報教育

　中学校の学習指導要領（平成29年告示）では，小学校の情報教育で述べた中央教育審議会および教育課程審議会の考え方に基づき，情報活用能力の育成が述べられています。
　総則の第2「教育課程の編成」の2「教科等横断的な視点に立った資質・能力の育成」において，「(1)各学校においては，生徒の発達の段階を考慮し，言語能力，情報

モラルを含む情報活用能力，問題発見・解決能力等の学習の基盤となる資質・能力を育成していくことができるよう，各教科等の特質を生かし，教科等横断的な視点から教育課程の編成を図るものとする」とされています。

上記の目標を実現するために，「各学校において，コンピュータや情報通信ネットワークなどの情報手段を活用するために必要な環境を整え，これらを適切に活用した学習活動の充実を図ること。また，各種の統計資料や新聞，視聴覚教材や教育機器などの教材・教具の適切な活用を図ること」と述べられています。

第3「指導計画の作成と内容の取扱い」の(3)では，「他教科等及び総合的な学習の時間で身に付けた資質・能力を相互に関連付け，学習や生活において生かし，それらが総合的に働くようにすること。その際，言語能力，情報活用能力など全ての学習の基盤となる資質・能力を重視すること」とされました。このように情報活用能力は，学習の基盤となる資質・能力とされ，各教科の特性を生かして，教育課程の編成を行うことが期待されています。

情報教育と関わりが深い内容を扱う教科として技術・家庭科があります。中学校の情報教育の中核となる技術・家庭科技術分野の「情報の技術」の内容を表5-3に示します。

情報の技術では，情報の基礎から情報通信ネットワーク，セキュリティ，問題解決の工夫など，バランスよく組み込まれています。特に今時の教育課程の改訂で，小中高等学校で一貫して導入が図られたプログラミング教育が計測・制御の内容と組み合わせられたのは特筆に値します。従来の研究からもプログラミング教育の題材として，計測・制御との組み合わせは有効であることが明らかにされていました。

5.5　高等学校の情報教育

高等学校には，各学科に共通する教科として位置づけられる情報科（共通教科情報科）と専門学科において開設される情報科（専門教科情報科）の2教科が存在します。共通教科情報科は，情報活用能力の育成をめざす中核的な教科と位置づけられます。

共通教科情報科の教科目標は，「知識及び技能」，「思考力，判断力，表現力等」，「学びに向かう力，人間性等」の三つの柱に沿って整理された小・中・高等学校の各教科などの学習を通じて全ての児童・生徒に育成をめざす情報に関わる資質・能力を踏まえ設定されていると考えられます。

表5-3　技術・家庭科技術分野の「情報の技術」

〔技術分野〕
1　目標（一部抜粋）
　　技術の見方・考え方を働かせ，ものづくりなどの技術に関する実践的・体験的な活動を通して，技術によってよりよい生活や持続可能な社会を構築する資質・能力を次のとおり育成することを目指す。
(1)　生活や社会で利用されている材料，加工，生物育成，エネルギー変換及び情報の技術についての基礎的な理解を図るとともに，それらに係る技能を身に付け，技術と生活や社会，環境との関わりについて理解を深める。
2　内容
　D　情報の技術
(1)　生活や社会を支える情報の技術について調べる活動などを通して，次の事項を身に付けることができるよう指導する。
　　ア　情報の表現，記録，計算，通信の特性等の原理・法則と，情報のディジタル化や処理の自動化，システム化，情報セキュリティ等に関わる<u>基礎的な技術の仕組み及び情報モラルの必要性</u>について理解すること。
　　イ　技術に込められた<u>問題解決の工夫</u>について考えること。
(2)　生活や社会における問題を，ネットワークを利用した双方向性のあるコンテンツのプログラミングによって解決する活動を通して，次の事項を身に付けることができるよう指導する。
　　ア　情報通信ネットワークの構成と，情報を利用するための基本的な仕組みを理解し，安全・適切なプログラムの制作，動作の確認及びデバッグ等ができること。
　　イ　問題を見いだして課題を設定し，使用するメディアを複合する方法とその効果的な利用方法等を構想して情報処理の手順を具体化するとともに，制作の過程や結果の評価，改善及び修正について考えること。
(3)　生活や社会における問題を，計測・制御のプログラミングによって解決する活動を通して，次の事項を身に付けることができるよう指導する。
　　ア　計測・制御システムの仕組みを理解し，安全・適切なプログラムの制作，動作の確認及びデバッグ等ができること。
　　イ　問題を見いだして課題を設定し，入出力されるデータの流れを元に計測・制御システムを構想して情報処理の手順を具体化するとともに，制作の過程や結果の評価，改善及び修正について考えること。
3　内容の取り扱い
(4)　内容の「D情報の技術」については，次のとおり取り扱うものとする。
　　ア　(1)については，情報のディジタル化の方法と情報の量，著作権を含めた知的財産権，発信した情報に対する責任，及び社会におけるサイバーセキュリティが重要であることについても扱うこと。
　　イ　(2)については，コンテンツに用いる各種メディアの基本的な特徴や，個人情報の保護の必要性についても扱うこと。

1　共通教科情報科における「見方・考え方」

　共通教科情報科における「情報に関する科学的な見方・考え方」については，これまでの学習指導要領の中で，教科の目標に位置づけられたり，評価の観点の名称として用いられてきました。

　今回の改訂では，「見方・考え方」を働かせた学習活動を通して，目標に示す資質・能力の育成をめざすこととなっています。共通教科情報科では，「情報に関する科学的な見方・考え方」については，「事象を，情報とその結び付きとして捉え，情報技術の適切かつ効果的な活用（プログラミング，モデル化とシミュレーションを行ったり情報デザインを適用したりすること等）により，新たな情報に再構成すること」であると整理されています。

2　共通教科「情報」の変遷

　共通教科「情報」の科目構成の変遷を図5-2に示します。教科が立ち上がったときは情報活用の実践力を重視する「情報A」，情報の科学的理解を重視する「情報B」，情報社会に参画する態度を重視する「情報C」の三つの選択科目がありました。その後「情報の科学」と「社会と情報」の二科目になりました。科目の選択割合は，「情報の科学」が20%，「社会と情報」が80%です。プログラミングは「情報の科学」で行われていることから，現在の高校生は8割がプログラミングを学ばず高校を卒業しています。

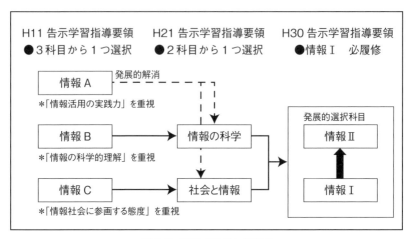

図 5-2　教科「情報」の変遷

　新学習指導要領では，「情報の科学」と「社会と情報」を一本化して全員必修の「情報Ⅰ」として，ここでプログラミングを学びます。したがって，小学校でプログラミングを体験し，中学校で計測・制御と双方向性のあるコンテンツのプログラミングを学び，高等学校ではさらに深めて大学あるいは社会へ進むことになります。

　情報科の目標を以下に示します。

＜情報科の目標＞

　情報に関する科学的な見方・考え方を働かせ，情報技術を活用して問題の発見・解決を行う学習活動を通して，問題の発見・解決に向けて情報と情報技術を適切かつ効果的に活用し，情報社会に主体的に参画するための資質・能力を次のとおり育成することを目指す。

　(1)　情報と情報技術及びこれらを活用して問題を発見・解決する方法について理解を深め技能を習得するとともに，情報社会と人との関わりについての理解を深めるようにする。

　(2)　様々な事象を情報とその結び付きとして捉え，問題の発見・解決に向けて情報と情報技術を適切かつ効果的に活用する力を養う。

　(3)　情報と情報技術を適切に活用するとともに，情報社会に主体的に参画する態度を養う。

　科目「情報Ⅰ」「情報Ⅱ」の目標を以下に示します。

●「情報Ⅰ」

　科目「情報Ⅰ」の目標は次の通りです。

＜科目の目標＞

　情報に関する科学的な見方・考え方を働かせ，情報技術を活用して問題の発見・解決を行う学習活動を通して，問題の発見・解決に向けて情報と情報技術を適切かつ効果的に活用し，情報社会に主体的に参画するための資質・能力を次のとおり育成することを目指す。

　(1)　効果的なコミュニケーションの実現，コンピュータやデータの活用について理解を深め技能を習得するとともに，情報社会と人との関わりについて理解を深めるようにする。

　(2)　様々な事象を情報とその結び付きとして捉え，問題の発見・解決に向けて情報と情報技術を適切かつ効果的に活用する力を養う。

　(3)　情報と情報技術を適切に活用するとともに，情報社会に主体的に参画する態度を養う。

●「情報Ⅱ」

科目「情報Ⅱ」の目標は次の通りです。

<科目の目標>
　情報に関する科学的な見方・考え方を働かせ，情報技術を活用して問題の発見・解決を行う学習活動を通して，問題の発見・解決に向けて情報と情報技術を適切かつ効果的，創造的に活用し，情報社会に主体的に参画し，その発展に寄与するための資質・能力を次のとおり育成することを目指す。

(1)　多様なコミュニケーションの実現，情報システムや多様なデータの活用について理解を深め技能を習得するとともに，情報技術の発展と社会の変化について理解を深めるようにする。

(2)　様々な事象を情報とその結び付きとして捉え，問題の発見・解決に向けて情報と情報技術を適切かつ効果的，創造的に活用する力を養う。

(3)　情報と情報技術を適切に活用するとともに，新たな価値の創造を目指し，情報社会に主体的に参画し，その発展に寄与する態度を養う。

　以上が共通教科「情報」について，新学習指導要領に記載された指導内容の概要となります。共通教科「情報」として，高度な学習を進めたい場合は専門教科情報科の科目を履修させることも可能です。

3　主として専門学科において開設される教科「情報」

　学校教育法第50条に明記されているように，高校生に専門教育を施すことは高等学校の目的の一つです。専門教育を施す専門学科としての情報科（以下，「専門教科情報科」）が設置されています。

　新学習指導要領で示された専門教科情報科の目標と科目構成を以下に示します。

<情報科の目標>
　情報に関する科学的な見方・考え方を働かせ，実践的・体験的な学習活動を行うことなどを通して，情報産業を通じ，地域産業をはじめ情報社会の健全で持続的な発展を担う職業人として必要な資質・能力を次のとおり育成することを目指す。

(1)　情報の各分野について体系的・系統的に理解するとともに，関連する技術を身に付けるようにする。

(2)　情報産業に関する課題を発見し，職業人に求められる倫理観を踏まえ合理的かつ創造的に解決する力を養う。

(3)　職業人として必要な豊かな人間性を育み，よりよい社会の構築を目指して自ら学び，情報産業の創造と発展に主体的かつ協働的に取り組む態度を養う。

　各科目の構成を図5-3に示します。各科目は，共通的分野，情報システム分野，コンテンツ分野に分かれています。最終的には総合的な科目である課題研究へと集約されていきます。

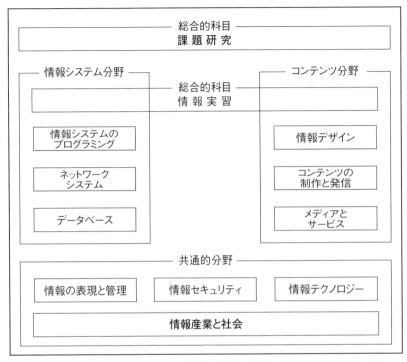

図5-3　専門教科情報科の科目及び分野の構成（引用：学習指導要領解説より）

　情報産業の構造の変化や情報産業が求める人材の多様化，細分化，高度化に対応する観点から，情報の各分野における専門性にかかわる基礎的な知識と技術の習得や職業倫理などを育成する教育を重視しています。そのためには，個々の目標を相互に関連づけながら，情報の各分野にかかわる将来のスペシャリストに必要な能力や態度の育成をめざすことになります。

5.6　大学の情報教育

　学生が卒業までに身に付けておくことが望まれる学士力について，文部科学省中央
教育審議会答申「学士課程教育の構築に向けて」では，全ての学問分野に求められる
汎用的技能として，以下の5点を挙げています。

●知的活動でも職業生活や社会生活でも必要な技能
　①　コミュニケーション・スキル
　②　数量的スキル
　③　情報リテラシー
　　　ICTを用いて，多様な情報を収集・分析して適正に判断し，モラルに則っ
　　て効果的に活用することができる。
　④　論理的思考力
　　　情報や知識を複眼的，論理的に分析し，表現できる。
　⑤　問題解決力
　　　問題を発見し，解決に必要な情報を収集・分析・整理し，その問題を確実に
　　解決できる。

　情報リテラシーや論理的思考力，問題解決力は全て情報にかかわるスキルであり，
このことからも，大学教育にとって情報にかかわるスキルの重視性が認識されます。
　大学における分野共通の情報教育については，情報処理学会や私立大学情報教育協
会などがカリキュラムの提言を行っています。

1　一般情報処理教育

　情報処理学会では，一般情報処理教育の知識体系（GEBOK：General Education
Body Of Knowledge）として教育目標，カリキュラムを提案しています。情報処理
教育という名称であっても，大学の教養教育としての情報教育と定義づけられていま
す。

● GEBOK の教育目標
　（情報処理学会一般情報教育委員会，
　　https://sites.google.com/site/ipsj2010sigge/home/gebok）
　「将来，情報社会において中核となる大学生に対して，情報およびコンピュータに
関する基礎理論や概念および応用知識を理解させるとともに，それらを自由自在に活
用できる技能を身につけさせることとする」
　具体的には，次のような技能とあります。
　①　知識と情報を資産とする情報化社会において，情報の価値を知るとともに，こ

れを使いこなして生きるための対応力を習得させる。

② 情報に関する基本的概念（情報処理の動作原理とその可能性，限界）を身につけさせる。

③ 情報機器に慣れ親しむ機会を与え，情報システムに対する恐怖・過信がないようにする。

2　情報リテラシー教育ガイドライン

大学教育では，大学卒業時に全ての学生が修得しておくべき情報活用能力の学士力として提案するものとして，高等学校で必履修の共通教科「情報」を踏まえた発展的かつ高度な学びをめざしています。

私立大学情報教育協会の情報リテラシー教育のガイドライン（2015）では，大学の情報リテラシー教育の到達目標を以下のように設定しています。

・到達目標A：

問題を発見し，目標を設定した上で解決に取り組み，情報通信技術を適切に活用して新しい価値の創造を目指して取り組むことができる。

・到達目標B：

情報社会の有効性と問題点を認識し，主体的に判断して行動することができる。

・到達目標C：

情報通信技術の仕組みを理解し，モデル化とシミュレーションを問題発見・解決に活用することができる。

大学の情報リテラシー教育では，生涯にわたって学び続け，主体的に考え，最善の解を導き出すために多面的な視点から判断・行動できる人材の育成をめざしています。さらにいえば，答えが一つに定まらない問題により良い解を探求できる問題解決能力の育成が大学教育の使命であるとの認識に立っています。そのため，大学の情報リテラシー教育では，その能力基盤の重要な要素として情報から知識を構成し，知識を組み合わせて新しい考え方を創造する知恵への転換が求められます。

コラム　若者のインターネット依存

　電車やバスの中で周りを見回すと，多くの人がスマートフォンの操作をしている姿を見ます。ときには，車内のほとんどの若者が，一様にうつむいてスマートフォンの画面に向かっている異様とも思える光景を目にすることがあります。大抵は，メールやSNS（LINE，Facebook，Twitter など）の利用，ネット検索，動画投稿サイトの視聴，ゲームなどをしています。

　スマートフォンの急速な普及に伴い，インターネットを介したさまざまなネット・サービスが提供されています。調査によると，スマートフォンの所持率は，中学3年生で50％程度ですが，高校1年生では90％弱に急増しています。高校への入学が，購入または機種変更するきっかけになっているのでしょう。そして，スマートフォンの所有者が，ネット・サービスを長時間利用しています。なかでも，SNSのLINE，Twitter の利用時間が群を抜いており，新しい形態の依存傾向であるソーシャルメディア依存・つながり依存などの研究が進められています。

　スマートフォンはいつも手元にあるため，時間や場所に縛られることなく手軽にこれらのサービスを利用することができ，若者を中心に利用者が激増しています。しかし，その反面では，インターネットに依存する若者が増加しているのも事実です。上述の乗り物内の若者の中には，この一場面だけではなく，それ以外の場所や帰宅してからも，常にインターネットを利用しなければ落ち着かないという人がいるかもしれません。そのような人は，インターネット依存症に陥っている可能性を危惧しなければなりません。

　みなさんは，依存症と聞くと，アルコール依存や薬物依存を連想するのではないでしょうか。そして，アルコールや薬物の摂取をコントロールすることができず，過剰かつ恒常的に摂取して次第に体調や精神に障害をきたし，病院で治療を受けている患者の様子が思い浮かぶのではないでしょうか。インターネット依存に関して，国際的な診断基準や定義はまだ確立されていませんが，研究者間では同じような症状と捉えて認識しています。例えば，インターネットを毎日過度（長時間）に利用してしまい，わかっていても自分の意思で制御できない，人から注意されても止められない。さらに，体調を崩す，利用していなければ精神的に不安定になる，外出や人を避けるようになるなどです。症状が重くなれば，専門の治療が必要となります。

　近年，インターネット依存が社会的問題として浮上したため，研究者はその原因の究明と症状の改善策など，多様な視点から研究に取り組んでいます。ここに，東京大学大学院の橋元教授らの研究で用いられた，アメリカのヤング博士（心理学者）が1998年に開発した20項目のインターネット依存尺度を紹介します（表5-4）。

　回答に対する点数を「いつもある」5点，「よくある」4点，「ときどきある」3

点，「まれにある」2点，「全くない」1点とし，総合点を求めます。その結果から，ネット依存傾向の程度をそれぞれ，20点〜39点＝「低」，40点〜69点「中」，70点以上＝「高」と評価します。

表5-4　インターネット依存尺度

①　気がつくと，思っていたより長い時間ネットをしていることがある
②　ネットを長く利用していたために，家庭での役割や家事（炊事，掃除，洗濯など）をおろそかにすることがある
③　家族や友達と過ごすよりも，ネットを利用したいと思うことがある
④　ネットで新しく知り合いをつくることがある
⑤　周りの人から，ネットを利用する時間や回数について文句を言われたことがある
⑥　ネットをしている時間が長くて，学校の成績が下がっている
⑦　ネットが原因で，勉強の能率に悪影響が出ることがある
⑧　他にやらなければならないことがあっても，まず先にソーシャルメディア（LINE，Facebookなど）やメールをチェックすることがある
⑨　人にネットで何をしているのか聞かれたとき，言いわけをしたり，隠そうとしたりすることがある
⑩　日々の生活の問題から気をそらすために，ネットで時間を過ごすことがある
⑪　気がつけば，また次のネット利用を楽しみにしていることがある
⑫　ネットのない生活は，退屈で，むなしく，わびしいだろうと不安に思うことがある
⑬　ネットをしている最中に誰かに邪魔をされると，いらいらしたり，怒ったり，言い返したりすることがある
⑭　夜遅くまでネットをすることが原因で，睡眠時間が短くなっている
⑮　ネットをしないときでも，ネットのことを考えてぼんやりしたり，ネットをしているところを空想したりすることがある
⑯　ネットをしているとき「あと数分だけ」と，自分で言いわけしていることがある
⑰　ネットをする時間や頻度を減らそうとしても，できないことがある
⑱　ネットをする時間や頻度を，人に隠そうとすることがある
⑲　誰かと外出するより，ネットを利用することを選ぶことがある
⑳　ネットをしているときは何ともないが，ネットをしていないときはイライラしたり，憂鬱な気持ちになったりする

　このような社会状況を踏まえ，2011年には国立病院機構久里浜医療センターにインターネット依存を専門的に治療する部門（ネット依存治療部門）が開設されました。当センターのホームページには，質問項目にクリックして回答し，依存の程度を自己評価する「ネット依存のスクリーニングテスト」のシステムが構築されています。このヤング博士の「インターネット依存度テスト」の他に，インターネット先進国の韓国政府が開発した青少年用と成人用の「インターネット依存自己評価スケール（K-スケール）」が，それぞれ提示されています。
　是非，ご自身で試して自己評価してみてください。

林　泰子

5.7　教育の情報化

1　J・B・キャロルの学校学習の時間モデル

　学習者には，それぞれに個性があり，知識の差や興味関心が違います。このような個人差について，教員はどのように考えたらよいでしょうか。

　J・B・キャロル（Carroll）が1963年に提唱した「学校学習の時間モデル」を参考に考えてみます。このモデルでは，ある学習者は成功し，ある学習者は失敗を重ねてしまう現象が起こる原因を，子供の能力ではなく，学習目標を達成するための時間不足と考えました（図5-4①）。これより課題の達成に必要な時間をどのように確保し，どのような援助を工夫したらもっと短い時間で学ぶことができるかを検討することができます。つまり，キャロルは，能力から時間への発想の転換を行ったのです。

　キャロルは，図5-4①の学習率に影響を与える変数を，5つの要素としました。

　一つ目は，課題への適性で，ある課題を達成するのに必要な時間の長短によって表される学習者の特性としました。二つ目は，授業の質で，学習者が短時間のうちにある課題を学べる授業かどうかです。質の高い授業の要件とは，何をどう学習するかが学習者に伝わっていて，はっきりとした形で材料が提示され，授業同士が有機的に次につながっていて，授業を受ける学習者の特性に応じた配慮がなされていることが挙げられています。三つ目は，授業理解力で，授業の質の低さを克服する力です。四つ目は，学習機会で，ある課題を学習するためにカリキュラムの中に用意されている授業時間です。五つ目は，学習持続力で，与えられた学習機会のうち，学習者が実際に学ぼうと努力して，学習に使われた時間の割合です。

　以上の5つの変数を学習率の式にあてはめると図5-4②になります。教員は，学習率を高めるためには，学習に必要な時間を分母の要因に注目して減らす工夫と，学習に費やされる時間を分子の要因に注目して増やす工夫ができます。キャロルの時間モデルの5つの変数は，教員として授業を工夫し，学習者一人ひとりが学習に費やす時間を確保し，また，学習に必要な時間を短縮していくためのチェックポイントと考えることができます。

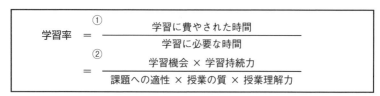

$$\text{学習率} \quad \overset{①}{=} \quad \frac{\text{学習に費やされた時間}}{\text{学習に必要な時間}}$$

$$\overset{②}{=} \quad \frac{\text{学習機会} \times \text{学習持続力}}{\text{課題への適性} \times \text{授業の質} \times \text{授業理解力}}$$

図5-4　J・B・キャロルの学校学習の時間モデル

ICT の活用についても，どの変数に働きかけるのかという視点で考えると，ICT 活用の発想が広がります。大規模公開オンライン講座の MOOCs（ムークス，Massive Open Online Courses）で代表される授業映像の場合は，授業時間外の利用によって，学習機会の拡大につながる可能性が大きいことがわかります。

2　教育の情報化ビジョン

学習指導要領の総則と各教科の章では，ICT の活用について多く記述されています。また，それを踏まえて作成された「教育の情報化に関する手引」が文部科学省から公表され，これからの学校教育における ICT 活用と情報教育の基本的な考え方や具体策が明らかにされました。

文部科学省は，2011 年 4 月に「教育の情報化ビジョン〜 21 世紀にふさわしい学びと学校の創造を目指して〜」（図5-5）において，2020 年度に向けた教育の情報化に関する総合的な推進方策を提言しています。この中で ICT を活用した 3 つの学びを提案しています。

A．一斉指導による学び（一斉学習）
B．子供一人ひとりの能力や特性に応じた学び（個別学習）
C．子供同士が教え合い学び合う協働的な学び（協働学習）

図5-5　ICT を活用した 3 つの学び（文部科学省：教育の情報化ビジョンより引用）

ICT は，時間的・空間的制約を超越することができ，また，双方向性を備えていることなどが代表的な特性として挙げられます。ICT の活用により，空間的制約を超越し，他の地域に住む子供たちと協働した学習を行うことが可能となります。このことは，「情報端末や提示機器などを活用し，教室内の授業で子供たち同士がお互いの考え方の共有や吟味を行いつつ意見交換や発表を行うことや，学校外・海外との交流授業を通じて，お互いを高め合う学びを進めることなどによって，各教科などの目標の実現や内容の習得に資するものである」と述べています。

このように教育での ICT 活用は，教員が効果的な授業の実現を図ることができると共に，子供たちには必要な情報を収集・選択・処理し表現や発信できる情報活用能力を身に付けさせることができます。そこで，教室での電子黒板，学習者用タブレット PC，プロジェクタ，書画カメラなどのハードウェア導入やインターネット接続のインフラ整備が急務です。文部科学省では，2020 年代には児童生徒一人 1 台の教育用コンピュータの整備をめざしています。今後，このことを前提にした学習環境の整備を行う必要があります。

3　学校における教育の情報化の現状

「学校における教育の情報化の実態等に関する調査結果（平成 26 年度）」によると，学校の ICT 環境の整備状況は，教育用コンピュータ 1 台あたり児童生徒 6.4 人（平成 25 年度 6.5 人）でした。普通教室については，校内 LAN の整備は 86.4％（平成 25 年度 85.6％），電子黒板の整備率も 9.0％（平成 25 年度 7.4％）と，徐々に改善されている状況ですが，充分ではありません。

教員の ICT 活用指導力（表 5-5）では，授業中に ICT を活用して指導する能力や情報モラルなどを指導する能力の質問項目で「わりにできる」，「ややできる」と肯定回答した割合は，前年度よりも増加傾向がみられます。しかし項目別にみると，「児童生徒の知識を定着させるため，ICT を活用して資料などを提示」が 62.3％，「児童生徒が ICT を活用してわかりやすく発表・表現できるよう指導」が 61.5％と低い結果となっており，授業の中での ICT 活用が進んでいないことがわかります。授業における ICT 活用が進まない理由の主なものとして，準備に要する時間や機器不足が考えられます。

インターネットの利用を考える際，従来はデスクトップ PC の利用を想定していましたが，スマートフォンなど情報通信端末機器の普及とともに，携帯電話やタブレット PC の利用の割合が増加してきました。「平成 26 年通信利用動向調査」によると，2014 年のインターネット利用は，推計で 1 億人以上となり，割合は 82.8％でした。また，端末別では自宅のパソコンが 53.5％と最も多く，次いでスマートフォン（47.1％），自宅以外のパソコン（21.8％）となっています。年齢階層別にみると，ス

表5-5　ICT活用指導力チェックリスト（文部科学省）

A	**教材研究・指導の準備・評価などにICT活用する能力**
A1	教育効果をあげるには，どの場面にどのようにしてコンピュータやインターネットなどを利用すればよいかを計画をする。
A2	授業で使う教材や資料などを集めるために，インターネットやCD-ROMなどを活用する。
A3	授業に必要なプリントや提示資料を作成するために，ワープロソフトやプレゼンテーションソフトなどを活用する。
A4	評価を充実させるために，コンピュータやディジタルカメラなどを活用して児童の作品・学習状況・成績などを管理し集計する。
B	**授業中にICTを活用して指導する能力**
B1	学習に対する児童の興味・関心を高めるために，コンピュータや提示装置などを活用して資料などを効果的に提示する。
B2	児童一人ひとりに課題を明確につかませるために，コンピュータや提示装置などを活用して資料などを効果的に提示する。
B3	わかりやすく説明したり，児童の思考や理解を深めたりするために，コンピュータや提示装置などを活用して資料などを効果的に提示する。
B4	学習内容をまとめる際に児童の知識の定着を図るために，コンピュータや提示装置などを活用して資料などをわかりやすく提示する。
C	**児童のICT活用を指導する能力**
C1	児童がコンピュータやインターネットなどを活用して，情報を収集したり選択したりできるように指導する。
C2	児童が自分の考えをワープロソフトで文章にまとめたり，調べたことを表計算ソフトで表や図などにまとめたりすることを指導する。
C3	児童がコンピュータやプレゼンテーションソフトなどを活用して，わかりやすく発表したり表現したりできるように指導する。
C4	児童が学習用ソフトやインターネットなどを活用して，繰り返し学習したり練習したりして，知識の定着や技能の習熟を図れるように指導する。
D	**情報モラルなどを指導する能力**
D1	児童が発信する情報や情報社会での行動に責任を持ち，相手のことを考えた情報のやりとりができるように指導する。
D2	児童が情報社会の一員としてルールやマナーを守って，情報を集めたり発信したりできるように指導する。
D3	児童がインターネットなどを利用する際に，情報の正しさや安全性などを理解し，健康面に気を付けて活用できるように指導する。
D4	児童がパスワードや自他の情報の大切さなど，情報セキュリティの基本的な知識を身に付けることができるように指導する。
E	**校務にICTを活用する能力**
E1	校務分掌や学級経営に必要な情報をインターネットなどで集めて，ワープロソフトや表計算ソフトなどを活用して文書や資料などを作成する。
E2	教員間，保護者・地域の連携協力を密にするため，インターネットや校内ネットワークなどを活用して，必要な情報の交換・共有化を図る。

マートフォンは 13 〜 39 歳の年齢階層で 7 割以上が利用し，自宅のパソコンを上回っています。

教育の情報化で重要なことの一つに既存のルールを変えることがあります。例えば，紙媒体での申請を Web で申請することは，さまざまなルールを変えなくてはなりません。従来の紙媒体による教科書の購入や利用を，ディジタル化された電子教科書にする場合も同様です。教育の情報化は，既存のルールを新しいルールに変革することにより実現します。教育の情報化は，授業資料の配布・閲覧，授業映像の配信，授業アンケート，意見の発信や共有などを通して多くの可能性や教育効果が期待されます。

5.8 未来の学習環境

学校の授業は，教科書やさまざまな教材を利用して行われており，子供たちの学びにとって大きな役割を果たします。高機能な電子黒板，ディジタル教科書・教材，情報収集や発信のための個人用タブレット PC など今後ますます進展，普及が期待される ICT での教育活用は，21 世紀を生きる子供たちに求められる力の育成に大きく寄与します。学習形態では，大別して一斉指導による学び，子供一人ひとりの能力や特性に応じた個の学び，子供同士が教え合い学び合う協働的な学び（協働学習）があります。これら学びの方法において ICT 活用を取り入れることで基礎的・基本的な知識・技能の習得や，思考力・判断力・表現力，主体的に学習に取り組む態度の育成を効果的に図ることができます。

学びについて，学力の 3 要素である 1. 基礎的・基本的な知識・技能の習得，2. 思考力・判断力・表現力などの育成，3. 主体的に学習に取り組む態度の育成（学校教育法第 30 条第 2 項）に基づく授業を行う ICT 学習環境について考えてみましょう。

1 クラウドコンピューティング（cloud computing）

学習者は，インターネット上にあるサーバやソフトウェアなどのリソースが提供するクラウドサービスを利用し，e ラーニング（e-Learning）などのさまざまな学習を行います。このような利用形態のことをクラウドコンピューティングと呼んでいます。クラウドコンピューティングは，インターネット回線を経由して，データセンターに蓄積された資源を利用するものであり，学校でサーバなどの設備を持たずに済むことから，情報環境を構築する負荷の軽減と，運用に伴う人的・物的負担を軽減することが可能となります。反面，情報漏えいやセキュリティに関する厳しい管理，運営が求められます。一般に，学校の情報システムのクラウド化によるメリットとし

て，次のことが考えられます。

① 学習支援，学校での教育支援などの充実向上や，教育，研究，経営機能の情報環境整備が計画段階から導入まで短期間で行えます。

② 教育資料・データ・教育ソフトなど資源の所有を最小限に留められることから，情報化投資や運用経費の削減が可能になります。

③ インターネットを経由して何処からでもアクセスできるので，学習者や教職員の利便性が向上します。

④ 学校連携，産学連携，高大連携などに利用することで，新たな教育機能の付加価値の創出をもたらすことが可能となります。

⑤ 学内の環境負荷の軽減を図ることができます。

　クラウド導入による大きな変化がもたらすさまざまなメリットは，まさに児童生徒などの学習者や教職員の利便性を向上させ，コストや負荷の削減を可能にするとともに，教育機関同士あるいは学校と企業の教育・交流面での連携拡大を生み出します。すでに一部の学校ではメールサービスなどでのクラウド導入が進んでおり，学校の教育情報システムにおけるクラウド導入の動きが広がりを見せています。

　これらのクラウドコンピューティングの導入は，学校のさまざまな教育資料をクラウドにディジタルアーカイブすることからはじまります。そのために，さまざまなリソースを電子化し，クラウドにメタ情報もつけて管理し，流通する新しいルールを作ることが必要となります。

2　電子書籍（ディジタル教科書）

　電子書籍とは，PC やタブレット PC で読めるように設計された従来の印刷図書の電子化で，電子書籍（electronic book），ディジタル書籍，ディジタルブック（digital book），オンライン図書（online book）とも呼ばれています。

　一方，図書館への電子書籍の導入に関しては，1998 年の NetLibrary の登場後，多様な取り組みが進んでおり，テキサスの学校では，60 万件を超える電子書籍を提供しています。また，教科書としての電子書籍の導入は，持ち運びが容易であることや安価であることから，今後急速に導入され普及することが予想されます。

　また，近年図書館や博物館，公文書館は，所蔵資料のディジタルアーカイブ化を推進しています。国立国会図書館は，所蔵する明治期から戦前までの著作権の保護期間が消滅した図書を画像電子化し Web 上で公開しています。その他，京都大学，筑波大学，東京大学，北海道大学，日本国際文化研究センター，国立民族学博物館などでは所蔵資料の一部を電子化し公開し，現在では貴重書などを中心に全文を閲覧できます。

　今後，学校においては閲覧が無料の青空文庫などの利用や，学校独自のテキストの

電子書籍化などにより，児童生徒一人１台によるタブレット PC の利用は，教育効果があがると期待されています。そこで，とくに学校のテキストや作品などの紙媒体の情報を電子化する作業（ディジタルアーカイブ）を推進し，著作権など新しいルールの下で電子書籍として提供することが望まれます。

3　フィールドワーク

　野外活動などフィールドワークにおけるタブレット PC 活用では，教育効果など大きな可能性に期待があるものの，現機能では数々の問題が明らかになっています。フィールドワークで求められるタブレット PC は，以下にあげる機能が重要です。

・映像，音声，静止画撮影，保存機能
・音声の再生，動画，拡大などの機能
・データベースの作成・共有など
・長時間駆動機能
・地図機能と現在の位置情報（GPS 機能）
・e ラーニング学習機能

　本来であれば，フィールドワークを想定した安価な専用タブレット PC が開発されることが望ましいのです。しかし，現状では教育専用の機種の開発は難しく，現行モデルにこれら機能を付加したテーラーメード型の機種開発により普及を促すことが現実的です。ディジタル教材作成では，タブレット PC の画面サイズや機能を想定した教材コンテンツの提供を行うことが重要です。とくに Web ページによる教材提供は，端末の種類に関係なく閲覧が可能なページであることが必要です。

　取材活動や意見交換など他者と協働したコミュニケーション活動では，テレビ会議などで時間短縮はできるものの，face to face に比べて臨場感がないため討議の深まりを欠くケースなどの課題もあります。

4　e ラーニング（e-Learning）

　e ラーニングの推進は，ディジタル教材（コンテンツ）の整備が必要不可欠となります。ディジタル教材自体は，各学校の教育事情に応じて整備されるべきもので，一元的に学校間で利用できるものにはなりにくいと考えられます。しかし，リメディアル系やキャリア支援系などの共通基盤教材や，教育素材的なものは，内容的・用途的にも十分共有可能であり，こうした利活用可能なディジタル教材・素材を具体的に検討し，実践可能な学校間で提供し利用できるルールづくりを検討することが重要です。

　また，学校における e ラーニング利用を拡大するには，ユーザインターフェイスの設計が重要な役割を果たします。そこでは学習手順の操作性，学習コンテンツの系統性が重要です。さらに，システムを利用した記録やデータが蓄積され，教員にとって

は教育活動の評価に，学習者にとっては学習達成度の記録（ポートフォリオ）に利用できることも必要です。これには，e ラーニングと教務システム（教育情報システム）やe ポートフォリオなどとのシステム連携の新しいルールが必要となります。

5　e ポートフォリオ（e-Portfolio）

　学びの目標を自己点検・確認させる一つの手段として，学びの成果を可視化するためのe ポートフォリオの活用が普及しつつあります。e ポートフォリオの活用は，学習者の学習状況を把握できるとともに，学習者や保護者に対して学習の変容を通して成長の過程や到達点，今後の課題を知ることができます。そこで教員は，学習者一人ひとりの課題と向き合い，組織的な学習指導，キャリア形成指導，不足している能力を卒業までに身に付けさせるための振り返り学習の場を提供するルールを考える必要があります。

6　ラーニングコモンズ（Learning Commons）

　能動的学習授業支援環境とは，ICT 活用を通して学習者自身が主体となって学ぶ教育環境を言います。能動的学習授業では，「①ディジタル教材で予習をしたうえで，授業の最初に仮説を立てる。②仮説をグループで討議し，机上に用意されたタブレット PC で調査を行う。③調査結果をタブレット PC に接続されたアクティブボードを使って分析し，仮説が正誤を検討する。④結果を発表した後，アクティブボードで仮説の内容を可視化しながらシミュレーションをし，仮説と調査結果の関係をグループで再討議する。⑤授業後に発展課題のレポートを作成する」の学習活動が主となります。このような授業を推進するため，グループディスカッション，ディベート，グループワークなどによる課題解決型の能動的学習（アクティブラーニング）を積極的に導入・実践することが重要です。

　学習者が，十分な質を伴った学習時間を実質的に増加・確保するために，ICT を利用した学習方法として，講義の内容を授業アーカイブし講義の空き時間にディジタル教材管理システムで自主的に視聴できるようにします。これにより，学習者の事前学習による既習知識が多いため，授業では事例や知識の応用を中心とした対話型の活動をすることが可能となります。このように，説明型の講義をオンライン教材化して空き時間に視聴し，従来宿題であった応用課題を教室で対話的に学ぶ教育方法が実践できます。学習者主体の能動学習では，答えのない問題を見つけ，その原因を考え探究するために必要な専門的知識および汎用的能力を培う問題解決学習や，実習や体験活動など通して技術や技能を身に付ける学習があります。また，授業のための事前準備（資料の下調べや読書，思考，学生同士の議論など），授業の受講（教員の直接指導，教員と学習者あるいは学習者同士の対話や意思疎通など），事後の整理（授業内

容の整理と確認や理解の深化のための探究，討論や対話など）に加えて，インターンシップやサービスラーニングなどの体験活動を包含した総学習時間（学修という）を確保することができます。学修とは，授業での学び（学習）に加えて課外での学びを包括したものです。ラーニングコモンズは，学習者の課外における学修を支援，保証する環境づくりとして極めて重要です。

5.9 ICT を活用した教育と効果

1 ICT と教育

　近年，デスクトップ型やノート型 PC と並んでタブレット PC のように携帯性に優れた高機能で安価なタブレット PC が開発されています。教育用のタブレット PC に転用することで授業だけでなく，フィールドワーク，家庭での活用を通して学ぶ機会（学修時間）の増加につながりました。学習者にとっては，ICT 活用により学びという活動について場所，時間，相手の制約から解放されたことになります。文部科学省の「教育の情報化ビジョン」では，「教育用のタブレット PC がどのような目的・場面で活用されることが適切かつ有効なのか，授業における指導に必要な機能は何なのかなどについて，十分な検討を行うことが重要となる」と述べています。

　学校教育でのタブレット PC の活用は，教員の力量や指導観により多様化していますが，従来の教科研究の中に新しいツールによる指導・学習方法として位置づけられるようになってきました。また，多くの自治体でも ICT 活用実践研究が，各学校の持つ教科の研究主題に位置づけられ，教員の認知度も高くなりました。さらに，機器の軽量化，操作性の向上により教室のみでなく，理科室，技術室，学校外などさまざまな場所で活用されるようになりました。

　タブレット PC の授業活用としては，かつては系統学習の流れにしたがって教材を提示するドリル的な学習が多かったのですが，今日では，学習者が主体的な学習活動の道具として，情報の収集，選択，処理，記録，意見交流，表現など多様な方法で活用されるようになりました。

　とくに，情報の判断，整理，選択，処理，創造など，教科での情報活用能力の育成に重点が置かれるようになって，ますます利用法の多様化が進みました。

　以下に ICT の教育への活用の代表例を示します。

・学習理解と定着の支援
・学習活動の道具として各種処理の活用
・実験実習での活用

・インターネットを用いた学習支援
・資料活用の支援
・プリント教材の作成

2　ICT を活用した教育効果とその課題

　文部科学省は,「ICT を活用した教育の推進に資する実証事業」(2015 年) におい
て「ICT を活用した教育効果の検証方法の開発」を委託事業として行いました。こ
れは, ICT を活用した教育の推進を図るうえで不可欠な教育効果の明確化を目的と
して, 一人１台のタブレット PC を活用した授業と活用しない授業を実施し, 児童生
徒にもたらされるタブレット PC の活用効果を検証するとともに, ICT を活用した教
育効果の検証方法の開発を目的としました。教育効果の対象は, タブレット PC を活
用した授業の実践によりもたらされる児童生徒の学力への効果と教員の ICT 活用指
導力への効果, さらに, 児童生徒の ICT 操作スキルと学力への効果の関係性としま
した。効果の検証方法は, 教員によるタブレット PC を活用した授業と, 活用しない
授業の２つの方法により授業を実施することを基本とします。児童生徒の学力への効
果は, それぞれの授業後に実施する意識調査および客観テストの結果をタブレット
PC の活用有無により比較, 分析することで評価しました。

　教員の ICT 活用指導力への効果も同様に, 授業前後に実施する意識調査の結果を
比較, 分析するとともに, 実証授業の担当教員へのヒアリング調査の実施とその分析
により評価しました。その結果, ICT を活用した教育の推進に資する実証事業の報
告書によると次の点が明らかになりました。

① 　児童生徒を対象とした ICT 活用スキル調査では, ICT 活用スキルの多くの項目
　　が有意に向上しました。

② 　児童生徒を対象とした意識調査では, 小, 中学校別に実証事業前後で対応のある
　　データによる検定をした結果, 思考・表現, 電子黒板の活用, 知識理解・意欲,
　　協働学習について, 実証事業前後で児童生徒の因子得点の違いを比較分析した結
　　果, 小, 中学校ともに実証事業後が全因子において有意に高まっています。

③ 　タブレット PC の活用の有無で対応のある検定をした結果, 小学校では全項目で,
　　中学校では１項目を除きタブレット PC を活用した授業後の評価が有意に高まり
　　ました。

④ 　4因子を実証事業前後で比較分析した結果, 小, 中学校ともに前述の全因子にお
　　いて実証事業後が有意に高まりました。

⑤ 　電子黒板の活用の因子を除いた３因子においてタブレット PC 活用後が有意に高
　　いことがわかりました。

⑥ 　授業後に実施した客観テストでは, タブレット PC を活用した授業後のテストの

成績が小学校では国語，社会，算数，理科では有意に高くなりました。

3　タブレットPCの活用における効果

　上記の実証校では，学習者一人1台のタブレットPCを活用した授業の姿として，学力の3要素である基礎的・基本的な知識・技能の習得，思考力・判断力・表現力などの育成，主体的に学習に取り組む態度の育成に対応した授業や，21世紀にふさわしい学びの環境とそれに基づく学びの姿が示されました。

　ここでは，これらの実証校で共通したタブレットPCの活用におけるヒアリングなどを通し，具体的な効果と活用の在り方について述べます。

⑴　電子黒板との連携

　教室にある電子黒板やタブレットPCなどと連携し，画像転送を短時間で繰り返し行うことで，自分のアイデアとたくさんの仲間の意見を協働できる学びの活動が実現できます。例えばタブレットPCに教材を「配信→端末に書き込んだ学習者の考えを電子黒板に転送して提示→その考えについて学級で練り上げてまとめる」という授業の流れが定着することで，電子黒板とタブレットPCを連携した無理のない効果的な授業が実現可能となります。

⑵　複合メディアによる学習

　「ICTを活用すればするほど教科書，辞典，参考書，ノートをより活用にするようになった」と実証校の教員は答えています。調べ学習の場面では，まず国語辞典で調べはじめ，その後インターネットを活用していました。つまり，通信メディアを使うほど印刷メディア（ノート，教科書，参考書）の活用が増えたというのは大変興味深い結果と考えます。これは，ディジタルで情報を提供することにより他の資料に対しても情報を取得する意欲が増しているためと考えられます。また，収集した資料から課題を発見する時間も短くなったと述べています。

　今までの学習状況が記録・保存されて自然にポートフォリオを生成でき，学習してきたものを容易に参照できることも効果的でした。単に膨大な量を集めるだけでなく，それらをまとめる活動も必要となるため，別にノートを用意する学校もありました。タブレットPCの活用により，このノートへの記述の質や量が充実してきており，テストの点数（思考・判断）にも直結してきていると言えます。

　このように，印刷メディア（ノート，教科書，学習ノート，辞典類，参考書），通信メディア（インターネット），ディジタルメディア（ディジタル教科書）と体験活動（フィールドワーク）などのメディアをそれぞれ単体で考えるのではなく，複合メディアとして組み合わせて学習を展開することが重要です。

⑶　教育委員会や学校の課題解決の手段

　ICTを活用した授業は，課題分析（Analysis），授業設計（Design），教材開発

（Development），授業実践（Implementation），授業評価（Evaluation）のプロセスで構成（＝ ADDIE モデル）し，考えることができます。

　課題分析では，学校や学級の課題を捉えたうえで，課題を解決する手段として，どのように ICT が機能したかが重要です。例えば，ある実証地域ではタブレット PC を授業で活用することで個別学習，一斉学習，協働学習を推進し，学習者の思考力・判断力・表現力などの学力向上をめざしていました。個別学習では，ドリル型や調べ学習での活用，一斉学習では，電子黒板と連携した発表活動，児童同士の学び合いでの活用，協働学習では，コラボレーションのアプリケーションや電子黒板，タブレット PC などと連携させ，画像転送を短時間で繰り返し行い，自分の考えと他者の意見をもとに協働し，オリジナルな発想を創り出す学びを実践しています。

　ある小学校では，児童生徒や地域の実態に即して重点目標，実践主題，願う児童の姿を設定しています。願う児童の姿とは，学んだことを進んで活用したり，根拠をもとに思いを交流したりすることで，自他の良さや学び合う良さを実感し，積極的に伝え合おうとする姿を意味します。これを実現し教科の目標を達成するためのツールの一つに ICT を位置づけ，学習効果が見込める場面でのみ活用していました。

　また，児童生徒一人 1 台のタブレット PC を利用する際，一斉授業だけではなく場面に応じて全員が活用したり，活用が効果的と思われる児童生徒が選択的に活用していました。このように，ICT の活用を目的とせず，自治体や学校の課題を分析し，これら課題を解決するための手段として ICT を活用する視点が必要です。

⑷　学びを深めるための授業改善

　学習者が獲得する知識は，従来型の教員からの一方向により教授していくことで量は豊富になります。しかし，ICT を活用した授業では，収集した情報から適切なものを取捨選択していくための思考に重点が置かれます。ある教員は，「ICT 活用した方が，より深く考えさせることができ，こうした活動においてはめざす学力が異なってきています」と述べています。

⑸　学び合いの活動への発展

　一人 1 台のタブレット PC を授業で利用すると，学習者がペアやグループで主体的に活動することが多くなります。そのため，教員は学習者がどのように，どんなタイミングで，何について活動しているか客観的に観察できます。また，ペアやグループ活動では，学習者が教員などの指示なしで主体的に学習することで相互の学び合いの活動へ発展し，教員には机間指導や助言などで学び合いを支援する余裕が生まれます。教員と学習者は，従来の「教える―学ぶ」というような上下や縦の関係ではなく，教員は黒板の前から教室の横の位置に立つ時間が増え，学習者側に寄り添うことで，学び合いが活性化するための刺激や励ましの KR 情報を与えることができます。このように，タブレット PC など ICT 活用は，身体的な活動だけでなく個人思考と

協働思考をつなぐ展開を導きやすくすると言えます。

　前述した実証授業では，思考力や問題解決力などこれからの時代に求められる力について効果検証も試みました。その結果，タブレットPCを活用した授業と非活用の授業では，授業後半部分で「受動的学習活動（パッシブ・ラーニング）」から「能動的学習活動（アクティブラーニング）」へと学習者の学びを変化させることができました。このことにより，問題解決学習の学力の3要素の一つである「主体的に学習に取り組む態度の育成」に対応した学びの授業デザインとその効果検証が実現しました。

4　ICT活用における課題

　ICT活用では，実証授業を通じて，多くの好意的な成果を残すことができた半面，次のような課題も出てきました。

(1)　言語活動への配慮

　図形の授業において，学習者が電子黒板を指し「ここからここまで」と説明し，教員は「こことここを……」と自然に指示語を用いる場面では，「底辺から頂点まで……」と算数の用語で言い直し，児童生徒にも言い直させなければならないことがあります。可視化されているがゆえ，指示語でも簡単に相手に伝わってしまうため，電子黒板活用時はとくに教員側に用語の使い方に注意が必要だと多くの教員が指摘しています。関連して，授業デザインにおいて教員が思考を言語化するには，どのように表現し書くと，わかりやすいかの検討も欠かせません。ICT活用の際は，教員や児童生徒の言語力と言語を意識した授業展開が望まれます。

(2)　思考力と知識理解の獲得のバランス

　既存のカリキュラムのもと，限られた時間数で思考力を深め合う時間を確保するのは簡単ではありません。実証授業においても，学習者にとって思考力を深め合う効果は得られたものの，一方で知識理解が獲得されにくかったとの課題意識も新たに生じました。思考力の深化と知識理解の獲得の両面を高められる学びの方法が望まれます。

(3)　授業デザインの知見の共有

　学習効果を高めることを期待してICTを活用しても，思ったほどの成果が出ない場合もあります。例えば電子黒板やタブレットPCを活用し，最初はホーソン効果（人は一般に注目されることを好み，特別な扱いを受けると，さらに効果を上げようとする傾向があること）により学習効果が高まっても，次第にその効果は減衰し，最後には教員の授業デザイン力などの授業力が問われることになります。そのためにも，ICTの活用でどれ程学習効果が高まったかという事実だけでなく，それを実現するための授業デザイン上の工夫や，校内体制づくりのポイントなどを多くの教員にて共有できるようにすることが重要です。

コラム　プログラミング教育をはじめよう

1　プログラミング教育とは

　プログラミング教育と言えば何を思い浮かべるでしょうか。高等教育で行われていたこれまでのプログラミング教育と言えば，ソースコードをテキスト形式で入力していたものが主流でした。それが2020年改訂の学習指導要領では，小学校でのプログラミング教育が必須化されます。

　学習指導要領において求められている内容は，プログラミング体験を通してコーディングができるようになることから，プログラミング的思考を身に付けることに変化しています。プログラミング的思考とは，自分が意図する一連の活動を実現するために，記号の組み合わせを把握し，より意図した活動に近づくのかを論理的に考えていく力です。

　学習をする際には，「自動炊飯器に組み込まれているプログラムを考える活動」のように身の回りにあるものを検討することや「プログラミングを通して，正多角形の意味を基に正多角形を描く活動」のようにプログラミング体験をすることがあります。このような学習を小学生が既存のプログラミング言語を使って学習するのは難しいため，文部科学省やさまざまな機関や企業がプログラミング言語を開発しています。

2　プログラミング言語

　現在，数多くのプログラミング言語が存在しています。その多くは英語の指示語をテキストで入力して，プログラムを作成します。しかし，子供が学習する場合アルファベットがわからない場合や，入力ミスにより実行できないことなどが問題となります。そのため，子供向けに，プログラムに必要な要素をパーツ化し，マウス操作でプログラミングできるようにしています。これらは広く「ビジュアルプログラミング言語」と呼ばれています。簡略化することで，入力ミスを気にせずプログラミングができるため，幼少期の子供でもプログラミングができるという利点があります。

Scratchのブロック

　ビジュアルプログラミング言語の代表例はネコのキャラクターでおなじみのScratchです。このScratchはブロックタイプのプログラミング言語です。

　例えば，右上の図のようにプログラミングしたとき，ペンはどのような動きをするでしょうか。

ブロックの意味

ブロック	意　　　味
▟がクリック	動かす合図
ペンを下ろす	動線をつける
5回繰り返す	囲われている範囲を繰り返す
100歩動かす	決まった距離を移動する
↻144度回す	向きを変える

正解は，星（☆）の形に移動します。各ブロックの意味は，前ページの表に示す通りです。各ブロックは簡単な決まりになっており，その組み合わせを上手く使うことで，思い通りの動きを実現します。ブロックごとに役割が決まっているので，使ってみて思い通りに動かないことはあっても，エラーを起こして動かないことはありません。プログラミングを学ぶうえで，ネックとなるデバックがなくなるため，学習に取り組みやすくなります。また，とりあえず動かすことができるため，失敗することが容易となり，失敗を考える材料にしやすい利点があります。

ビジュアルプログラミングの種類

名　称	特　徴
Scratch	MIT メディアラボが開発した教育用のプログラミング言語 作品を公開でき，他のユーザと交流できる
プログラミン	Scratch をもとに文部科学省が開発した子ども向けプログラミング言語 キャラクターが可愛く，日本人向けの素材も多く親しみやすい
MOONBlock	(株) ユビキタスエンターテインメントが開発した教育用のプログラミング言語 さまざまなモジュールを組み合わせてゲームが作成できる
Hour of Code	Code.org が開発したプログラミング学習用 Web コンテンツ ゲーム感覚でアプリケーションが作成できる

　上記以外にも，従来のやり方であるコードを直接入力する「テキスト型」や，コンピュータを使用しない「アンプラグド型」，プログラムをロボットなどへ転送し動かす「フィジカル型」などがあります。これらを発達段階や目的によって使い分けましょう。

3　プログラミング教育実践

　プログラミング教育での教師の役割は，ただ教えるのではなくファシリテーションを行うことが教師の役割になってきます。ファシリテーションの目的は，スムーズに活動するための支援であり，ただ教えることではありません。そのために，まず子供たちの既有知識を把握し，課題を設定する必要があります。プログラミングの正解やその過程は一つではないため，活動の課程を教師がしっかり把握し，適切な支援が必要です。特に，教えすぎないことを大切にし，子供が自ら考えるための適切な素材やツールを準備しましょう。

　そして，実際にプログラミングを教育に取り入れようとした際，どのように取り入れるのかが難しい問題となります。そのため，プログラミング教育実践ガイドや未来の学びコンソーシアム，小学校プログラミング教育の手引などで多くの実践事例が提示されています。これらを参考に取り組んでみて下さい。

納庄　聡

コラム　ICT を活用した教育

1　Society5.0 時代に向けて

　みなさん，30 年後の教室を想像してみてください。紙の教科書やノートは使われているのでしょうか。黒板やチョークはどうなっているのでしょうか。そもそも私たち教員は「教壇に立って」「子供たちを前に」授業をしているのでしょうか。

　2011 年（平成 23 年）4 月，文部科学省は「教育の情報化ビジョン～ 21 世紀にふさわしい学びと学校の創造を目指して～」を発表しました。これにより学校現場では教科指導において児童生徒一人 1 台のタブレット端末の導入推進や，プロジェクター・電子黒板の整備，ネットワーク環境などの情報通信技術の活用が進みました。ICT の特長を活用してこれまでの一斉学習に加え，子供一人ひとりの能力や特性に応じた個別学習や子供同士が教え合い学び合う協働学習をさらに推進することができるようになりました。これまでとは違った授業スタイルが実施・確立され，基礎的・基本的な知識・技能の習得をはじめとして，思考力・判断力・表現力などや主体的に学習に取り組む態度の育成にもつながりました。そして 2018 年（平成 30 年）6 月「Society5.0 に向けた人材育成に係る大臣懇談会『新たな時代を豊かに生きる力の育成に関する省内タスクフォース』」では，Society5.0 時代において求められる学びの在り方について整理されています。これからの社会は，人工知能（AI）・ビッグデータ・Internet of Things（IoT）・ロボティクスなどの先端技術によって，社会の在り方そのものの劇的な変化が示唆されており，それによって教育の在り方も，新たな時代に向けた変革が必要であると述べられています。今後は「公正に個別最適化された学び」を実現するために多様な学習の機会と場の提供が求められ，スタディ・ログなどを蓄積した学びの e ポートフォリオの活用や，異年齢・異学年など多様な協働学習，EdTech とビッグデータを活用した教育の質の向上・学習環境の整備充実などが取り組むべき課題として挙げられています。

2　学校における ICT 環境

　子供たちに対して，充実した学習を提供するために必要な教室設備・環境とはいったいどういったものでしょうか。総務省「教育分野における ICT 利活用推進のための情報通信技術面に関するガイドライン（手引書）2014」を見てみましょう。図はガイドラインで示された教室環境のイメージです。ここでは一人 1 台のタブレット端末や，電子黒板，無線 LAN，サーバーの利用などが想定されていました。

　今日，入学の際にタブレット端末の購入を義務づけたり，スマートフォン保有率の高まりとともにそれを活用したりと，近年では BYOD（Bring Your Own Device）の考え方も広がってきています。また民間企業の教育アプリケーションやクラウドサービスなどの利用も増えてきました。個人の学習状況に合わせた個別学習のドリル

によって質的・量的な学習の充実や，時間的・空間的制約を超えた一斉学習のためのコンテンツ，大量の情報を収集，整理・分析することができるアンケート機能などを活用しています。このようなサービスでは学校と家庭，教員と生徒・保護者といった双方向のコミュニケーションを図ることができ，相互に情報の発信・受信のやりとりができます。さらにこれからは学習者の学びを電子化するeポートフォリオによって，場所や時間に関係なく子供たちがどのような学びに取り組んでいたかを振り返り，次の学習につなげることができます。

教室環境のイメージ

3　教員のICT活用指導力

　文部科学省では教員のICT活用指導力チェックリストを作成し，2006年度（平成18年度）より「学校における教育の情報化の実態等に関する調査」を行っています。教員のICT活用指導力等の実態の調査は，チェックリスト（18項目）を使用し教員が自己評価を行う形でした。2018年度（平成30年度）の調査から新しいチェックリスト（16項目）をもとに教員のICT活用指導力調査が行われています。このチェックリストを見ると教材研究・指導の準備・評価・校務などにICTを活用したり，授業の中でICTを活用したりと教員がICT機器を使用することはもちろん，児童生徒のICT活用を指導する力や情報活用の基盤となる知識や態度について指導する力も求められていることがわかります。教員のICT活用指導力を伸ばすためには，ICT支援員の配置や，教員への研修の充実など支援環境を整えることも必要です。

　ICT活用に不安を感じていた教員も，使いはじめると実践を通じて能力を伸ばし授業を重ねるごとにICT活用指導力が高まっていきます。ICT機器操作などが得意な一部の教員や，ICT支援員など，特定の教職員だけがICTを活用できるといった状況ではなく，これからは全ての教員がICTによる教育・学習環境の整備を行うことや，ICT人材として教育の現場に立ち続けることが求められていくのではないのでしょうか。

木原　裕紀

コラム　将棋界は「Society 5.0」の先駆け

　「AIの発達で今まで人間が行っていた多くの仕事を代わりにこなすことが予測され
ています。このことに関して，あなたの体験に基づき300字以内で意見を述べなさい」
——筆者が2019年，甲子園大学栄養学部と心理学部2年生を対象にした「文章力アッ
プ講座」で出題した課題作文の設問です。学生にとって興味関心のあるテーマだった
ためか，真剣な答案が目立ちました。内容を見ると，「人間とAIがお互いに支え合
い，助け合う将来が期待できます」などと肯定的にとらえた答案はわずかで，「AIに
は人の気持ちに寄り添ったり，理解したりすることはできないだろう」「政治がAIに
乗っ取られたら機械中心の世の中になりかねない」などAIと人間との関係を“対立
的”にとらえる答案が9割近くを占めました。確かに，近年発表されたオックス
フォード大学のオズボーン准教授の論文「雇用の未来」によると，702職種のうち
「消えてなくなる職種」は10年後に77％に達するとされています。そのような見通し
が多く語られているためか，将来に危機感を抱く若者が少なくないことを実感します。
　果たして，AIと人間は共存，協力関係が築けないのでしょうか。ここでは，一足
先にAIを取り入れ，共存関係を実現した将棋界を例にとって，この問題を探ってみ
たいと思います。

　文部科学省は2018年に「Society 5.0に
向けた人材育成〜社会が変わる，学びが変
わる〜」という報告書を発表しました。
Society 5.0とは，内閣府の第5期科学技術
基本計画において，日本がめざすべき未来
社会の姿として提唱されたものです。膨大
なビッグデータを人間の能力を超えたAI
が解析し，その結果，ロボットなどを通し
て人間にフィードバックされ，新たな価値

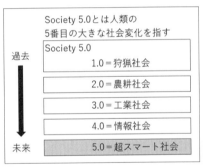

Society 5.0とは人類の
5番目の大きな社会変化を指す

過去	Society 5.0	
	1.0＝狩猟社会	
	2.0＝農耕社会	
	3.0＝工業社会	
	4.0＝情報社会	
未来	5.0＝超スマート社会	

が産業や社会にもたらされる超スマート社会のことです。文科省の報告書の中には，
「将棋や碁をはじめとした完全情報ゲームにおいては，熟達の名人をも凌ぐAIが開
発され始めた」という記述があります。将棋は，読みの実力によって優劣が定まり，
必ず勝ち負けが決まるゲームです。したがって，AIと人間の読みの深さを比較しや
すく，将棋界の歴史を振り返れば，AIの発達を明確に検証できると考えます。筆者
は，新聞社で将棋の取材や棋戦の運営などを長年行ってきました。それらの経験から
将棋におけるAIと人間脳の関係をたどってみます。

　将棋とAIの出合いは，半世紀以上前に遡ります。1967年（昭和42年）発行の
「将棋世界12月号」には，「詰将棋と電算機」という特集記事が組まれ，日立製作所

の 10 億円もする大型電算機が，加藤一二三八段（当時）出題の短手数の詰将棋を解いたことがニュースになっています。電子計算機とは何とも古めかしい表現ですが，当時の実力はアマチュア初段前後と認定されています。ただし，その棋力は必ず解答手順がある詰将棋を解く能力であって，複雑なルールのもと指し手が膨大に広がる実際の将棋（本将棋）を指しこなせるようになるまでは，かなりの歳月を必要としました。1990 年代にはゲームセンターに将棋対戦ゲーム機が登場しましたが，初級者にも簡単に負ける悲惨な棋力でした。ところが，21 世紀に入ると，ハード／ソフト面で格段の進歩を遂げ，何百手という長手数の詰将棋をも瞬時で解き，本将棋ではアマチュアトップクラスでもかなわない実力になりました。

　その後も将棋ソフト作成者は腕を競うように新技術を次々に開発。ついにプロ棋士と直接対決ができるレベルにまで到達し，2012 年からプロ棋士とコンピュータが戦う「電王戦」が始まりました。幕開けは将棋界のスター米長邦雄元名人（当時は引退棋士）が対局者だったため，マスコミにも取り上げられ注目を集めました。結果はコンピュータに軍配があがりましたが，その 1, 2 年後から，将棋ソフト自身の自己対戦による「強化学習」で一層の棋力向上を実現しました。そして，2017 年には佐藤天彦名人（当時）が「Ponanza（ポナンザ）」という将棋ソフトに完敗を喫したことで棋戦は終了。時のトップ棋士が敗れたことで，それ以降は公式には AI とプロ棋士の対局は行われなくなりました。50 年間で AI は人間脳を上回ったのです。

　さて，これによって将棋というゲームは廃れてしまったのでしょうか。いや，むしろ現在の将棋界は以前にも増して隆盛を遂げています。その背景には，将棋の技術に革命とも呼べる変化が起こったからです。筆者と親交のあるプロ棋士は，「もともとプロ棋士は，過去に指された棋譜を検索するデータベースとしてコンピュータを利用していました。この過程でコンピュータはプロ棋士の棋譜を教師として機械学習をして棋力を上げましたが，いまや立場が逆転しました。大半のプロ棋士がコンピュータを教師として自分の研究に利用するようになったのです」と話します。人間には到底思いつかないような新手や妙手をコンピュータが次々に発見し，プロ棋士がそれを参考にして，実戦で応用するようになりました。その結果，将棋というゲームが持つ可能性を引き上げ，魅力ある棋譜が量産されるようになったのです。

　「AI と人間の関係を対立的にとらえたり，必要以上に不安に思ったりするのではなく，むしろ AI を，人間の能力を補助，拡張し，可能性を広げてくれる有用な道具ととらえるべき」と主張するのは前出の文科省の報告書です。将棋は，現在実用化の途上にある自動運転車，翻訳機，介護ロボット，医療診断補助などの良い「お手本」になるに違いありません。

下田　陽

■　第6章　教学と国際化　■

　みなさんは，海外や外国というと，どのようなことを思い浮かべるでしょうか。それは，テレビやインターネットで情報を入手する政治，経済，文化，社会面でのニュース，雑誌で紹介されているファッションや流行グッズ，映画，音楽など，実にさまざまな分野の内容です。また，今までに旅行や仕事，留学などで訪れた国や地域での友人や数々の思い出など，人それぞれの経験や関心によりさまざまです。

　それでは国際理解というとどうでしょうか。人によっては，あまり馴染みがない言葉かもしれませんが，「どこかの国あるいは世界について知ること」と想像できます。今日，私たちはさまざまな国からの輸入品や海外旅行，外国人観光客の来日などの増加を通して，海外との関わりが増え，関心も高まっています。さらに情報通信技術の発達により，リアルタイムに膨大な量の海外事情の情報を入手し，日常的に活用することもできるようになりました。

　あなたが，外国の人と知り合い，日本について紹介する機会があったら，どのような内容を紹介したいですか。テレビやインターネットなどメディアで紹介されている代表的な東京スカイツリーや京都のお寺，新幹線，相撲などを紹介することも良いのですが，それだけでは本当の日本の姿の理解につながるとは言えません。外国の人といっても，その人の国籍や宗教，習慣，趣味，教養などによって人それぞれで関心事項も異なります。そこでは，魅力的な場所や伝統文化，風習など紹介したいものはたくさんあります。日本で暮らす私たちの考え方や美意識という内面的なもの，また日本社会が抱えている数々の諸問題（少子高齢化や沖縄に多く存在する米軍基地など）である負の遺産についても，日本に興味を持つ外国の人に理解してもらいたいものです。

　国際理解のきっかけは，身近なところにあります。私たちは，海外の出来事に対する関心をきっかけに，その国とのつながりや生活のかかわりを理解することから国際理解への一歩を踏み出すことができます。そして，その先には一人ひとりがこれからの世界においてどのように生きるかということにつながっていきます。

　第6章では，国際的な視点から，世界的な教育の潮流を踏まえ国際理解教育や開発教育，帰国子女教育などに触れ，教学の国際化について考察します。

6.1 世界的な教育の潮流

　国際化した経済と高度情報化を迎えた現代社会においては，社会変化に対応できる柔軟性や適応性さらには機動性が求められています。これから活躍される人々には，人生を通していろいろな役割を果たし異なる社会で活動し，多様なチャレンジに立ち向かうことが期待されています。このような期待に応えるためには，国際社会で必要なコンピテンス（能力）やスキル（技能）を認識しておく必要があります。

　この節では，最近多くの教育図書や研究報告で取り上げられている OECD（経済協力開発機構）のデセコプロジェクト（Definition and Selection of Competencies Project，以下「DeSeCo」）の「キー・コンピテンシー」および ATC21s（Assessment & Teaching of 21st Century Skills）プロジェクトの「21 世紀型スキル」の概念を取り上げ，世界的な教育の潮流を概観します。さらに日本人に求められている能力として，国立教育政策研究所の報告書に示された「21 世紀型能力」についても整理します。ここでは，国際的な視点にたって教学を考えてみましょう。

1　キー・コンピテンシー

　OECD は，キー・コンピテンシー（主要能力）の特定と分析に伴うコンセプトを各国共通にする必要性があると考え，DeSeCo プロジェクトをスタートさせました。

　このプロジェクトは，12 の加盟国で構成され，次の4つが主要な活動です。①コンピテンシーに関する先行研究の分析，②コンピテンスの概念の解明・分類，③キー・コンピテンシーの決定，④各国の報告。

　また，このプロジェクトの分析や概念の解明には，教育学，哲学，経済学，人類学など学際的専門家が討議を行い，図 6-1 に示す3つのカテゴリーとして整理されています。以下に，各カテゴリーに必要な理由と内容を記します。

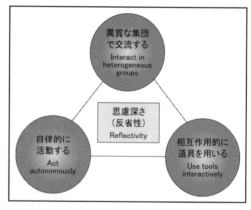

図 6-1　コンピテンシーの 3 つのカテゴリー
　　　　OECD のデセコプロジェクト

⑴　相互作用的に道具を用いる

・必要な理由　①技術を最新のものにし続ける

　　　　　　　②自分の目的に道具を合わせる

　　　　　　　③世界と活発な対話をする

・その内容　A：言語，シンボル，テクスト※を相互作用に用いる

　　　　　　B：知識や情報を相互作用的に用いる

　　　　　　C：技術を相互作用的に用いる

　　※注釈：テクストとは，テキストと類似しますが，文より上のレベルの言語的構
　　　　　　成体とされ，形式的あるいは意味的につながりがあり，特定のコミュニ
　　　　　　ケーション機能をもつ文の集合を意味します。

⑵　異質な集団で交流する

・必要な理由　①多元的社会の多様性に対応する

　　　　　　　②思いやりの重要性

　　　　　　　③社会的資本の重要性

・その内容　A：他人と良い関係を作る

　　　　　　B：協力する・チームで働く

　　　　　　C：争いを処理し，解決する

⑶　自律的に活動する

・必要な理由　①複雑な社会で自分のアイデンティティを実現し，目標を設定する

　　　　　　　②権利を行使して責任を取る

　　　　　　　③自分の環境を理解してその働きを知る

・その内容　A：大きな展望の中で活動する

　　　　　　B：人生計画や個人的プロジェクトを設計し実行する

　　　　　　C：自らの権利，利害，限界やニーズを表明する能力

　原著が翻訳された『キー・コンピテンシー　国際標準の学力をめざして』（明石書店，2006）では，コンピテンシーの重要性を次のように明記しています。「グローバリゼーションと近代化は，次第に多様化し相互につながった世界を生み出している。この世界を理解して正常に動くようにするために，個人は，例えば変化するテクノロジーをマスターしたり大量の利用可能な情報を理解する必要がある。また個々人は，環境の持続性と経済成長とのバランスや，繁栄と社会的公正のバランスをとるといったように，社会としても集団的な挑戦に直面している。こうした背景の中で，個人がその目標を実現するために必要なコンピテンシーはいっそう複雑化し，ある意味狭く定義された技能をマスターする以上のものを要求するようになってきた」この説明で示されたグローバリゼーションについては，次の２節で説明します。

　次に，図6-1の中心部にある思慮深さについて，二者択一の考え方を超えるような

思慮深さの具体例として次のように原著では明記しています。「相違や矛盾を扱う能力は，経済的・教育的領域でのキー・コンピテンシーのリストに多くみられる。現代の多様で複雑な世界が要求しているのは，私たちに必ずしも単純な回答や二者択一的な解決法で即決するのではなく，むしろ，いろいろな対立関係を調整できることなのである。たとえば，自律性と連携性，多様性と普遍性，そして革新性と継続性といったように。同じ現実の両面にある一見矛盾しているようにみえる立場や考え方が時には単に表面的にだけそうかもしれないから，その多面性を持つ相互的なつながりや相互関係を配慮して，いっそう総合的な方法で考えふるまうことを個人は学ぶ必要がある」。

　以上より，キー・コンピテンシーは，人生の成功と良好な社会に貢献するものとして考えられ，人間の権利や持続可能な社会，そして民主的な過程を尊重する普遍的な価値を創造するものとして考えられています。

2　21世紀型スキル

　先で紹介した DeSeCo プロジェクトのキー・コンピテンシーと並行してよく紹介され，国際学習到達度調査である PISA2015 で新たに取り上げられたのが 21 世紀型スキルです。この 21 世紀型スキルの開発は，アメリカのブッシュ政権の初等中等教育を対象にした教育政策である「落ちこぼれを作らないための初等中等教育法"No Child Left Behind Act（NCLB）", 2001」への批判が起因しています。荒巻によると，「NCLB は，低学力層の教育課題を浮き彫りにしながら，学力調査で求められるスキルが現代社会で必要とされるスキルと乖離している点とその調査法にある」と述べています。つまり，学習者の成果は，単に情報を獲得できたかどうかではなく，情報を分析したり，学習したことを応用したり，効果的に問題解決したり，相互にコミュニケーションするといった現代社会で求められるスキルの育成が重要です。

　さて，この 21 世紀型スキルの研究プロジェクトである ATC21s は，オーストラリア，フィンランド，ポルトガル，シンガポール，イギリス，アメリカが参加国として加わり，IT 企業のシスコ，インテル，マイクロソフトの 3 社が協賛して，教育機関，研究者，企業など，産官学の連携によって始まりました。ATC21s は，日本では「21世紀型スキルの学びと評価プロジェクト」と略され，(1)思考の方法，(2)仕事の方法，(3)仕事のツール，(4)社会生活の 4 領域のフレームワークと 10 のスキルで定義されました。以下に，その詳細を示します。

(1)　**思考の方法（Ways of Thinking）**

　　①　創造力とイノベーション

　　②　批判的思考，問題解決，意思決定

　　③　学びの学習，メタ認知（認知プロセスに関する知識）

⑵　**仕事の方法（Ways of Working）**

　④　情報リテラシー

　⑤　情報通信技術に関するリテラシー（ICT リテラシー）

⑶　**仕事のツール（Tools for Working）**

　⑥　コミュニケーション

　⑦　コラボレーション（チームワーク）

⑷　**社会生活（Skills for Living in the World）**

　⑧　地域と国際社会での市民性

　⑨　人生とキャリア設計

　⑩　個人と社会における責任（文化的差異の認識および受容能力を含む）

　三宅は，グローバル社会を生き抜くために必要とされる能力として「21 世紀型スキルは世界の標準の力」と示し，欧米や韓国，中国，インドなど世界の各国政府がその能力育成を重視した教育に取り組みはじめており，世界の共通の力になると論じています。今後，さらに研究が進んでいくため海外の教育研究の動向をじっくり読み取ることも大切だと考えます。なお，21 世紀型スキルは，知識（knowledge），技能（skills），態度（attitude），価値（values），倫理（ethics）の頭文字をとって KSAVE モデルとも呼ばれています。

3　21 世紀型能力

　国立教育政策研究所（以下「国研」）は，2012 年に教育課程の編成に関する基礎的研究として「社会の変化に対応する資質や能力を育成する教育課程編成の基本原理」という報告書を出しています。これによると，社会の変化に対応する教育課程を編成するための共通認識として次の 3 点が必要であると示しています。

⑴　社会の変化に対応できる汎用的な資質・能力を教育目標として明確に定義する必要がある。

⑵　人との関わりの中で課題を解決できる力など，社会の中で生きる力に直結する形で，教育目標を構造化する必要がある。

⑶　資質・能力の育成は，教科内容の深い学びで支える必要がある。

　変化の激しい現代には，読み書き計算といった基礎的なリテラシーを超えた教育目標が必要なことは明白です。社会の変化の特徴と諸外国，我が国の教育政策の動向を踏まえると，未知の問題に答えが出せるような思考力と教室外の現実の問題も他者との対話を通して解決できるような力が必要で，国研はこの力を実践力と提言しています。また，生きる力が，この 21 世紀を生き抜く力だと考えれば，こうした実践的な問題解決力・発見力こそが，その根幹を成すと考えられます。広く世界を見渡しても，こうした高次な力の育成に資する教育の最適の解は得られていません。しかし，

教育方法が未確立だからといって，目標を設定しないのであれば，その育成の可能性の検証すら始められません。そこで，国研の研究ではこの21世紀を生き抜く力を21世紀型能力と名づけ研究開発に取り組んでいます。21世紀型能力は，21世紀を生き抜く力をもった市民としての日本人に求められる能力です。図6-2がその概念図で，思考力，基礎力，実践力から構成され，次の学習指導要領の改訂に向けて，これらの概念が参考にされています。

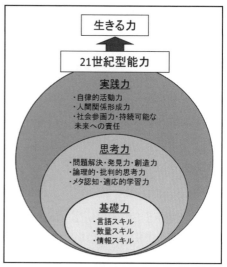

図6-2　21世紀型能力の概念図
（国立教育政策研究所，2012）

6.2　国際理解

1　グローバリゼーション

(1)　情報社会と国際化

　教育書籍に，教学の国際化が記載されているのをよく目にします。これは，これからの社会において情報化とならんで非常に重要な内容であるためと言えます。ここでいう国際化とは，決して目新しい内容を扱うことではありません。大陸から孤立した日本でも昔から中国や韓国を経て漢字や仏教などが伝来したこと，明治維新以降，西洋思想や技術を取り込んできた歴史があり，こうしたことも国際化に含まれます。今日では，文化交流の増加に伴い，futon, ramen, manga など新しく意外な形で日本文化が海外に伝えられていることもよく知られています。

　今日の国際化の特徴は，国際化がなにかの副産物のように捉えるのではなく，教育の在り方を考えるうえでの社会的なインパクト，あるいは影響を無視することができない現状があると言えます。

　ディジタルライフスタイルの浸透により，私たちの生活は便利になり，情報通信技術の発展でテレビやインターネットにより知りたい情報が地球の裏側から瞬時に伝わる時代になりました。今日では，知ろうと思えば手元のスマートフォンで検索するだ

けで世界中のニュースに目を通すことも可能です。一方で，メディアを通じて得られる情報は，マスメディア，SNSなど信憑性もさまざまで，最も適切な情報を取捨選択する能力が求められます。また日々絶え間なく入ってくる大量の情報で，私たちは情報過多の状態にあり，その結果疲れて無関心な状態に陥っていることがあるかもしれません。このように今日の国際化は，情報社会における高度なテクノロジーの恩恵により飛躍的に広がり深化しました。

⑵　グローバリゼーションの恩恵

　グローバリゼーション（globalization）とは，一般的にヒト，モノ，カネ，情報などの国境を越えた自由な移動を通じて，世界規模で経済の効率化が進むことと言われています。例えば，「スマートフォンで好きな音楽を聴く」という場合を考えてみましょう。その曲が海外で収録したものであっても，データとして海外のサーバにアップロードされ，それをインターネットで好きなときにダウンロードすることができます。代金もキャッシュ，クレジットカード払いが可能で，インターネットバンクやカード会社を利用すれば，わざわざ銀行へ行く手間を省くことができサービスの提供を受けることができます。スマートフォン自体を見ても日本製，アメリカ製，韓国製のブランドメーカーと多種多様です。また，組み立てているのは人件費の比較的安価なアジアの工場かもしれません。スマートフォン内の小さな電子部品は，日本の工場で作られているかもしれませんが，そこで働いているのは日本人だけでなく南米ブラジルやフィリピンから働きに来た日系の人で，さらに部品の原料となるレアメタルはアフリカのコンゴで採掘されて日本に輸入されているのかもしれません。（こうしたレアメタルが，アフリカの紛争を悪化させているという海外ドキュメンタリーもあり，紛争鉱物とも言われます。）

　このように，日常生活の何気ないことにも世界全体が連鎖しつながっていて，人は遠くまで移動でき，資源は遠くから大量に運ばれ，一方でお金，情報，サービスは自由に瞬時に移動することが可能になっているわけです。グローバリゼーションは，スマートフォンなど電子機器に限らず，衣服やスニーカー，日用品，食材など日常生活の中のあらゆる場面にかかわっています。

　グローバリゼーションの恩恵により，私たちの生活は快適になり，より豊かなものになりました。スマートフォンの部品がなければ機器は完成せず，海外からの輸入食材が手に入らなければ料理のレパートリーも減り，独特の味づくりもできなくなります。このように現代では，グローバリゼーションの進展により，国を越えた結びつきはますます強まり，国同士がお互いになくてはならないという相互依存が強まりました。このことは，先進国だけでなく開発途上国との関係においても同様です。図6-3は，日本が途上国からどれだけモノを輸入しているか示したものです。戦後の半世紀で日本が高度経済成長を遂げ，大きく発展したようにグローバリゼーションのもとで

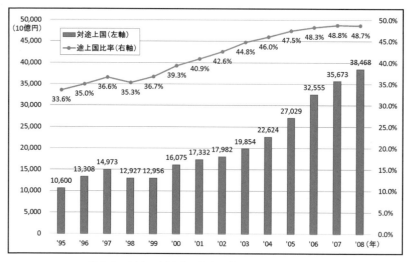

図6-3 日本の対途上国輸入の推移（JICA，2008）

開発途上国もヒトやモノが移動し，急速な経済発展を遂げています。それに伴い，開発の指標となる教育水準を示す識字率や保健水準を示す乳幼児死亡率も，大幅に改善されつつあります（Bill & Melinda Gates Foundation, 2014）。

(3) グローバリゼーションの課題と展望

　私たちは，急速にグローバル化する経済の発展から取り残されている人々がいることにも目を向けなくてはいけません。貧富の差が拡大し，それが児童労働などの人権問題，あるいは資源を巡る武力紛争につながっています。その他にも，大気や水の汚染，森林伐採などの環境破壊・地球温暖化などが複雑なメカニズムで発生していることも挙げられます。ヒト・モノ・カネ・サービスがボーダーレスになった世界において，一国における貨幣の暴落や金融制度の破綻が引き金となり，世界規模での金融・経済危機に見舞われることもあります。2007年にはアメリカの住宅ローンの問題から世界的な金融危機となったリーマンショックが発生し，各国で経済をはじめ多分野において大きな打撃を被りました。日本では，自動車業界や電機産業などの製造業で働いていた日系ブラジル人を含む非正規雇用の人が失業を余儀なくされました（樋口，2010）。あるいは，アフリカのエボラ出血熱やアジアの鳥インフルエンザ，新型コロナウイルスのように一国で発生した病気が，ヒトの移動を介し地球規模のパンデミック（流行病）になるかもしれないという危機もあります。こうしたことは，グローバリゼーションのもう一つの側面と言えます。

　グローバリゼーションが，今日の世界全体の様子を表す言葉ならば，そのグローバ

リゼーションが，私たちの住む国にどのような変化を及ぼしているか，社会とそれを構成する人々がどのように適応していくのかが国際化の課題と展望と言えます。

　先に，海外から輸入するモノやサービスでの相互依存については説明しましたが，ヒトについて考えてみましょう。例えば，今日では交通・移動手段の発展（便利さ）と，各国での経済発展（豊かさ）により，ヒトの移動が活発になりました。以前は欧米など遠方からの観光客が主流であったのが，最近では東南アジアをはじめとする近隣諸国での急激な経済発展とそれに伴う所得増加により，多くの中間所得層の来日も増えています。学校をはじめ各地での国際交流の機会が増えるにつれ，初めは英語の表記だけであったものが，中国語，韓国語などその他の言語が加えられました。その結果，観光案内のレストラン情報には，ベジタリアン，イスラム教徒に代表されるように観光客の食文化や宗教に配慮したレストランのメニューも登場しました。たとえばイスラム教のハラール料理への対応もその一つでしょう。

(4) 多文化共生

　グローバリゼーションは，東京や大阪などの大都市に限らず，地方でも言えることです。地方の製造業をはじめとする現場は，多くの外国人のヒトに支えられています。将来的に，少子高齢化で日本全体の人口が減少していく中，不足する人材を補うために看護や介護をはじめとして，IT，建設などのあらゆる現場に外国人労働者のニーズが拡大すると言われています。そうなると，観光客のように一時的な滞在ではなく，地域の住民と共存共生してそれぞれのコミュニティでの生活を通して，社会全体で対応し適応していくことが求められます。生活相談であれば市役所の窓口での多言語対応，病気やケガをしたら病院での医療通訳，子供が通う学校では日本語の学習支援など言葉の壁・制度の壁・こころの壁をなくすための努力が必要になります。あるいは，意識のレベルでも異なる文化や習慣を持つ外国籍の人が地域に住んでいることをよそ者として特別視するのではなく，そうした人を巻き込んでの地域の特性，強みへと変えていくことが必要です。「国籍や民族などの異なる人々が，互いの文化的違いを認め合い，対等な関係を築こうとしながら，地域社会の構成員として共に生きていくこと」，この考え方を多文化共生と言います（滋賀県，2015）。

　「受け入れる側」の視点から「出ていく側」の視点へ変えてみると，国際化の環境も大きく変わってきていると言えます。海外へ人が出て行く，海外で仕事をするというと，みなさんは何か外交や商社，大企業の仕事，あるいは留学や国際結婚と思い浮かべるかもしれません。しかし，そうした従来のイメージと合わせて，ブラジルやアメリカへ戦前・戦後にかけて300万人近くの人々が日系移民として海を渡った歴史的事実や，最近では海外のサッカーや野球などのスポーツ選手の移籍や外国企業への就職など新しいキャリアに挑戦する人も増えてきました。これまでは大きな企業に目立っていた「海外進出」も，最近では，地方の中小企業であっても，国内市場の縮小

を見据えて海外での市場拡大をめざし，高い技術力や豊富な経験を途上国を拠点として活かす取り組みが始まっています。

2　国際理解教育と開発教育

　ここでは，地域の国際化が進行する中，グローバリゼーションのもとで教育がどのように対応してきているか，その変遷を見ていきましょう。

　学校で行われている海外に関する学習には大きく分けて，国際理解教育と開発教育の2つの言葉があります。国際理解教育については，第二次世界大戦が相互理解の欠如からもたらされたという反省から，ユネスコ（国連教育科学文化機関）を中心に促進されてきました。学習内容は，外国とその文化の理解，つまりそこに住む人々の衣食住をはじめとした日常生活の様子，あるいは言語や宗教，お祭りなどの風習，自然環境，政治・経済など，さらには発展した形で価値観の違いや共通点を学ぶものでした。また，教わる生徒側もそして教える教員側もある程度なじみのあるアメリカやヨーロッパなどの主要先進国が主なものになりがちであった点と，接点としても地域に住む海外経験者や在住外国人による文化紹介，あるいは海外姉妹校との交流などに限られています。今日，国際理解教育は小学校では主に総合的な学習の時間に実践されていますが，やはり十分内容を掘り下げるには時間的な制約があることや，教員自身が実際の国際経験を通じて国際感覚というものを身に付ける機会が少ないことが課題と言えるでしょう。

　一方，開発教育は，1960年代に先進国が戦後の復興を遂げて経済発展していく中，開発途上国における貧困の問題への関心と，北半球の先進国と南半球の開発途上国の拡大する経済格差，いわゆる南北問題に対する欧米のNGOや市民運動の啓発活動から始まった教育です。開発教育自体も，初めは単に開発途上国の貧困や飢餓について先進国の人に知ってもらうという動機からでしたが，やがてそうした問題と自分たちの大量生産・大量消費社会の生活が，経済的にどのようにつながっているか，そして，そうであるならば自分たちに何ができるかを考えるものになりました。まとめると，開発教育は国際理解教育と異なり，開発途上国の開発課題と自分たちの社会のかかわりに焦点をあて，開発途上国が抱えるさまざまな問題を理解し，そこからさらに問題解決へ導く実践方法論が強いと言えます。

　このような経緯から，国際理解教育と開発教育がそれぞれ立ちあがり，今日までの時代背景，国際情勢，社会要請の変化に合わせながら徐々に学校教育，あるいは生涯学習の現場に浸透し実践されています。ただし，言葉の用法はともかく，内容についてはっきりと区別されておらず，混同されているケースも見られます。他にもグローバル教育や多文化教育という似た言葉もあり，中にはこれらを整理するような試み（佐藤，2001）もあります。いずれにせよ，この2つの延長線上に，最近のESD

（Education for Sustainable Development，持続可能な開発のための教育）への流れがあると言えます。

3　ESD（持続的な開発のための教育）

　世界を巻き込む二度の世界大戦と核兵器の発明，そして東西冷戦という歴史の流れの中で，自分たちの生存基盤である社会の存続は極めて脆弱なもので，国家間の争いが一瞬でこれまでの安定した生活を変えうることに人は気づきました。その後，冷戦は終結し大国間の戦争の危機は，ひとまず影をひそめましたが，その後も世界各地の武力紛争は続いていますし，2001年に発生した9.11同時多発テロに代表されるようなテロリズムなどにより，私たちの生活は各国の争いに大きく脅かされています。単に直接的に武力の衝突だけでなく，「見えない戦争」と言われるサイバー空間やあるいは国際金融市場を巻き込んだ対立もあります。こうした背景に，歴史的な経緯もあれば，グローバル化した世界の問題，つまり，一見平和であっても間接的には私たちの生活が関係していることも理解しなくてはいけません。

　これに合わせて，経済開発とエネルギーや環境の課題も重要になっています。今日，とくにBRICS（ブラジル，ロシア，インド，中国，南アフリカ）をはじめとする新興工業国において，経済は目覚ましく発展していますが，経済発展が優先される中で環境配慮，環境対策は後手になっているのが現実です。これは，日本で高度成長期の工業化の中で，水俣病などの公害が発生したような同様のメカニズムがあります。今日のグローバル化した経済の中で，例えば中国やインドネシアの川が繊維工場からの排水によって汚染されているとして，そこで作られている衣服を購入し，着ている私たち日本人にとっては無関係なことでしょうか。あるいは，大都市の排気ガスにしても，それが世界中の温暖化や異常気象につながるからと言って，国連環境開発会議であるCOP（conference of the parties）により世界各国が共通理解し公約を施行しない限り，一部の先進国，新興国など特定の国だけ規制をすることもできませんし，国境でガスや有害物質を止めるということもできません。これからは，異常気象や温暖化によって自然災害が増加し，やがては住む場所がなくなるかもしれない地球規模の問題も顕著になっています。このことは，2011年の東日本大震災と福島原発事故でも明らかになりました。いま，グローバル化する世界ではいわゆる戦争のような国家を中心とした従来の脅威だけでなく，貧困や環境破壊，自然災害，感染症など，いわゆる「人間の安全保障」（外務省，2014）の枠組みで捉えなおし，それが私たちの生活とどのような関係にあるか，将来の世代へ，社会へどのような影響を及ぼすかということを理解し，国際社会の共通課題として解決策を見出していくことが必要となっています。

　このように将来の世代の要求を満たしつつ，現在の世代の要求も満足させるような

開発という考え方は,「持続可能な開発」と言います。そして,ESD（Education for Sustainable Development, 持続可能な開発のための教育）は,こうしたグローバリゼーションがもたらす地球規模の課題とその解決へむけた問題意識を背景に,1992年にブラジルの環境と開発に関する国際会議で提案され,日本では2008年および2009年から学習指導要領へと導入・推進されています（詳しくは,文部科学省HPの「学習指導要領におけるESD関連記述」を参照）。

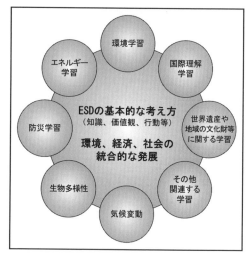

図6-4　ESDの概念図（文部科学省, 2013）

図6-4は,ESDの概念図を示していますが,国際理解学習（教育）がESDの一部として捉えられているのがわかります。

これまでの開発教育,国際理解教育と異なる特徴としては,環境や平和,人権,貧困など個別の問題意識から国際理解教育を含め総合的かつ分野横断的な問題意識へとシフトしたこと,また地球規模＝グローバルな視点だけでなく,学ぶ学習者自身の基盤となるローカルな社会の「持続可能な発展」へ向けた実践,そのための能力の育成をも含む形に拡大したものと言えます。

ESDでは,育む力を次のように挙げています。
・持続可能な開発に関する価値観
　（人間の尊重,多様性の尊重,非排他性,機会均等,環境の尊重など）
・体系的な思考力
　（問題や現象の背景の理解,多面的かつ総合的なものの見方）
・代替案の思考力（批判力）
・データや情報の分析能力
・コミュニケーション能力
・リーダーシップの向上

6.3　国際協力

1　国際協力とは何か

　国際理解について概観してきましたが，世界について理解を深めると，ひょっとすると何か自分でも参加できることはないか，国際協力とは何か，と考えるきっかけになるのではないでしょうか。この節では，国際協力の現場となる開発途上国の現状について整理し，国際協力機構（JICA）の活動を例に国際協力の在り方を紐解いていきます。

　開発途上国では，女性の識字率が低かったり，アフリカでは乳幼児死亡率が高かったり，治安が悪いなど，みなさんはどこかで聞いて知っているのではと思います。では，それらは相互にどのように関連しているか考えてみましょう。これを図6-5に示します。図より，「学校に行けない」は，単なる一つの教育の問題ではなく，原因と結果が組み合わさったものであることがわかります。子供が学校に行く時間を，家の仕事に回す必要があることが学校に行けない原因であり，学校に行けないことが，文字の読み書きという識字率の問題，雇用，農業，保健，栄養，人権，平和，環境，インフラと密接なかかわりにあるのがわかります。これは複雑な現実を単純化した図式であり，この図によってすべてが説明されているわけではありませんが，開発途上国の現状として共通して見られることと言えます（これは，途上国に限らず近年の日本国内でも「子供の貧困」（内閣府，2014）として取り上げられているように，先進国でもありえることです）。前節で述べたように，こうした問題は間接的に私たちの生活とも関係していて，国際機関や各国政府，NGOの開発援助もこれら「開発課題」というものを念頭に計画・実施・評価されています。これは，「開発目標（ゴール）」ということで，国連開発計画（UNDP）が取りまとめた日本を含む国際社会が合意したものがあります。

　開発目標は，2000年に採択さ

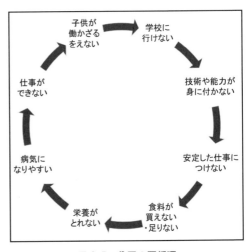

図6-5　貧困の悪循環

れたミレニアム開発目標（Millenium Development Goals：MDGs）と，その達成期限であった2015年に改めてMDGsの達成度を確認し，2030年を達成期限に設定された持続可能な開発目標（Sustainable Development Goals：SDGs）になります。図6-6は，MDGsの8つの目標とSDGsの17の目標をまとめたもので，国際機関や外務省などのHPに詳細が掲載されています。

図6-6　持続可能な開発目標（SDGs）

2　日本の国際協力のカタチ

　国際協力には，国際機関や他国政府，NGO，民間企業，大学，自治体などさまざまなアクター（ステークホルダー）がかかわっており，その協力の規模や形態，分野もさまざまですが，日本が国として行う政府開発援助（ODA）については，JICAが一元的な実施機関として法律で位置づけられています。

　ODAのうち，開発途上国を対象にした二国間援助については，図6-7に示すように，技術協力，有償資金協力，無償資金協力と3つの手法に分けられます。青年海外協力隊をはじめとするJICAボランティア事業や，海外の大規模災害現場への派遣などで見かける国際緊急援助隊も技術協力の一種と言えます。これにそれぞれの国や地域と開発課題（分野）を掛け合わせたカタチで行われています（JICA，2015）。細かい数字はともかく，アイデアとして重要なのは，2つのことです。一つは，日本の国際協力とはよく「魚を釣ってあげるのではなく，魚の釣り方を教える」と例えられます。いずれの協力手法であっても，その国の事情やニーズ，能力を勘案して自助努力を促すためのものであることが重視されています。もう一つが，国際協力がいわばパ

ソコンのようにハードウェア（資金協力による大規模な交通インフラ整備や病院，学校など）とソフトウェア（研修員の国内受け入れや専門家・ボランティアの派遣などの人材育成）のバランスと調整によって成り立っているものであるということです。

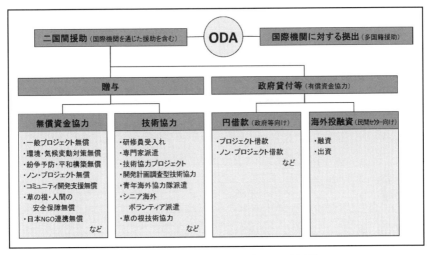

図6-7　日本の政府開発援助（JICA，2013）

3　青年海外協力隊

　JICA の実施するボランティア事業の一つである青年海外協力隊は，1965 年に発足し初代隊員をラオスに派遣して以来，これまで 50 年間で開発途上国を中心に約 96 カ国へ，約 5 万人近くのボランティアを派遣しています。隊員は試験に合格すると，派遣前に約 70 日間の語学や健康管理・安全対策の国内訓練を受け，2 年間，要請のあった開発途上国の現場へと派遣されます。青年海外協力隊の目的には，開発途上国の経済・社会の発展，復興への寄与，友好親善・相互理解の深化，国際的視野の涵養とボランティア経験の社会還元と掲げられていますが，それぞれがどういうことか見ていきましょう（JICA，2015）。はじめに，開発途上国の経済・社会の発展，復興への寄与がありますが，青年海外協力隊は 200 を超える職種（仕事）があります。表6-1 は，それらの職種が本節 6．3 で述べた途上国で見られる開発課題にどのように貢献・対応しているか示したものです。

　この表を見ると，JICA の仕事が国づくり，人づくりと言われるようにあらゆる分野の人が幅広く貢献できることがわかります。ボランティア個人の活動は，必ずしも厳密な枠組みがあってその中で活動に制限されているわけではありません。例えば，

表6-1　開発課題と対応する協力隊の職種

具体的な問題	関わる開発分野	関連する協力隊の職種
学校にいけない・読み書きができない	人を育てるシゴト（教育現場での教材開発や教員養成など）	理科教育，数学教育，小学校教育，音楽，体育，障がい児・者支援，青少年活動
技術や能力が身に付かない・つきたい仕事につけない	ものづくりに関わるシゴト（職業訓練や若者の雇用）	自動車整備，服飾，料理，観光，コンピュータ技術
収入が少ない・食料が買えない	食べ物や村づくり，生計に関わるシゴト（生産性・収入向上）	コミュニティ開発，稲作技術，野菜栽培，養殖，家畜飼育
栄養がとれない・病気になりやすい	いのちに関わるシゴト（栄養改善，母子保健，ごみ処理，防災）自然に関わるシゴト（森林保全，生態系保全）	栄養士，水質検査，看護師，感染症対策，エイズ対策，理学療法士，ソーシャルワーカー，環境教育，防災・災害対策

　水一つを見ても子供の水汲みの問題は教育にかかわってきますし，汚れた水は保健衛生の問題，あるいは水資源という意味では森林保全などさまざまなつながりがあります。同時に，隊員は現地の言葉や価値観を取得しながら環境に適応し，臨機応変に自身で現場の課題を分析し活動目標を定めていくことが求められます。その活動分野に関する資格や知識，技術力，あるいは現状分析能力だけでなく，現地において一緒に働く人々やコミュニティから信頼を得て，変化を促すためには，そうした場所でも通用するような相手の立場や状況，ニーズを踏まえる想像力と企画力，説得し合意を形成するためのコミュニケーション能力がとても重要です。また，言ったことを実施し成功へ導くための行動力や柔軟な精神力も求められます。期間も2年に限られ，十分な資金や物資がないことを前提としたボランティアの現場では，そこにあるものをどのように創意工夫により生かし，なおかつ持続可能なカタチで現地に残すかということが問われるとも言えます。

　友好親善と相互理解の深化については，日々職場で顔を合わせ互いの仕事ぶりを見ながら相手のことを理解するというのはどこでも見られることです。それまでは，日本と言えば自動車王国ぐらいであったものが，現場で日本人と共に仕事をすることで，それが海外における日本というイメージを具体的に形成することに貢献しています。それ以外にも，学校へ派遣される隊員の場合には，日本の学校との交流を橋渡しするケースや，現地のイベントで日本文化の紹介を行うなどのケースがあります。

　最後に，国際的視野の涵養とボランティア経験の社会還元ですが，前者の国際的視野ということに関しては，隊員は実際に国際協力の現場に2年間身を置くことで，これまでに国際理解教育や開発教育ということでみたグローバルな課題とローカルな課

題の両方に向き合うことになります。また，単にマクロとミクロの視点だけでなく，海外から日本人やその社会，文化を相対的に見て考える機会を得ることにもなります。後者のボランティア経験の社会還元ということについては，一つは，これからグローバリゼーションの中，海外へ進出する企業や自治体に必要な人材，いわゆるグローバル人材としてボランティアの知識や経験を生かし世界各地・日本各地で活躍している事例が増えてきていることが挙げられます。もう一つは，とくに強調すべきこととして，先に見た開発教育や国際理解教育，そして ESD の実践においてボランティア経験者が地域のリソースとして出前授業などで還元していることです。実際に本人が見てきたことと，行ってきたことを開発途上国の現場の臨場感をもって語ることができるというのは，この青年海外協力隊事業の大きな成果であるとも言えます。さらに，地方自治体によっては条例により職員を派遣しているところもあります（現職教員特別参加制度）。そうした経験者を含め開発教育の実践に加えて，外国人児童や外国にルーツをもつ子供の学習支援など地域の国際化や多文化共生に積極的に関わっているケースが多くあります。

　今日の国際協力のあり方は非常に多種多様で，私たちのかかわり方も一様ではありません。大きな橋の建設でインフラを整備することも，子供がペットボトルのキャップを集めるのも国際協力です。国連や JICA で働いたり，青年海外協力隊に参加したりしないと国際協力の仕事はできないというわけでもありません。青年海外協力隊の活動には，国際協力のエッセンスのようなものが詰まっていて，その中から教学の国際化がめざすものについて多くのヒントを得られるのではないでしょうか。

6.4　教育分野における国際協力

1　教育と開発

　日本の国際協力の柱として，技術協力があることを先に述べましたが，保健，農業，環境保全，防災のどのような分野でも人材育成において「教える・伝える」という行為が必要となる以上，必然的に教育の果たす役割は大きいと言えます。それが看護師や教師といった専門職の養成であっても，地域住民を対象とした感染症やごみ問題の啓発活動，防災訓練という状況であっても変わりはありません。では，教育分野における JICA の国際協力がどのようになっているかを見ていきましょう。

　教育という開発課題に対する世界の動きをみると，1948 年の世界人権宣言 26 条で「すべての人は教育を受ける権利を有する」（文部科学省 HP より）で謳われてから，1990 年にはセネガルに開催された世界教育フォーラムでの「ダカール行動枠組み」

が採択され，万人のための教育（Education for All）のもと具体的な目標とレポートが行われています。また 2015 年の SDGs（持続可能な開発目標）では，「すべての人にインクルーシブかつ公正な質の高い教育を確保し，生涯学習の機会を促進する」と目標が掲げられました。そうした各国の努力により状況はかなり改善されてきたものの，今でも 5,800 万人の子供が学校に行けず（不就学児童），また成人の非識字率はアフリカでは依然として高く，世界の人口の 14％は読み書きできないという現状があります（JICA，2015）。

　開発途上国における教育の特徴として，理数科教育のようなものであれば，国の社会や経済産業の発展につながるということは，私たちにも感覚的にわかりやすいと思います。同時に，日本と異なる点として教育が学ぶ人の自己実現に留まらず，国際協力がめざす貧困の削減，社会あるいはコミュニティの開発にかかわる糸口となっています。一つの例として，途上国で暮らす女性に大きくかかわる課題の一つ，母子保健について考えてみましょう。安全でない水や不衛生な保健施設，適切な医療サービスの欠如に加えて，肺炎や下痢性疾患，マラリア，エイズといった病気が，高い乳幼児死亡率へとつながっています。簡単な手洗いや栄養，エイズ予防，安全な妊娠や出産（リプロダクティブヘルス）についての知識は，病院やコミュニティへ出向いての啓発活動（アウトリーチ活動）で伝えることも可能ですが，やはり学校で学ぶことが望ましいわけで，とくに女性の識字率が低い（女性の教育機会の拡充）ということは，こうした開発上の観点からも取り組むべき問題となるわけです。

2　JICA の教育協力

　日本から途上国へ，先生がボランティアとして派遣されたと聞くとみなさんはどのようなことを想像するでしょうか。どこかの田舎にある学校で，たくさんの子供を前に算数を教えているようなイメージでしょうか。確かに，個々の隊員の活動環境を見ればそういうケースもあるかもしれません。しかし，実際の全体像を見ると，ボランティアと聞いて思い浮かべることとは少し違うかもしれません。JICA の実施する教育協力は，大別して①初等中等教育での読み・書き・計算に重点をおいた基礎教育，②仕事にかかわる産業技術教育・職業訓練，③大学や研究機関での高度人材育成にかかわる高等教育の 3 つに分かれており，これに有償資金協力での大学建設や研究施設の整備，無償資金協力での小・中学校，職業訓練校などの建設，そして技術協力での専門家派遣や教員研修，さらに JICA ボランティア派遣，と現地のニーズに基づき組み合わせられています（JICA，2013）。今日の JICA の教育協力の一つの強みは，現場重視の取り組みと教育政策への反映と言い表されます（JICA，2015）。途上国の教育現場で一番課題となっているのは，物質的な教室や机，教材というような学習環境の整備以上に，そもそも教員の指導力や学校運営のノウハウが不足しているというこ

とです。教員の社会的地位や待遇もそれほど良いものではなく，アフリカなどでは賃金をめぐる教員のストライキなどもしばしば発生します。また授業形態や方法にしても，教員が黒板に書いたことを子供たちはノートに書き写すだけというケースも多々あります。仮に，専門家が教育政策の策定支援やカリキュラムの構築，テキストの作成などに取り組んでも，学校現場の視点や実状，意見など実践からの反映がなければ，それは実用的でもなく効果的ではありません。また，ボランティ

公開授業を前に同僚教師と授業計画を確認する青年海外協力隊員

ア個人は，現場にあるものを活用し「かけ算カード」などの教材を開発したり，授業研究会や保護者の授業参観などを開催したり，日々試行錯誤して子供や現地の教員のやる気など意欲や関心を引き出し，教育の質を向上しようと努力しています。これら取り組みは，ノウハウの共有，全体へ拡大普及，後任への引継ぎというものがなければ一過的なものになってしまいます（上の写真参照）。

　このように，教育協力の活動では，とくに政策レベルの専門家と実務レベルでのボランティアで，あるいはボランティア同士で，ときには国境も越えて，途上国の教育者も巻き込み大きなネットワークとなっています。同様のことは理数科教育以外の教育分野についても言えることです。例えば，特別支援教育に関しては，障がいを持つ人々が教育や開発から取り残されているという現状があり，これは人権にもかかわってくる問題です。あるいは体育やスポーツ指導の分野では，アフリカのマラウイでUNDOKAI（運動会）が取り入れられている事例もあります（NHK, 2015）。これは，「スポーツを通じた開発」（岡田，2015）ということで，チャレンジすること，他者を尊重すること，チームとして協力することなど，体育を通じて養われる態度や女子のスポーツへの参加でジェンダー問題へのアプローチとして注目されています。このように，今後，世界との教育協力においては，ますます日本の貢献が幅広く期待されていると言えます。

6.5　国際教育の実践紹介

1　Learning by Doing

　この節では，これまでに学習してきた内容に関連した教育実践事例として，大学生

に大変好評で学習効果のあった貿易ゲーム，途上国の課題連想ゲーム，コゲロ村ワークの３つを紹介します。いずれもアクティブラーニングを取り入れ，学習者，教員も参加し楽しめます。この３つのワークは，ワークショップを円滑に進めることで，コミュニケーションのスキル向上を図るのに有用ですが，本来の目的として開発教育・国際理解教育，あるいはESDにかかわるような内容をどのように振り返りの中で整理しまとめるか，さらに個人が学んだことを主体的な実践へと結びつけられるか，ということが最も重要です。

2 「貿易ゲーム」

基本的な構成としては，教室の中で５〜６グループに分かれて，紙から鉛筆とハサミを使用して３種類の図形を切り出して，それをマーケットで売るというものです。参加者である学生の習熟度に合わせて，図形を自動車の型やバナナの型に置き換えて，実施するバリエーションもあります。詳細は，外務省「開発教育・国際理解教育ハンドブック」などを参照してください。

準備物は，教室にある文房具だけで実施可能で，ルールも非常にシンプルです。各グループは，与えられた資源と技術の中で，ゲームの目的を達成するために状況の分析能力や他のグループとのコミュニケーション能力など，本章の始めに整理したキーコンピテンシーが問われることになります。このゲームが成功するには，支援者である教員の役割が重要です。教員は，単にグループを競わせゲームの結果を見るだけではなく，ゲームの最中に参加者の行動を観察し，グループ内での意見交換や個人の行動に目を配る必要があります。そうした学習のカギとなることを振り返りの中で参加者と共有し，意見交換を促し，現実世界に置き換えるファシリテーションをしなくてはなりません。このゲームは，国際貿易や南北の経済格差だけではなく，有限な資源の問題，経済と環境のつながり，移民問題，援助の在り方，フェアトレードなどとさまざまなトピックに結びつけることが可能です。

ゲームのオリジナルは，イギリスのNGOによって開発されたもので，日本では（特活）開発教育協会と（財）神奈川県国際協会が共同発行した日本語の解説が加えられたテキストがあります。

3 「途上国の課題連想ゲーム」

図6-5で見た途上国の課題について，書いてあるカードを因果関係で並べ替えていきます。最初は直線で並べていますが，突き詰めていくとそれが循環になっていることに気づくことがポイントです。また，解決策のカード（協力隊の職種カード）を別のセットで用意しておけば，国際協力にかかわる人々の多様性と青年海外協力隊の役割について総合的な理解ができます。教育や農業，保健については比較的わかりやす

いと言えますが，若者の職業訓練・雇用にかかわる自動車整備士やPCインストラクター，あるいは女性の自立支援にかかわる服飾デザイナー，あるいは特定の資格や分野に限定されないコミュニティ開発や青少年活動などについては，補足説明が必要となります。ファシリテーターは，正誤を言うだけでなく，学習者が身近に感じることができるように市内や県内からどの国へ，どのような仕事で派遣されているか紹介できれば，より具体的に身近な国際協力をイメージできるようになります。

4　「コゲロ村ワーク」

コゲロ村は，コミュニティ開発のシミュレーションゲームです。上の2つのゲームが開発途上国の課題のマクロな構造的な部分への理解を促すものであるのに対して，「自分たちがもし協力隊員として派遣されたなら」というミクロな現場での実践に着目したものです。

流れとしては，はじめに参加者はさまざまな課題を抱えて困っているケニアの架空の村で協力することになったという状況と協力の選択肢（「井戸を掘る」，「学校を建てる」など）が与えられます。それに対して，グループ内で何を優先的に取り組むかということを議論し，予算に応じた協力内容を選択していきます。その後，現地の事情やニーズを写真やナレーションから知ることによってどのように自分たちの選択肢が変化するか，また望ましい協力の在り方について考えるものになります。

5　Think globally, act locally?

ここで紹介した3つのワークは，あくまでも実践の事例であり，ここでもまた教学という意味で，教員と学習者が創意工夫を行い，独自に学習を深めていくことが望まれます。学ぶ学習者の興味や時事的な関心，あるいは地域の特性やリソースに応じて，自分たちの教材を作成するということも可能です。あるいはより発展させた学習として，高校生が途上国で学校建設を行うということや，コミュニティ開発を身近な自治体の「村おこし」に応用するような実践的な取り組みをしている学校もあります。

最初に述べたように，今日の私たちが住む世界においては，ある一つの事象を捉えてグローバルとローカルのボーダーをはっきりと分けて考え，実行，評価することは困難な状況にあります。また，そうした区分にこだわることの意味も薄れてきています。国際協力の捉え方についても，援助する側と援助される側ではなく，共通の課題をともに解決し，ともに発展をめざすパートナーと考える時代になっています。教学の国際化とは，こうしたボーダーレスな現実を見据えて，世界が必要とする人材を育てるための教育の在り方を実践的に考えていくプロセスと言えます。

6.6　海外子女教育

1　海外に住む日本人

　海外に3か月以上在留し日本国籍を有する人を在留邦人と呼び，長期滞在者と永住者の2つに区分されます。2015年の調査報告では，約129万人が海外で生活しています。そのうち，いずれ帰国する予定の長期滞在者が約85万人（66%），永住者が約44万人（44%）で，この調査が開始された昭和43年以降で最多で過去5年間では13%も増加しています。地域別には，北米が約48万人（37%），次いでアジアが約38万人（29%），西欧20万人（16%）とこれら3地域で全体の8割を占めています。

　職業別では，民間企業関係者の約46万人（54%）が最も多く，次いで留学生・研究者・教師の約18万人（21%），無職などその他が約13万人（16%），自由業が約5%，政府関係者が約3%の順となっています。長期滞在者の中には，子供と一緒に渡航している場合もあります。図6-8は，平成17年から26年まで10年間の長期滞在者（子女）の地区別推移ですが，平成26年度では，アジアの増加傾向がもっとも高く32,236人，次いで北米の24,126人，欧州の14,234人，その他（大洋州・中南米・中東・アフリカ）が5,940人です。海外在住の日本人の子供や帰国した児童生徒に対する教育，国際交流などを海外子女教育と呼びます。

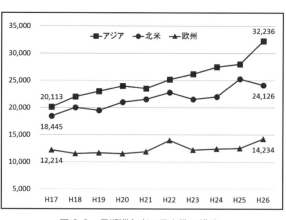

図6-8　長期滞在者の子女数の推移

2　在外教育施設（日本人学校と補習授業校）

　在外教育施設とは，海外に在留する日本人の子供のために，学校教育法に規定する学校に準じた教育を実施することを目的として海外に設置された教育施設で，日本人学校，補習授業校，私立在外教育施設に分けることができます。そこで勤務する教員は，現地採用の教職員と国内採用の派遣教員です。公立学校などに勤務している教員が文部科学省の採用試験を経て2年から3年出向します。また，管理職については人

材不足で定年後のシニア派遣制度もあります。

⑴　日本人学校

日本人学校は，国内の小・中・高等学校と同等の教育を行うことを目的とする全日制の教育施設です。一般的に現地の日本人会などが主体となって設立し，その運営は進出企業の代表者，保護者の代表などで組織された学校運営委員会によって行われています。1956 年にタイのバンコクに設置されて以来，2014 年現在，世界 50 カ国・地域に 88 校が設置され，約 2 万 1 千人が学んでいます。最近では，2011 年に中国の上海日本人学校に高等部が開設されました。

ロンドン日本人学校

日本人学校は，国内と同等の教育課程のため，日本人学校中学部の卒業者は国内の高等学校の入学資格を，高等部の卒業者は国内の大学入学資格をそれぞれ有します。教育課程は，原則的に国内の学習指導要領に基づき，教科書も国内と同じものが使用されています。多くの日本人学校では，現地の文化や歴史，地理など現地事情にかかわる学習や現地校との交流を積極的に進めており，ネイティブの講師による現地語の学習も行われています。また，国際学級を設け，外国人の子供を受け入れている学校もあります（上の写真参照）。

⑵　補習授業校

補習授業校は，現地の学校や国際学校（インターナショナルスクール）等に通学している日本人の子供に対し，土曜日や放課後を利用して一部の教科（国語や算数など）を日本語で授業する教育施設です。日本人学校と同様に日本人会などが運営主体です。1958 年に米国のワシントンに設立されて以来，2014 年現在，世界 55 カ国・地域に 202 校が設置され，約 1 万 7 千

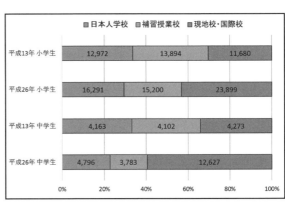

図 6-9　学校種別による在籍者数の比較

人が学んでいます。このうち，一部は，授業時数や授業科目が日本人学校に準じた，いわゆる準全日制補習授業校もあります。また，私立が設置した在外教育施設が世界に8校設置されています。

図6-9は，日本人学校や補習授業校と現地校や国際学校に通う児童生徒の在籍者数を示しています。10年前と比較すると，現地校や国際学校の在籍者が増加しています。

3　自主性尺度調査からみた子供の特性分析

いじめ問題について帰国子女に焦点をあててみると，海外の在住期間が短い，日本語が普通に話せて感覚も日本人と同じ，日本人学校に在籍していて国内の学校になじめる，これらが一般的にいじめられにくい帰国子女と言われています。つまり，日本人に近ければいじめられにくく，感覚が外国人的であればいじめられる可能性が高いと言われます。このことを検証するために，国内の学校で実施した自主性尺度調査を活用してみました。井上らが開発したこの調査は，20質問を5段階評定尺度法で因子分析します。因子は，図6-10の6個，合計100点満点で換算します。

帰国子女Aの自主性の独立性は3.7pt，同じ中学生の平均値2.31ptより1.39ptも高い結果でした。独立性や自発性が低いことは，協調性が高く控えめな，ごく一般的な日本人の特徴と考えられ，帰国子女がいじめにあう一因と捉えています。メトロポリタンに居住する外国人は，宗教，言語，生活習慣が混在する中で暮らし，人は人，自分は自分といった独立性を担保しながらグローバルな価値観を育んでいます。日本国内でも，違いを違いとして認め，グローバルな意識や人権感覚をさらに高めることが国際社会で生き抜く課題と言えます。

一方，自主性尺度調査は，学校の教育課題を見極めるツールとしても活用できます。公立工業高校で4年間調査した結果，独創性が一般中学生より0.15pt低い結果が得られました。ものづくり系の専門科目が多い学校でありながら，入学時に独創性が低いという結果は，この学校が取り組むべき課題と言えます。なお，この自主性尺度調査の方法は，巻末記載の専用HPをご参照いただき入手できます。

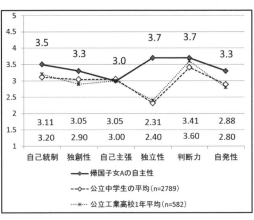

図6-10　帰国子女と一般中学生の自主性比較

コラム　食育のすすめ

1　食育とは

　平成17年（2005年）6月10日，第162回国会で食育基本法が成立し，平成17年6月17日食育基本法が公布され，平成17年7月15日に施行されました。また，平成17年4月1日に教育職員免許法，学校教育法等の一部が改正され，栄養教諭制度が導入されました。

　食育基本法の前文では，「…食育を，生きる上での基本であって，知育，徳育及び体育の基礎となるべきものと位置付ける（中略）…食育はあらゆる世代の国民に必要なものであるが，子どもたちに対する食育は，心身の成長及び人格の形成に大きな影響を及ぼし，生涯にわたって健全な心と身体を培い豊かな人間性をはぐくんでいく基礎となるものである。（中略）…家庭，学校，保育所，地域等を中心に，国民運動として，食育推進に取り組んでいく（後略）」とされており，子供たちに対する食育が重要だと考えられています。そのためには，まず大人が適切な食生活に関する知識を身に付けることが必要です。そして，食育基本法が制定された目的は，国民が生涯にわたって健全な心身を培い，豊かな人間性を育むことができるようにするため，食育を総合的，計画的に推進することにあります。そこで，さまざまな食育が行われています。今後，食育を担う栄養教諭をめざす学生が適切な食生活に関する知識や実践を修得することは，将来多くの子供たちに食生活の大切さを伝えるうえで極めて重要です。学校における食育の推進に中核的な役割を担う栄養教諭は，これからの社会ではますます大切になるでしょう。

2　食育の現状と今後の課題

　学校の家庭科室には，食品模型が展示されていることが多く，児童生徒たちはそれを見て，食品の色，形，大きさを知ることができます。そして，日常の食生活に必要な食品の種類や分量を学ぶための手がかりとすることができます。しかし，献立作成のための学習をするには，重量や栄養素量の計算が必要となり，時間と手間がかかります。そこで，近年，ICタグ内蔵食品模型とパソコンを利用した教育媒体（食育SATシステム）が市販されています。ICタグ内蔵食品模型をトレーに載せてICタグ読み取り装置に載せると，パソコン画面に献立の評価が表示されます。適切な献立であれば，鐘が鳴る音がするなど，興味を持って学習することができる工夫がされています。

　そこで奈良教育大学の学生を対象として，ICタグ内蔵食品模型を使用しパソコンを利用した学生群と使用しない学生群で献立作成の学習を行いました。食事量への知識理解が深まったかどうかを確認するために，献立作成学習の前後に知識理解度確認

テストを行いました。下記に掲載していますので皆さんも一度挑戦してください。正解は本頁末尾に記載しています。すると，IC タグ内蔵食品模型を利用した学生群が，適切な食事量に関して理解が深まった結果になりました。今後 ICT 時代の進展により，現行の食品模型が進化し，さらなる活用方法を探ることによって，多くの人が適切な食生活について，より関心を抱き，深く学ぶ機会が増えることが期待されます。

　先述した食育基本法の前文に示されている，あらゆる世代の国民に必要な食育が実現できるために，これからの栄養教諭の役割は極めて重要となります。食育は，2030 年 を 達 成 期 限 に 設 定 さ れ た 持 続 可 能 な 開 発 目 標 で あ る SDGs（Sustainable Development Goals）に掲げられる持続可能な世界実現のための 17 の目標の一つである「すべての人に健康と福祉を」に関係が深いと言えます。ゆえに，食育の持続可能な発展に向けた取り組みは，大いに進めていきたいものです。

食に関する知識理解度確認テスト

Ⅰ. 1〜4の食品の重量（g）は？	
1．6枚切り食パン1枚	
2．卵1個	
3．みかん1個	
4．バナナ1本	
Ⅱ. 1〜16の料理の1食1人分の重量（g）は？	
1．ご飯小盛り	9．ひじきの煮物に使用するひじき
2．ご飯中盛り	10．かぼちゃの煮物に使用するかぼちゃ
3．ご飯多め	11．冷やっこに使用する豆腐
4．親子丼に使用するご飯	12．きんぴらごぼうに使用するごぼう
5．きつねうどんに使用するうどん	13．ポテトサラダに使用するじゃがいも
6．鶏の唐揚げに使用する鶏肉	14．きゅうりの浅漬けに使用するきゅうり
7．とんかつに使用する豚肉	15．豆腐の味噌汁に使用する豆腐
8．出し巻き卵に使用する卵	16．豆腐の味噌汁に使用する味噌の量

食育 SAT システム

IC タグ内蔵食品模型

IC タグ内蔵食品模型
（裏側に IC タグ設置）

正解（Ⅰ．60, 50, 100, 100. Ⅱ．100, 150, 200, 250, 200, 80, 100, 75, 10, 110, 100, 50, 60, 30, 30, 12）

佐藤　典子

■　第7章　教学とFD　■

　日本の大学では，教職員の職務上必要な能力（職能）の向上を図るための取り組みのことをFD（Faculty Development）と称しています。

　日本におけるFDの取り組みは，世界的に進展した教育に対するニーズや考え方の変化をうけて，教育改善の手段としてその重要性が主張され取り組まれるようになってきました。本章では，教学との関係から，主に大学教員を対象としたFDに関連する事柄について取り上げます。制度的な側面やその背景も含めて理解するために関連政策資料などに基づきながら説明していきます。

7.1　教学の改善方策としてのFDの役割

1　大学を取り巻く環境の変化

　はじめに，FDという取り組みを理解するための前提として，大学をはじめとする日本の高等教育をとりまく昨今の状況について概観したいと思います。

　日本の大学・短大進学率は既に58.1％に達しています（2019年）。このような状況は，量的拡大の面から「ユニバーサル・アクセス」時代，あるいは「大学全入時代」と表現されたりします。それに伴い大学教育に期待される役割とあわせて，実際の質的な面でもさまざまな変化が生じています。

　社会に目を向けると，現在の日本は，少子高齢化による急速な人口減少やグローバル化の進展，雇用の不安定化，ICT普及による生活変化など，社会の変化に起因するたくさんの課題を抱えています。このような社会において，例えば，デジタル化が進んだ新たな社会像として内閣府よりSociety5.0が示され，これらに対応できる人材の育成やイノベーションの創出が急務とされています。人材育成という点で，教育が大変重要な役割を担うことになります。

　2018年に文部科学大臣の諮問機関である中央教育審議会は，今後の高等教育の方向性を示す「2040年に向けた高等教育のグランドデザイン」を文部科学大臣に答申しました。今後予想される社会の変化に備え，大学をはじめとする高等教育が目指すべき姿や必要とされる改革を実現するための方策などについて述べたものです。

　その中で，高等教育がめざすべき姿として，「学修者本位の教育の実現」を掲げて

います。学修者本位の教育とは，学修者が「何を学び，身に付けることができるのか」を明確にし，学修の成果を学修者が実感できる高等教育をめざすことが示されています。具体的な内容を見てみましょう。

2018年のこの答申では，2040年を見据えて，これから求められる人材像を次のように想定しています。

> 基礎的で普遍的な知識・理解と汎用的な技能を持ち，その知識や技能を活用でき，ジレンマを克服することも含めたコミュニケーション能力を持ち，自律的に責任ある行動をとれる人材

多くの重要な要素が込められていることがわかります。このような人材を養成していくために，高等教育が「個々人の可能性を最大限に伸長する教育」に転換する必要が指摘されています。大学に期待する変化について答申では具体的に列挙していますので見ておきましょう。

- 「何を教えたか」から，「何を学び，身に付けることができたのか」への転換が必要となる。
- 「何を学び，身に付けることができたのか」という点に着目し，教育課程の編成においては，学位を与える課程全体としてのカリキュラム全体の構成や，学修者の知的習熟過程等を考慮し，単に個々の教員が教えたい内容ではなく，学修者自らが学んで身に付けたことを社会に対し説明し納得が得られる体系的な内容となるよう構成することが必要となる。
- 学生や教員の時間と場所の制約を受けにくい教育研究環境へのニーズに対応するとともに，生涯学び続ける力や主体性を涵養するため，大規模教室での授業ではなく，少人数のアクティブ・ラーニングや情報通信技術（ICT）を活用した新たな手法の導入が必要となる。
- 学修の評価についても，学年ごとの期末試験での評価で，学生が一斉に進級・卒業・修了するという学年主義的・形式的なシステムではなく，個々人の学修の達成状況がより可視化されることが必要となる。
- 「何を学び，身に付けることができたのか」という認識が社会的に共有されれば，社会の進展に伴い更に必要となった知識や技能を身に付けるべく生涯学び続ける体系への移行が進み，中等教育に続いて入学する高等教育機関での学びの期間を越えた，リカレント教育の仕組みがより重要となる。

　　　　　（中央教育審議会答申「2040年に向けた高等教育のグランドデザイン」2018年）

求められる変化の中で，アクティブラーニングやICT活用など具体的内容もありますが，強調して繰り返されるのは「何を学び，身に付けることができたのか」という点です。このことは，「教員視点」（Teacher-Centered）から「学習者視点」（Student-Centered）へのパラダイム転換として重要視されています。「個々人の可能性を最大限に伸長する教育」へ向けた教育に対する見方・考え方の転換です。

2　教育パラダイムの転換

　学習者中心の教育を実現するために必要と考えられていることは，既存・従来型の教育体系や制度を前提とした供給者の目線からの脱却です。そのうえで学生が必要な力を身に付けることができているかどうかという学習者の目線で教育を捉え直すということになります（教学マネジメント指針，2020）。高等教育においては1980年代半ばごろから北米の大学を中心にこういった考え方が広がりはじめ，次第に日本も含めた世界の流れとなっていきました。大学に限らず，初等中等教育においても，この点は重要視されるようになっています。

　既存・従来型の教育が今日の社会の発展，それを支えた人材育成に貢献してきた面まで否定することはできません。しかし，社会が大きく変わっていく中で，それに応える形で教育も変容を求められていることにほかなりません。

　これまで，「何を教えるか（教えたか）」という教員を中心とした知識伝達重視で教える内容に焦点化した教育が，長い間行われてきました。現在，教壇に立つ教員の多くもこのような教育を経験してきた世代が多いのが実情です。

　自らが経験したことのない新しい教育を，教員として実践することは困難を極めます。そのため，教員は自分の学問領域の専門性を高めると同時に，「教える」に際して必要な様々な知見や経験を獲得し，自身の能力向上のために取り組まなければなりません。このことは大学でFDという取り組みが求められる背景でもあります。

7.2　FDのあゆみ

1　FDの変遷

　FDについて理解するために，その定義や取り組みの背景となる制度の変遷について概観してみましょう。本章のはじめに述べた通り，FD（Faculty Development）は主として大学教員の職務上必要な能力（職能）の向上を図るための取り組みのことです。FDという用語は，もとはアメリカで使われていました。1980年代後半，日本の識者により米国のFDについて国内に紹介されたとされました（佐藤，2012）。

　日本の大学がFDを実施する際，その法律的根拠となるのが大学設置基準です。大学設置基準とは学校教育法に基づき大学を設置するために最低限必要な事柄・基準について定めた文部科学省の省令です。その中に「大学は，当該大学の授業の内容及び方法の改善を図るための組織的な研修及び研究を実施するものとする」（大学設置基準第25条3）と定められています。

ところが、この条文中にはFDという用語は見当たりません。それに相当する箇所として、条文中では授業改善に関連した研修や研究の実施と記載されています。実は、現在にいたるまで、FDという言葉そのものは大学設置基準には明記されていません。その役割を果たす取り組みを特徴づける用語として日本では「FD」という言葉が用いられているのです。資料1は、国内の制度面からFDの扱われ方を時系列に沿ってまとめたものです。

資料1　FD制度面の変遷

1999年　大学設置基準改正によるFDの<u>努力義務化</u>（「実施に努めなければならない」）
2007年　大学院設置基準改正によるFDの<u>義務化</u>
2008年　大学設置基準改正によるFDの<u>義務化</u>（「実施するものとする」）
2017年　大学設置基準改正によるSD（Staff Development）の<u>義務化</u>
2019年　大学院設置基準改正による大学院生への「プレFD」の<u>努力義務化</u>

現在はすべての大学でFDが義務化されている状況であることがわかります。大学設置基準（大学院設置基準）の改正には、そのための検討・議論が当然行われます。例えば、義務化の前段階として実施の努力が求められたFDの努力義務化は、FD義務化の年に遡ること9年前の1999年改正で行われています。努力義務化とは、必須事項としての義務化ではなく「実施に努めなければならない」という、いわゆる努力義務規定のことを指します。

改正に向けた議論は、前年1998年に中央教育審議会答申「21世紀の大学像と今後の改善方策について」の中で、FDという言葉を用いて、その必要性についての言及がなされている部分に確認することができます。

資料2　FDの努力義務化にむけた答申

　各大学は、個々の教員の教育内容・方法の改善のため、全学的にあるいは学部・学科全体で、それぞれの大学等の理念・目標や教育内容・方法についての組織的な研究・研修（ファカルティ・ディベロップメント）の実施に努めるものとする旨を大学設置基準において明確にすることが必要である。
　　　中央教育審議会答申「21世紀の大学像と今後の改善方策について」（1998年）

この答申を受けて翌年、大学設置基準が改められ、「大学は、当該大学の授業の内容及び方法の改善を図るための組織的な研修及び研究の実施に努めなければならない。」（大学設置基準第25条2）と明記されることになりました。

この1999年の努力義務化以降、日本の大学関係者の間ではFDという用語が徐々に浸透していくこととなり、大学教育に関連した職能向上のための取り組み＝FDと

して認識されるようになります。

ちなみに大学院に関しては，2007年に大学院設置基準が改正され，「大学院は，当該大学院の授業及び研究指導の内容及び方法の改善を図るための組織的な研修及び研究を実施するものとする。」とされ，学部より1年先に義務化がなされました。また，後節で取り上げますが，最近の動向として，教員だけではなく職員も含めた職能向上の取り組みとして「SD」（Staff Development）が注目され，こちらも2017年に実施が義務化されています。

他にも，大学教員になる可能性のある博士課程学生（主に博士後期大学院生）を対象とした教育能力を身に付けるための取り組みである「プレFD」の実施も2019年に大学院設置基準にて努力義務化がなされています。プレFDは大学教員の職に就いた際，初任時から大学教員としての活動を円滑に行えるように，専門性獲得に早い段階から対策する取り組みとして，その役割が期待されています。米国ではこれらの活動はPFFP（Preparing Future Faculty Program）と呼ばれています。

なお初等中等教育では，「研修」がFDに該当します。教員の担当教科や職制・役職，ライフステージに応じた能力を育成するために，学校内外で組織的・体系的に研修は実施されており，教員にとって研修は業務として必然であると考えられることが多いようです。大学教員のそれとは大きく異なりますが，職能開発・向上という点ではFD同様に重要な取り組みです。

2　FDの定義　―狭義のFDと広義のFD―

ところで，大学設置基準の条文の通りにFDを解釈すると，FDとは「授業の内容と方法の改善」に焦点化された活動のように捉えられます。この点については異論が多くあります。なぜなら大学教員の職務上，開発・向上するべき能力は，授業改善に関連したことに限らず，極めて広範で多様であるからです。大学設置基準の該当箇所については，2008年以降変更はありません。しかし，FDの取り組みについての考え方，活動の領域は徐々に拡大しているように見受けられます。

資料3　FDの用語説明（中央教育審議会）

教員が授業内容・方法を改善し向上させるための組織的な取組の総称。その意味するところは極めて広範にわたるが，具体的な例としては，教員相互の授業参観の実施，授業方法についての研究会の開催，新任教員のための研修会の開催などを挙げることができる。

（中央教育審議会答申「我が国の高等教育の将来像」用語説明　2005年）

教員が授業内容・方法を改善し向上させるための組織的な取組の総称。具体的な例としては，教員相互の授業参観の実施，授業方法についての研究会の開催，

新任教員のための研修会の開催等を挙げることができる。なお，大学設置基準等においては，こうした意味での FD の実施を各大学に求めているが，FD の定義・内容は論者によって様々であり，単に授業内容・方法の改善のための研修に限らず，広く教育の改善，更には研究活動，社会貢献，管理運営に関わる教員団の職能開発の活動全般を指すものとして FD の語を用いる場合もある。

（中央教育審議会答申「学士課程教育の構築に向けて」用語説明　2008 年）

※下線は筆者による

　社会の大きな変化の中で，大学教員として力を発揮していくためには，学習・教育に対する理解，組織の機能に対する理解，教員自らのキャリア開発に関する理解など獲得すべき事柄は大変多岐にわたります。向上するべき職能，つまり「大学教員に必要な専門性」は次第に拡張している状況にあると言えるでしょう。

　資料 3 は，文部科学省が答申の用語説明資料として準備した，FD について解説した文章です。「FD とは何か」について説明する際にしばしば引用される資料です。

　上段 2005 年の説明では，授業内容・方法の改善という説明にとどまっていましたが，2012 年になると授業改善以外にも幅広く教育全般の改善の取り組みについての記述が見られます。研究や社会貢献，大学運営に関連した教員の能力開発まで含めた考え方です。2005 年の定義がいわゆる「狭義の FD」であり，授業改善というひとつの場面に焦点化して説明しています。他方，2008 年の定義は，下線部にあるように補足的ながらも取り扱う範囲を拡大した「広義の FD」としての説明になっています。

　近年の FD に関する理解は広義の文脈でなされることが多くなってきていますが，当初の出発点が，政策的にも狭義の説明であったため，今現在でも FD ＝授業改善の取り組みとして限定的に捉える大学関係者は多く存在します。また，広義の説明からもわかる通り，その多義性ゆえにそれぞれの大学や個人の置かれた状況によって様々な使われ方をします。そのことが FD に取り組む際の障壁となることもあります。

　FD を組織的に取り組む際は，対象の広狭についての認識の違いや，多義的な部分の克服が必要と言われています。つまり，組織に所属する構成員が自らの組織における FD の役割や，それによって達成するべき目標・目的を共有することが欠かせません。

　政策的に FD 活動を後押しする立場にある文部科学省は，あくまで用語集の中で便宜的に説明を示していますが，他方で 2008 年の中央教育審議会答申「学士課程教育の構築に向けて」の中では「教員の専門性の明確化」つまり，FD によって達成しようとしていることが何であるかということについて，「まずは，それぞれの大学あるいは大学間の協同で主体的な議論を行い，大学教員の専門性をめぐる共通理解をつくり，社会に宣言することが求められる」と述べています。お仕着せではなく個々の大学がそれぞれの文脈で FD をどう位置づけるか，そこで FD の目指すところの共通理解が形成できるか，組織的 FD の取り組みの成否を分ける重要なポイントであると言

えるでしょう。

7.3　教育改善のためのFD

1　FDの活動と構造

　前節まではFDの定義や意義などについて概観してきました。本節ではFDの取り組みの具体的な内容について見ていきましょう。FD活動はその定義において，授業改善に関連することのみならず，教育活動全般，さらには研究や社会貢献や大学運営に関することまで広範に含む場合があることを確認してきました。

　文部科学省が示した資料を見てみましょう。資料4は，2004年にFD活動の具体的内容例について提示があった書籍から，文部科学省が参考資料として抜粋し，2006年の審議会の際にFDの定義・内容について確認する際の参考資料として使用されたものです。FD活動をその範囲を広く理解するという「広義」の立場に立脚し，13項目の具体例が列挙されています。

資料4　中央教育審議会（2006年）配布資料

「…FDの焦点を定める必要がある。FDを当面，…大学の機能不全を克服するための大学教員の資質開発に焦点を置くならば，専門知識の細分化によって機能不全になりつつある大学教育に焦点を結ばざるを得ない。…すなわち，FDの焦点の一つは，「学識論」の展開であり，学問の統合の探求である。」

「FDには，次のような活動がある…

1．大学の理念・目標を理解するワークショップ
2．ベテラン教員による新任教員への指導
3．教員の教育技法（学習理論，授業法，討論法，学業評価法，教育機器利用法，メディア・リテラシーの習熟）を改善するための支援プログラム
4．カリキュラム開発
5．学習支援（履修指導）システムの開発
6．教育制度の理解（学校教育法，大学設置基準，学則，履修規則，単位制度）
7．アセスメント（学生による授業評価，同僚教員による教授法評価，教員の諸活動の定期的評価）
8．教育優秀教員の表彰
9．教員の研究支援
10．研究と教員の調和を図るシステムと学内組織の構築の研究
11．大学の管理運営と教授会権限の関係についての理解
12．大学教員の倫理規程と社会的責任の周知
13．自己点検・評価活動とその活用

上述を見ればわかるように，FD は大学教員個人の資質開発を基礎とするが，必然的に各教員個人を超えて，教授団としての取組みを必要とする。その意味で，FD を「教授団資質開発」といわなければならない。」

中央教育審議会大学分科会制度部会（第 21 回（第 3 期第 6 回）2006 年）配付
「大学教員及びファカルティ・ディベロップメント等に関する参考資料」
※原典は絹川正吉・舘昭編著『学士課程教育の改革』（2004）

　資料 4 の冒頭で，FD は，大学教員の資質開発に焦点化した場合，教育に関連することを中心に取り扱うものである必要が述べられています。実際に示された項目の多くが教育の改善に関連した活動となっています。また，個人の能力向上を基礎にする活動だけでなく，「必然的に」組織的な取り組みが必要との認識が示されています。個人の能力開発の枠をこえて，「組織展開」が欠かせないとの認識が見て取れます。

　もちろん，FD 活動の具体的な内容はここに掲げられているものが全てではありませんし，一覧の活動を漏れなく実施することが最良の結果に結びつくということでもありません。しかし，ここに列挙された広範な領域にわたる項目は，2008 年の FD の義務化に向けた議論や，大学関係者による FD の在り方の議論に影響を与えました。

　もうひとつ，多様な FD 活動を概観するために，活動の形態や対象に即した整理・分類事例表 7-1 を示します。この表は FD 活動について組織内における階層に着目してレベルという観点によって 3 分類したものです。

表 7-1　FD 活動の分類

レベル	具体的な活動内容
授業・教授法 （ミクロレベル）	講演会・ワークショップ（例：新任教員研修，シラバス作成法，アクティブラーニングを促す教育技法，学習評価法），公開授業，授業参観，同僚評価（ピア・レビュー），チーム・ティーチング，授業コンサルテーション，e ラーニング，教材・教科書作成，論文執筆，学会発表，教育業績記録簿作成，メンタリング
カリキュラム （ミドルレベル）	講演会・ワークショップ，各部局における委員会やワーキンググループでの作業（例：3 つのポリシーの策定・一貫性構築の取り組み，カリキュラム改訂，教育系外部資金獲得のための申請書作成），他大学の視察
制度・規則・組織 （マクロレベル）	講演会・ワークショップ，全学的な委員会やワーキンググループでの作業（例：教員表彰制度導入，GPA・キャップ制導入，学期制改革，学生からの意見聴取，授業アンケート改革），他大学の視察

佐藤浩章・中井俊樹ほか『大学の FD Q&A』（2016 年）

　ミクロレベルとされる「授業・教授法」に関連したFD活動は，主として教員個人を対象とする領域です。その目的は教員個々の能力向上に資する目的であり，日常的な授業改善を図るための情報収集・発信・知見の共有などが中心です。これらの活動は，日常的な個々のFD活動が基盤となることを特徴としています。

　ミドルレベルは「カリキュラム」つまり教育課程や学位プログラムを対象とする領域であり，学部や学科などの組織がこれにあたります。カリキュラム設計や改訂にあたり，組織的な責任のもとで改善を図っていくことを目的とします。

　マクロレベルは「制度・規則・組織」に関連した全体としての教育研究環境や制度・規則を対象とする領域です。組織全体としてのさまざまな改革促進や改善を図っていくことを目的とする領域です。ミドルレベル同様に，個人ではなく組織・機関としての目標設定に基づいた組織的なFD活動と言えるでしょう。

　それぞれのレベルのFD活動に決まった順序や優先順位はありません。所属する組織において，レベルに即した目的達成に必要なFD活動を見極め展開していくことが肝要です。

2　PDCAサイクルとFD

　FDの取り組みは，義務化されているという理由から，漫然と実施するだけではその効果を十分発揮することはできません。どのような課題が存在しているかを発見し，その課題に対処するためにどのような目標を設定し，対処の結果どのような効果がどの程度得られたのかを明らかにします。改善のプロセスは，これらについて絶えず検証しながら進めていくことが重要となります。

　昨今大学は，あらゆる取り組みについて目標を設定し，その目標達成に向けて活動しながら，必要に応じて点検を行い改善を加えていく手法がとられることが一般的になってきました。改善のためのPDCAサイクルマネジメントです。

　PDCAとは，Plan（計画）Do（実行）Check（点検・評価）Action（改善）の頭文字をとったものです。設定した目的を達成するために，P/D/C/Aと段階を切り分けて整理し，P → D → C → A → P →……と円環状に各段階を実施して（回して）いくマネジメント手法です。PDCAマネジメントサイクルと呼ばれることもあります。この手法の起源は工業製品の品質管理

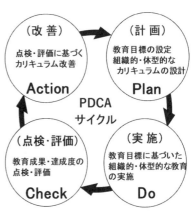

図7-1　教育改善のPDCAサイクル例

のためであったことから，工学的経営学的モデルと位置づけられています。

　現在では製造業のみならず，教育業界を含め社会のさまざまな現場でこの考え方に基づいたマネジメント手法が導入されています。

　FD を実施していく際にも，このサイクルは常に意識されます。FD 活動では，能力向上のための目標設定や効果検証が欠かせません。PDCA サイクルが機能するように組織的な教育改善に取り組むことは合理的な選択肢のひとつとなります。ここでは大学の教育システムの改善を考えてみましょう。PDCA サイクルが P/D/C/A それぞれの段階でどういった取り組みが考えられるでしょうか。図 7-1 は，大学での教育改善の円環を想定したものです。

　次に表 7-2 は授業を行うことに関連して，PDCA サイクルにより改善を施すための手順について例を示しています。前節の表 7-1 にあるミクロレベルの FD 活動，つまり個人による取り組みが基盤となりますが，改善の効果を最大化するために，随所に組織的に対応することによって得られる利点を活かした活動が埋め込んであります。各段階の流れに沿って見ていきましょう。

表 7-2　授業改善のための PDCA サイクルの例

Plan（計画）	授業を計画するに際して，カリキュラム上でこの授業が担う役割を明確化し（組織的 FD 活動），授業の役割に対応した到達目標と授業運営・評価方法を計画する（個々の FD 活動）。これらに対応したシラバスを作成する。
Do（実施）	授業を実施する
Check（点検・評価）	学生による授業評価アンケートの確認，日常的な学生からの意見聴取機会の設定，教員同僚間でのピア・レビュー（授業検討会など），試験や成果物による到達度の確認など（組織的・個々の両側面の FD 活動）
Action（改善）	点検・評価に基づいた改善を必要とする事柄への対応（個々の FD 活動），および個人での対応が難しい点を含め，教員グループや学科等での課題共有と改善方策の検討（組織的 FD 活動）

● Plan（計画）：授業の果たす役割の明確化

　授業計画を立案するに際して，カリキュラム上，担当する授業がどのような役割の下で開講しているのかを確認します。あらかじめ設定されている学部や学科の人材育成像に照らして，学生のどのような能力獲得に寄与する授業として位置づけられているのかを確認します。この点が不明確な場合は，カリキュラム作成担当者や同僚教員と検討を行います。（その検討の結果，カリキュラム自体に不備があることが判明することもしばしばあります）

　授業の果たす役割が明確になれば，おのずと到達目標が設定され，また到達を測

定するための評価方法も固まり，シラバス作成につながります。

● Do（実施）：授業実施

　カリキュラム上の役割に基づいた能力を学生が獲得できる内容・手法を採用した授業を実施します。毎回の授業の中にも PDCA サイクルを持ち込むことも可能です。毎回の授業コメントシートや小テストの実施とフィードバックを通して，学生との双方向性を各回確保し，授業回ごとの改善に役立てることもできます。

● Check（点検・評価）：授業内容の検証

　学生による授業運営の改善点についての意見聴取の機会としてアンケート等を準備し実施します。教員同僚間によるピア・レビュー（授業検討会など）や授業参観を行う場合もあります。学生の試験や成果物から進度や到達目標の妥当性を確認します。

● Action（改善）：FD の改善

　点検・評価に基づき，授業内容や運営方法などについて改善を必要とする事柄に対応します。施設環境整備上の問題やカリキュラム上の原因など，個人として対応が難しいものについては，教員グループや学科等での課題共有と改善方策の検討を行います。検討を Plan（次回の計画）につなげます。

　個人で対応できる改善点についても，プライバシー上の配慮が必要な事項などを除き教員間で共有することができると，カリキュラム全体の教育効果の向上に資する情報として役立てることができます。

　このように，PDCA サイクルに基づき取り組みを実施していくことで，教員個人の改善だけでなく，これらは組織全体の持続的発展に資する活動として役立つものとなるでしょう。

　ただし，PDCA の実践に際しては，教育活動への適用という点などで否定的な意見もしばしば聞かれます。数値目標達成のための進捗管理のための道具と解されることが主な原因です。また Plan（計画）立案に際して，「何のための改善方策か」という根本部分の理解がないまま「計画を達成するための」計画立案となってしまう場合があるなど，漫然と適用すると思わぬ失敗を招くことにもつながりますのでそういった点にも注意が必要です。この改善のサイクルが有効に働き，学習し発展を続ける組織形成に役立てたいものです。

3　内部質保証とFD

　FD活動を効果的なものとするためには，個々人の日常的活動，あるいは組織的活動，そのどちらの場合においても，改革や改善の目的をもって目標に向けて取り組むことの重要性や，PDCAサイクルマネジメントの考え方を紹介してきました。

　本項では，教学改善のプロセスとして，近年注目されている内部質保証について見ていきます。大学におけるFD活動は，内部質保証の一環であるという捉え方が一般的になっています。

　内部質保証とは，大学などの機関内部のさまざまな活動の質の保証が的確になされているかどうか，それを担保するシステム・仕組みが，機関内部で正しく機能しているかどうかについて検証するプロセスです。例えば，各大学の教育が目標達成に向けて適切に行われているかについては「教育の内部質保証」の機能が問われることになります。つまり「教育の質は確保されているか」という確認と改善の作業です。

> **資料５　大学基準協会による内部質保証の定義**
>
> 　「内部質保証」（Internal Quality Assurance）とは，PDCAサイクル等を適切に機能させることによって，質の向上を図り，教育，学習等が適切な水準にあることを大学自らの責任で説明し証明していく学内の恒常的・継続的プロセスのことです。この定義において明らかなように，内部質保証の主たる対象は教育活動であり，その目的の中心は，教育の充実と学習成果の向上にあると言えます。
>
> 　　　　　大学基準協会「大学評価ハンドブック（2019年4月改訂）」（2019年）

　内部質保証に関連した資料を見ていきましょう。資料５と資料６は，大学を定期的に評価する認証評価機関である２つの機関が「内部質保証」について説明している文章です。2004年から，日本の全ての大学などの高等教育機関は，７年以内ごとに文部科学大臣が認めた認証評価機関による第三者評価を受けることが法律で義務づけられています。これを大学の認証評価制度と言います。制度が開始され14年以上が経過していますから，認証評価機関による大学の評価は３巡目を迎えました。

　認証評価機関が評価活動を重ねる中で，大学や社会の変化に伴い，評価機関側にも変化が求められるようになりました。これまでは法令適合性の観点から外形的な評価項目等が多かったため，教育研究活動の質の部分に迫る評価が必ずしも行われていないのではないかという声があがっていました。そのことへの対応として，３巡目の認証評価からは，評価される側（大学など）の「内部質保証」が十分機能しているかどうかを重要項目として評価するという方針が打ち出されました。

> **資料6　大学改革支援・学位授与機構による内部質保証の定義**
>
> 「内部質保証」とは，大学が自律的な組織として，その使命や目的を実現するために，自らが行う教育及び研究，組織及び運営，ならびに施設及び設備の状況について継続的に点検・評価し，質の保証を行うとともに，絶えず改善・向上に取り組むことを指す。これは，質保証の責任が，第一義的には大学自身にあるという考え方に基づく。大学が自律的な組織として社会からの信頼を得るためには，大学が学問の自由と誠実性（インテグリティ）を尊重し，自らの活動の質を確認，保証し，その一連の方法や結果を社会に示していくことが求められる。
>
> 「教育の内部質保証」とは，大学の教育研究活動の質や学生の学修成果の水準等を自ら継続的に保証することを指す。
>
> 大学改革支援・学位授与機構「教育の内部質保証に関するガイドライン」（2017 年）

　大学が自ら掲げる目標に向けて教育研究活動を行うなかで，定期的な自己点検・評価の取り組みを踏まえた各大学での自主的・自律的な質保証への取り組みが内部質保証です。組織的な FD 活動は，内部質保証システムを構成する大変重要な要素として再確認されており，これからの FD 活動を考える際，内部質保証の観点は必須です。

7.4　さまざまな FD 活動

1　教職協働と FD・SD

　FD が Fuculty（教員）の能力開発のための取り組みであるのに対して，日本国内では，SD（Staff Development）と称して，大学職員の職能向上のための取り組みが FD と同様に進められてきました。

　教育システムの多様化や国際化，学生支援や地域連携など，大学が取り扱う「業務」は複雑化・多様化しています。このような状況に際して大学の職員像も変化を求められています。SD などの取り組みを通して職員としての能力・専門性を高めていくことはもちろんのこと，適切な業務分掌のもとで従来の教員・職員像にとらわれない，その垣根を越えた両者の連携協力が不可欠とされています。この両者の連携協力が教職協働です。

　そのときに現場で求められる専門性や能力は，従来とは異なるものとなることが予想されます。FD や SD はそれぞれ補完しあいながら，それらに対応するために変化していかなければなりません。

　資料7は教職協働の推進についてその根拠となる大学設置基準の条文です。教員・職員の連携体制を築いた上で，両者の協働が求められています。なお，教職協働は大学設置基準に記載される以前から，その重要性は認識され，多くの大学で様々な形で行われていました。それにもかかわらず，このように制度として整備する理由は，その活動の「実質化」が狙いです。取り組みの中身・本質を一層高めていこうとするとともに，活動の裾野を拡げようとしているのです。FDやSDも同様です。

　文部科学省が各大学に宛てた設置基準の改正内容についての通知（資料8）の中では，教職協働に関連して，条文の「連携体制の確保」の意味するところについて，基本的には各大学の実情に合わせるとしながらも，具体例として踏み込んだ取り組みが紹介されています。求められる教職協働のイメージを持つことに役立ちます。

2　FDと学生参画

　教員の取り組みであるFDと職員のSDと，それぞれ補完しあいながら，組織的に能力向上や各種の改善活動を行う「協働」の必要性は前項で述べました。ところで，大学にとって大変重要な構成員である「学生」の存在を忘れることはできません。従来，教員主体となって実施されてきたFD活動に，学生が関与する形は昨今珍しくありません。これを学生参画型FDと呼ぶこともあります。

　学生スタッフあるいは学生団体が組織され，学生が主体的に活動を展開するケースが全国的に多くの大学で見られます。大学と学生間の意見調整の役割を伝統的に担ってきた学生自治会などのチャンネルとは別の流れであることが多いことでも知られています。

　具体的にはどのような活動が見られるのでしょうか。中心的活動は，自らが通う大学の環境，とりわけ「学び」に関連した環境の充実を指向した活動になります。教員・職員との議論の場を設定，対話のための公開企画実施などが代表的です。また授業に関して，学生視点での授業案内の作成や，教員と教働シラバスの改善まで行う取り組みも見られます。実際に，学生発案のテーマによる授業開発という方式によって正課の授業としてプログラム化に至っている大学もあります。関係する学生団体の全国規模の交流会も全国各地で定期的に開催されています。

　このような学生参加の取り組みの多くは，従来であれば教職員が学生を「集めて」意見聴取や企画実施をするものがほとんどでしたが，紹介したような取り組みは，学生が主体的に企画・実施することが多いということが特徴的です。

　もうひとつ，授業改善の点で特徴的な学生スタッフの活動を紹介します。SCOT（Students Consulting on Teaching）は，学生スタッフによる授業コンサルティングの取り組みです。授業は学生のためのものであるという理念に基づいており，学生視点からの授業改善活動として国内でもいくつかの大学で実施されています。学生スタッフは高等教育や授業観察などに関連した一定の研修を受け，専門性を一定程度獲得しています。依頼者である教員の授業を学生視点で観察して，その結果に基づいて，教員に対して報告書や対話を通して授業の改善提案を行う取り組みです。ミクロレベルのFD活動ということになります。従来型の教員相互の授業参観や相互評価，また授業アンケートとも異なり，専門性を獲得した学生の視点が活用される取り組みとして注目されます。

　教職協働のみならず，これからは学生も加わり，共に創るという発想のもとでの取り組みが拡大していくことが期待されています。

3　FDのためのネットワーク形成

　本章では，ここまでFDの活動分類や内部質保証，PDCAなどを取り上げるに際し，それらは基本的に自らが所属する学校・組織・機関の内部での活動として説明してきました。実際，改善のための活動の多くは組織内部で行われます。

　ところが，従来は基本的には大学単位で実施されてきたFD・SD活動が，地域や大学特性，国の制度整備拠点，学会協会，さまざまな人的つながりなどによって大学横断的にネットワークを形成して活動展開する事例が2008年以降増加します。FDの義務化に対応する目的もあり，団体や枠組を作り，研修や教材，活動の知見，人的資源の共有などによって相互補完的に活動を展開する事例です。

　ネットワークは全国規模のものから地域限定の枠組まで多種多様です。とりわけ，地域における大学間連携のコンソーシアム枠組を拡張して，FD・SD活動を主要な関心事項としてつながるネットワークが多数登場したことは象徴的です。人材や知

見，研修機会などを共有する目的で，国公私立の区別無く多くの大学が相互協力の関係を構築します。

　なかでも地域の小規模校は，専門性を伴った活動を担う人材の確保と，実施主体となるセンターなどの拠点整備が難しいケースが多く，大学独自の活動の幅が狭くなってしまう問題を抱えていました。この状況を解決するひとつの方法として，互いに対等な関係での協力や，リーダーシップを発揮する大学を中心に集うなどの形で，大学間連携は進んでいきました。

　現在も多くの連携がさまざまな活動を展開しています。代表的な事例は，2008年に愛媛大学を代表校として設立された「四国地区大学教職員能力開発ネットワーク」（SPOD）です。SPODは四国地方の国公私立大学，専門職大学，短期大学，高等専門学校の35校（2019年）による教職員のFD・SDのためのネットワークです。その設置目的では「資源を共有することで，加盟校は，単独の組織ではなしえなかったプログラムやサービスを享受することができます」と連携の利点を表明しています。また理念として「ネットワークの活動を通じて，学生の豊かな学びと成長を支援する，実践的力量をもった「高等教育のプロフェッショナル」を四国から輩出することを目指しています」ということを掲げ，四国のみならず全国から参加者を集める企画も開催されています。

　大学間の連携は，知見や人の交流を活発にします。このような連携も活用しながら，活動の効果を最大化していくことが望まれます。

7.5　FDの課題

　ここまでFDについて，さまざま取り組みを確認いただけたと思います。最後に，FDについて課題とされていることについて紹介します。

　2008年の中央教育審議会答申では，教員の職能開発，つまりFDについてその重要性と実質化について現状と課題提示がなされました。前節までに述べた通り，この頃すでにFDの取り組みは日本中のほとんどの大学で何らかの取り組みが行われるようになっていました。

　しかしこの答申では，各種調査や国際比較によって「それが我が国全体として教員の教育力向上という成果に十分つながっているとは言い切れない」と厳しい指摘をしています。FDの取り組みの効果などの実質的側面について多くの課題があることを示しています。2008年当時の課題提起ですが，現在の大学におけるFDを取り巻く課題も基本的に変わっていないように思われます。

1. 一方向的な講義にとどまり，必ずしも，個々の教員のニーズに応じた実践的な内容になっておらず，教員の日常的な教育改善の努力を促進・支援するに至っていない。
2. 教員相互の評価，授業参観など，ピア・レビューの評価文化がいまだ十分に根付いていない。
3. 研究面に比して教育面の業績評価などが不十分であり，教育力向上のためのインセンティブが働きにくい仕組みになっている。
4. 教学経営のPDCAサイクルの中にFDの活動を位置付け，教育理念の共有や見直しに生かす仕組みづくりと運用がなされていない。
5. 大学教育センターなどFDの実施体制が脆弱である。例えば，FDに関する専門的人材が不足している，学内で各学部の協力を得る上で困難がある，FD担当者のネットワークが発展途上，といったことが聞かれる。
6. 学協会による分野別の質保証の仕組みが未発達であり，分野別FDを展開する基盤が十分に形成されていない。
7. 非常勤教員や実務家教員への依存度が高まる一方で，それらの教員の職能開発には十分目が向けられていない。

中央教育審議会答申「学士課程教育の構築に向けて」（2008年）

　このように多くの課題があげられています。教員個人に起因するもの，組織の在り方に関係するもの，制度や政策上の問題など，解決が必要なFD課題はまだまだ多いことがわかります。

　社会が大きく変化する中で，それに対応して教職員の能力向上が必要不可欠であることは冒頭に述べました。各大学は人材育成の方向性や，大学としてのめざすべき姿を定め，それに向けて教職員像を定義したうえでFD・SD活動を実施していく必要があります。さまざまな課題を抱えるFDですが，その重要性は今後失われることはないと考えます。

　教職員に求められる専門性や能力は今後も拡張していくことが予想されます。私たちは，今後社会がどのような方向に向かったとしても，それに対応できる能力向上の姿勢をずっと持ち続けなければなりません。

■　第8章　教学とIR　■

　みなさんは，インスティテューショナル・リサーチ（Institutional Research，以下 IR）や大学評価という言葉を聞いたことがありますか。おそらく，初等中等教育の関係者の方は，ほとんど聞いたことがないのではないでしょうか。

　大学では，現在，教育の取り組みや成果の状況を客観的に示すため，データや資料に基づく経営という新しい取り組みが注目を集めています。大学評価は，導入されてから10数年を経過しましたが，今では日本の全ての大学がデータをもとに自己点検・評価を行うとともに，その結果を踏まえて改善に取り組んでいます。IRも，データに基づいて大学経営を支援する機能を持っているため，この20年ほどの間に必要性が叫ばれるようになり急速に普及しています。

　なぜ大学でこれらの取り組みが注目されているのでしょうか。その理由はいくつかあります。まず，これまでに経験のないほどの大学の経営環境の悪化です。具体的には，グローバル化，18歳人口の減少，国の支援の削減によって国内外での競争が非常に厳しくなっています。また，社会の大学に対する関心の高まりによって，大学に対するデータ提供の要求が高まっています。さらに，教学分野では，カリキュラムや学習プロセスに関して，組織的なマネジメントの実施や教員中心から学習者中心への改革が求められています。これまでの大学では，経験や勘に基づいた経営方法がとられてきましたが，これらの環境変化に対応するためには，IRや大学評価を活用して，客観的なデータに基づいた経営の改善を図る必要があるのです。

　このような大学を取り巻く環境変化，とくに18歳人口の減少，社会からの教育の質の向上の期待の高まりなど教育に関する環境変化は，初等中等教育も無縁ではありません。また，中教審答申においても，高等学校教育，大学教育を通じて，「生きる力」，「確かな学力」を育み，主体的な学生を育てるための高大接続の改革が求められています。このような状況においては，データに基づく経営改善というIRや大学評価に関する知見は，初等中等教育の教職員にとっても，必要な素養となるでしょう。

　本章では，現在の高等教育におけるIR・評価に関する基礎的な知見についてわかりやすく説明します。

8.1　IRの意義・背景・基礎理論

1　IRの定義

　IRは，一般に「高等教育機関の計画，政策策定，意思決定を支援する情報を提供するために機関内で行われる調査研究」（Saupe, 1990）と言われています。しかし，他にも多様な定義が示されており，必ずしも確立していません。これは，IRという取り組み自体が，個々の大学で経営環境の変化に対応するために個別に発生し，現在もそれぞれの環境に対応した個別の発展過程にあるためです（金子，2011 および小林他，2014）。ただ，これではIRの学習対象がわかりにくいことは否めません。このため本章では，多様な定義の共通点を踏まえて，IRを「データに基づく大学経営の意思決定の支援という機能」と定義します。

2　IRの背景

　IRが大学経営で必要とされる背景としては，大学という組織の歴史的背景と現在の大きな環境変化が指摘できます。

　大学は，中世の欧州において学者・学生の同業者組合（ギルド）として発生し，平等な参加者の合意によって運営されてきました（同僚制）。この同僚制という運営手法は，真理探究を使命とする大学に必要な個人の学問の自由や自律性の確保のうえで意義があります。他方で，経験や勘といった個人の主観が組織の意思決定に影響を及ぼしやすく，組織としての合理的な意思決定が難しいという課題もあります。

　さらに，大学は，近代に入り大規模化して，大学（機関），部局，個人というそれぞれ異なった価値や文化を持つ階層で構成（階層制）される組織になったため，大学としての合理的な意思決定は一層困難となりました。ただ，近代国家は，大学を国家形成の基礎と見なして，大学の自治の保障や財政面での支援を行ってきました。また，社会も，大学を特別の存在と見なしていたこともあって，大学経営における困難は顕在化しませんでした。

　しかし，大学の経営環境は，前で述べた国の支援の削減など，これまでになく急激に変化しました。IRは，これらの経営環境の変化に対応するため，データに基づいて大学経営を支援する「ツール」として発生したのです。

　近年，政府においても，IRの取り組みの充実に向けた政策が実施されています。例えば，中央教育審議会大学分科会の「大学のガバナンス改革の推進について」（審議まとめ）（2014年2月12日）では，「学長を補佐する教職員が，大学自らの置かれている客観的な状況について調査研究するIR（インスティテューショナル リサーチ）

を行い，学内情報の集約と分析結果に基づき，学長の時宜に応じた適切な判断を補佐することが重要である」として，IR機能の強化を求めています。実際に，IRの整備を各種の競争的資金や私学助成など補助金の申請条件とするなど，政策誘導も行われています。

3　IRの構成要素

(1) IRの3つの構成要素

　IRは，データに基づく意思決定の支援という機能を発揮するうえで，どのような要素で構成されているのでしょうか。

　まず，IRは，専門的な業務なので担当する人材が必要です。また，組織の意思決定支援を行うので，組織としての位置づけが必要です。さらに，大量のデータを取り扱うためのデータベースが必要です。先述のように，IRの定義は確立していませんが，この3つの構成要素は多くの先行研究にも合致しています。

　3つの構成要素の関係は，図8-1のとおりです。執行部は，大学の環境変化に対応するために大学経営改善のための意思決定を行います。これに対してIRは，データを提供してデータに基づく意思決定の支援という機能を果たします。IRの機能を果たすため，IRを担当する人材（以下，IR人材）・組織と，必要なデータを収集・蓄積するデータベースが必要です。

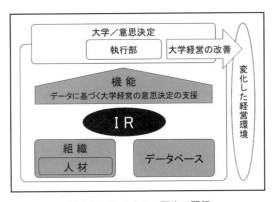

図8-1　IRの3つの要素の関係

(2) IRの組織の基本的な在り方

　IRの組織に関しては，学内に一つ（集中型）か，学内の各部署に配置（分散型）か，どちらがいいかという議論があります。実際には，IRが注目される以前から，学内の各部署でデータの活用は行われてきました。しかし，この場合データの活用が個別部署にとどまり，多面的な分析や活用が難しいという課題がありました。このため，単科大学など小規模大学では集中型，多様な部署を抱える大規模大学では分散型が適していると思われます。ただし，後者の場合は，共用データベースの構築やデータ活用のルール策定によって，上記の課題をクリアすることが条件となるでしょう。なお，近年急激に増加したIRには組織としての位置づけが明確でない事例もあるよ

うです。IR が意思決定の支援という機能を継続的に果たすためには，明確な組織上の位置づけが重要と思われます。

⑶ IR 人材と必要な能力

① IR 人材に必要な能力の階層構造

IR 人材に必要な能力に関して，Terenzini（1999）は，3 層構造があることを指摘しています。具体的には，データ分析技能などの技術的・分析的知能，与えられた個別の問題を理解し，データ分析技能を使って解決するための問題解決知能，高等教育政策などの文脈を踏まえて課題を理解する文脈的知能の 3 層です。この指摘については，ハードルが非常に高く感じるかもしれません。もちろん，これらの能力を一個人が全て備えることは困難ですので，IR 担当者数人で分担することで補完できると思われます。また，その際には，IR 担当者の職務の階層（管理者か分析担当者かなど）によって，分担する能力は変わってくると思われます。

② IR 人材と職種

大学には，教員，職員の職種がありますが，IR 人材としてどちらが適切でしょうか。職員は，教育現場や学生に近い存在ですが，これまでは多くの場合，大学経営の業務の中でも定型的な管理分野の担当にとどまっていました。しかし，現在では教職協働という考えから，より実質的な意思決定に関与する分野での活躍も期待されています。この点，IR のデータに基づく大学経営という考え方は，これまで教員の経験と勘による大学経営から疎外されていた職員にとって，大学経営の実質面への関与の道を開くものとなるでしょう。また，IR にとっても，職員の活用は，組織性・継続性の確保というメリットがあります。ただし，現時点では IR に必要な技能を備えた職員は少数にとどまります。このため，当面は教員の専門性，職員の継続性・組織性という双方の長所を生かした協働体制で IR を担当し，OJT によって徐々に技能の向上を図ることが適切と思われます。この点，佐賀大学の IR 室では，職員を積極的に活用して，全学的な教職協働体制を形成して，分析手法，システム構築などの専門的知見が必要な業務は教員が担当し，職員が財務，教務など現場の知見を反映させています（佛淵，2015）。

⑷ IR の機能の基本的な在り方

IR の機能に関しては，IR があくまでも大学経営の改善のツールという点に留意する必要があります。IR を導入すれば，全て大学経営が上手くいくとの過剰な期待も一部に見られますが，IR は大学経営の万能薬ではありません。「ハンマーを持てば，なんでも釘に見える」という言葉もありますが，IR を使って手当たり次第にデータを収集して，分析技能を駆使して提示するだけでは，大学経営の改善にはつながりません。「ツール」の使い手は，大学の執行部です。執行部としてツールの「目的」を明確にして，目的に合わせたツールを導入して使いこなす必要があります。この点に

ついては後に詳述します。

　また，IRの機能の対象者にも留意すべきです。IRは，原則，大学経営の意思決定者，すなわち執行部にデータを提供します。しかし，依然，同僚制など経営文化が残る大学では，学内の合意がなく執行部のみの合意で行っている例もあります。その場合，経営は円滑に進みません。このためIRは，執行部以外に学内の多様なアクターに向け，継続的なデータ提供を通じて，データに基づく経営という文化の大学内での醸成と合意形成の基礎となるデータへの共有を図る姿勢が重要です。また，現在では，学外に大学の経営に影響を及ぼす多様なステークホルダーが存在します。このため，学外のステークホルダーが大学に対して抱く評判（reputation）の向上を意識した情報の提供などの取り組み（reputation management）も意識する必要があります。

(5)　日米のIRの比較

　IRに関しては，IR先進国である米国の事例がよく参考にされます。しかし，日本と米国では，大学に対する社会環境と政策が大きく違います。米国では，伝統的に税金の使途に厳しく，社会が大学を監視しデータを公開するように圧力をかけてきたため，連邦・州政府への大量のデータ提供・報告や社会へのアカウンタビリティが強く求められています。また，大学の設立が自由な反面，質保証のために100年以上前からアクレディテーション（日本の認証評価に相当）が実施されています。これらの影響から，大学もデータ重視の意識が高く，IRの取り組みも1920年代にはじまり，現在ではほとんどの大学にIRを担当する組織が設置され多様な活動を行っています（柳浦，2009，柳浦，2013，山田，2009）。

　これに対して，日本では大学に対する政府の介入や保護が強く，評価制度も2000

表8-1　米国と日本のIRの3つの要素の現状

	米　国	日　本
人材・組織	・専門職としてのIRが確立，IR専門人材が存在 ・IRの専門職団体（AIR）が40年以上前に設立，学会の開催やIR人材の育成を実施	・IR専門人材は少数 ・専門職団体は存在しない
データベース	・ほとんどの大学にIR専門データベースが整備	・ほとんどの大学で未整備
機　能	・各大学の多様なニーズを具体化した多様な業務 ・大学経営者にも専門家が存在するため，IRの役割は，データ処理と提供が中心	・少数で，教学分野がほとんど ・大学経営の専門家がほとんどいないため，IRには，意思決定の実質面に踏み込んだ役割まで期待される傾向あり

年頃まで存在しませんでした。現在，米国に遅れること数十年して，IR に取り組み
はじめましたが，大学は依然データに関する意識が低く IR も萌芽段階にあります。

　以上の大学に対する社会環境と政策の違いから，表8-1 に示すように IR の３つの
構成要素にも日米間で大きな違いがありますので，米国の事例を参考とする場合は，
これらの点に留意する必要があります。

4　IR の機能のプロセス

　IR の構成要素として，機能，組織・人材，データベースの３つを設定しましたが，
組織・人材とデータベースが備われば，IR はデータに基づく意思決定支援という機
能を果たせるでしょうか。

　先にも述べましたが，IR は大学の意思決定の支援を行う「ツール」ですので，IR
が自らの判断で勝手に動くのでは，機能を果たしたとは言えません。ツールの使い手
である執行部と協働する必要があります。実際，新しく IR 担当者になって，張り
切ってデータを大量に集めて，高度な分析技能を駆使して分析し，工夫してプレゼン
したけれども何も活用されないという事態は，多くの IR 担当者が陥りやすい失敗例
です。この失敗を防ぐためには，IR は，まず執行部との間で意思決定に関する課題
などを共有し，それに基づくデータを収集，蓄積，分析する必要があります。

　この IR の業務の在り方をプロセスに整理したものが情報支援サークル
（McLaughlin, G. W., & Howard, R. D., 2004）です（図8-2）。すなわち，IR はデー
タに基づく意思決定支援という機能を通じて，大学経営における質の高い意思決定を
目的とします。その前提として，まず執行部と協働して，取り組むべき課題・ニーズ
の特定を行います。そして，特定された課題・ニーズの解決に必要なデータの収集・蓄積，データの再構築・分析を行います。そのうえで，IR は執行部に対してデータの報告を行い，執行部がデータを意思決定に活用します。

　個々のプロセスにおける留意点は後述しますが，ここで情報支援サークルの全体に関して，IR の業務プロセスが継続的に循環するサークルとして示されていることに注視してくださ

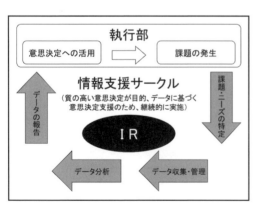

図8-2　情報支援サークル
　　　（McLaughlin, G.W. & Howard, R.D.
　　　（2004）をもとに作成）

い。一度きりのデータ報告で課題が解決することは，実際にはほとんどありません。意思決定に基づく行動によって，新たな課題が生じます。このため，IR は繰り返し課題・ニーズの特定により後のプロセスを行うことが必要です。

以下では，情報支援サークルに示された業務プロセスごとに，さらに各プロセスにおける IR の在り方を 3 つの構成要素ごとに説明します。

8.2　「課題・ニーズの特定」プロセスにおける IR の在り方

情報支援サークルを機能させるには，第一に，執行部と協働して，IR が取り組む課題・ニーズを特定する必要があります。

1　「課題・ニーズ」の意義

課題・ニーズには 2 つのレベルがあります。まず，教学，研究，大学評価，財務など広範囲に行われている大学の活動の中で，IR 組織が取り組むべき課題・ニーズの分野・範囲の特定です。この分野・範囲が特定されていないと，IR として何をしたらいいかわからない，もしくは，学内で IR はどんなデータでも取り扱うと思われて，大量のデータ要求が集中し，真に必要な業務に手が回らない事態になるおそれがあります。そのため，IR が取り組む必要のある分野・範囲を特定する必要があります。

次に，IR が取り組むべき具体的な課題・ニーズの特定です。この特定は，IR にとって非常に重要です。どんなに大量のデータを収集し，高度な分析を行っても，執行部の課題・ニーズに合致していないと意思決定に活用されないからです。

現在のとくに重要な課題・ニーズとしては，教学分野における学習成果の検証が挙げられます。学習成果を正確に把握することが，学習者中心のカリキュラムへの改革に不可欠だからです。この学習成果には，専門的知識・スキルに加えて，汎用的能力，態度・志向性，対人関係能力も含まれます。IR は，これら課題を検証するためのデータを特定・収集する必要があります。前者の専門的知識の場合は，GPA など科目の成績，卒業論文・卒業研究など比較的特定・収集しやすいのですが，後者の汎用的能力は，自己評価に関するアンケート調査，学生相互間でのピア評価，授業態度などを観察評価するルーブリックなど，専門的な手法を用いてデータを特定・収集する必要があります（山下，2014）。

また，内部質保証も重要なニーズです。内部質保証とは，評価機関によって定義は異なり，例えば大学基準協会は，「PDCA サイクル等を適切に機能させることによって，質の向上を図り，教育，学習などが適切な水準にあることを大学自らの責任で説明し証明していく学内の恒常的・継続的プロセス」（大学基準協会「『大学基準』及び

その解説」より）と定義しています。しかし，自律的な存在である大学自らがその質を保証することを目的として，継続的に自己点検・評価と改善・向上を行う取り組み，という捉え方は共通しています。この点，先に述べた IR の情報支援サークルは，継続的な改善という点で内部質保証の考えと同質です。

2 「課題・ニーズの特定」プロセスにおける IR の構成要素の在り方

(1) 組織について

　組織には，執行部と協働して課題・ニーズを特定できるように，執行部とコミュニケーションができる組織上の位置づけと権限が必要です。この点，佐賀大学の「IR 室」は，学長直下の組織であり，学長の非常に強いリーダーシップのもとで機能しています（佛淵，2015）。また，内部質保証を担当する場合，継続的に自己点検・評価と改善に関わる位置づけが必要です。

(2) IR 人材について

　IR 人材には，執行部と協働して課題・ニーズを特定するためのコミュニケーション能力が必要です。ただし，大学において，全ての経営課題が具体的に認識されていることは実際にはあり得ません。このため IR は，より能動的に課題を掘り起こすために，高等教育や個別大学の大学経営の文脈に精通している必要もあります。また，課題・ニーズのもととなる執行部の問題意識を粘り強く聞き出す姿勢も求められるでしょう。

　さらに，具体的な課題・ニーズの発見を支援するために，大学経営における重要な指標（Key Performance Indicators, KPI）を設定して，定期的にチェックするとともに，ファクト・ブックなどとして提供することも考えられます。いわば，大学経営の定期健康診断ですが，IR 人材としてこのような手法に通じていることも重要です（佐藤，2009 および高田他，2014）。

8.3 「データの収集・管理」プロセスにおける IR の在り方

　情報支援サークルを機能させる第 2 のプロセスとして，IR は課題・ニーズの解決に必要なデータを収集・管理します。IR は，学内のデータを手当たり次第に集めるのではなく，目的である意思決定支援から必要なデータの収集・管理を行います。

1 「データの収集・管理」の意義

　現在では，IT 技術が発展し，あたり前のようにパソコンや情報システムを利用できるようになっています。大学にも，学生の学籍や成績の情報，教職員の人事給与の

情報，会議の資料，論文，実験データなどあらゆる情報がパソコンで扱える電子データとして蓄積されています。また，手書きの情報や紙でしか存在しない情報も，スキャナでパソコンに取り込むことができます。これらの大学に存在するデータを所在と種類で整理したものが，表8-2に示す分類です。以下，それぞれを説明します。

　第一に，非構造化個別情報（表8-2の左上）は，個人が保有しているテキストデータです。これらのデータは個人が保有しているために収集が難しく，学内で情報を収集する仕組みや規約を確立する必要があります。

　第二に，構造化個別情報（表8-2の右上）は，個人が保有している競争的外部資金などのデータです。数値データであるため，収集できれば組織のデータとして容易に扱うことができます。

　第三に，非構造化組織情報（表8-2の左下）は，組織が保有している会議資料などのテキストデータです。容易に収集できますが，データ形式がさまざまであるためデータ処理や内容の理解が必要になり，意思決定につなげるデータとして扱えるようになるまでに手間がかかります。

　第四に，構造化組織情報（表8-2の右下）は，組織が数値として保有している学校基本調査などのデータです。これらのデータは，組織を数値の大きさや分布で判断することができ，意思決定につなげやすいデータです。

　このように大学には，大学の構成員によって日々生成される多種多様なデータが存在しています。これらのデータは，自分の大学の現状を客観的に知る材料です。しかし，残念ながら現在の大学では，教職員個人のパソコンや個別部署の情報システムの中にこれらのデータが散在していることが少なくありません。個人のパソコンに散在していると，その個人がパソコンを操作しないと収集できません。また，個人が異動や退職などで職務を外れた際にパソコンを処分してしまったら，二度とデータを取り出すことができません。また，必要なデータの所在がわかりにくいため，収集の度に関係各所に照会をかけるなど，多くの労力と時間がかかります。このような状況で

表8-2　大学に存在するデータの分類

	非構造化データ （テキスト）	構造化データ （数値）
個別情報 （構成員が個別に管理）	・原著論文，著作 ・特徴ある研究や教育 ・受賞など	・競争的外部資金 ・研究業績
組織情報 （管理担当者有り）	・会議資料 ・規則 ・出版物	・学校基本調査 ・学生アンケート ・卒業生調査

は，データに基づく大学の意思決定の支援をIRが迅速かつ適切に行うことは困難です。この状況を改善するためには，誰が，どこに，何のデータを保持しているのかを把握し，管理する必要があります。

2 「データの収集・管理」プロセスにおけるIRの構成要素の在り方

(1) 組織について

組織には，理想的には学内の全てのデータについて担当部署などに対して自由に収集を依頼できる権限が必要です。ただし，実際には部外秘のデータなどもあります。このため，自由に収集できないデータについては，少なくともデータの所在を把握し，必要なときに担当者から一次データ（大学の構成員が作成したデータ）ではなく，二次データ（一次データを加工したデータ）を受け取れる権限が必要です。

以下では，表8-2の分類をもとに，具体的にデータ収集の在り方を説明します。

第一に，非構造化個別情報（表8-2の左上）については，個人が保有しているため収集は困難です。このため，必要なデータを集約できる仕組み（データウェアハウス）を設けて，個人が意識的にデータを格納する必要があります。また，意思決定の際の再利用を可能とするため，収集フォーマットの共通化などの工夫が必要です。

第二に，構造化個別情報（表8-2の右上）も，個人が保有しているためデータウェアハウスなどの仕組みが必要です。ただし，この情報は数値データであるので，データウェアハウスなどに集約することができれば再利用が容易になります。

第三に，非構造化組織情報（表8-2の左下）については，組織が保有しているため容易に収集できます。ただし，意思決定に再利用するためには一定の工夫が必要です。例えば，会議資料のフォーマットを共通化すると，各々に会議資料を作ったとしても後から収集したときにどこに何が書かれているかがわかるようになり，機械的に情報を取り出すことが可能になります。

第四に，構造化組織情報（表8-2の右下）については，収集の権限があれば数値データを加工して再利用することは容易です。

以上で説明したデータの収集のイメージを図8-3に示します。データ形式が異なり，そのままでは扱うことが難しいデータについても同様のデータを集約したり，適切な参照権限を与えたりすることによって再利用ができます。例えば，教員が個人で保有している論文の情報には論文タイトル，著者，概要などの情報が含まれますが，これらの情報を取り出すことができれば集計や分類などで再利用できます。

これらのデータ利用権限とともに，関係各所と連絡できる体制が必須です。データを滞りなく収集するためには，データについて詳しく知っている担当者と密に連絡が取れることが重要だからです。また，担当者には，データの構造の変更などデータの扱い方が変わる際に，事前に連絡をしてもらわなければならないからです。この点，

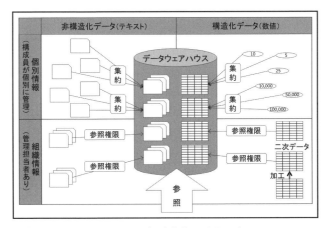

図8-3　データ収集のイメージ

　佐賀大学では，IR室に加えて，事務職員の拡充メンバーを事務組織内に広く整えて，学内事情に通じた事務組織を活用して広くデータを収集しています。

(2)　IR人材について

　IR人材については，データの収集と管理に関する知見が求められます。

　第一に，データの収集についてはアンケートに関する知見がとくに重要です。アンケートで収集するデータは，表8-2の構造化組織情報に該当しますが，意思決定に資するデータ収集に大きな役割を果たします。アンケートは知りたいことをダイレクトに質問することができるからです。

　しかし，アンケートには回答率の向上という大変難しい問題があります。回答完了の際の報酬や未回答の場合の罰則などを導入すれば回答率を上げることは可能ですが，コストとのトレードオフの関係があります。また，アンケートには，主に大学に興味や関心がある学生が回答しており，大学に無関心な学生（多くは，大学から見て課題を抱えている学生）はアンケートに回答していないという状況もあり，本当に知りたいデータをアンケートで収集するには工夫が必要です。

　前者のコストの問題については，紙でのアンケートの実施では集計作業に時間を割かれるため，Webによるアンケートも考えられます。ただし，Webでのアンケートは一般的に回答率が1割程度と言われています。この点，九州大学では，未回答者にメールで回答の催促をするだけでなく，教員にも協力してもらい，未回答者に回答を催促したことによって4割近くまで回答率を上げることができています。また，後者の学生の関心については，國學院大學ではアンケートにより大学を変えることができるということを全面に示して学生の回答意欲を掻き立て5割近くの回答率を得るとと

もに，実際にアンケート結果を活用して指摘された問題を改善しています。

　第二に，データの管理については，電子データをコンピュータで処理することができる情報学の知見が重要です。一般的に学生の学籍や成績の情報，教職員の人事給与の情報などのデータは Oracle Database や MySQL に代表される関係データベース（Relational Database，以下「RDB」）に蓄積されています。RDB は Microsoft Excel のシートのような表形式でデータを複数持っており，それぞれの表では一つの行が意味のある情報の集合を示します。複数の表をつなぎ合わせて情報を取り出すことができ，複雑な情報を取り出すことも可能です。また，RDB ではないデータベースであっても，CSV（Comma Separated Values）形式という単純に文字列をカンマで区切っただけのテキストファイルで提供されることも多くあります。この CSV は Microsoft Excel を利用して開くと表形式でも利用できます。また，CSV そのものをプログラミング言語で扱う技術があるとより一層良いと思われます。

　さらに，大学内にはさまざまな Web システムが存在しています。通常，Web システムには，アクセスログと呼ばれる誰かがそのシステムにアクセスした際に自動的に生成されるテキストファイルを持っています。アクセスログについても，プログラミング言語や，Web システムでよく使用されている Linux と呼ばれる OS（オペレーティングシステム）を扱うことができると，リアルタイムに大学の情報を収集することが可能となります。

⑶　データベースについて

　データベースの在り方としては，データベース集中型（データウェアハウス），データベース分散型の 2 つが考えられます。前者は，IR に使用するデータを一元的に蓄積しておくものであり，後者は，データが学内の学部や事務局の各部署に散らばっているものです。

　データベース集中型では，IR 担当者が必要なときに必要なだけデータを入手できるメリットがありますが，一元化への努力や技術的維持管理の負担の増大というデメリットがあります。集中型の例としては，米国メリーランド州立大学の IR オフィスが挙げられます。ここでは，データ収集をする IT ユニットと分析を担当する IR ユニットが設置されています。IT ユニットは，学内の関連する業務情報システムの調達や維持管理にも関与し，IR に必要なデータが不断に収集できるようにしています。一方，IR ユニットは，分析に必要なデータを IT ユニットに発注してデータを入手します。IT ユニットは，データベースの維持管理業務に集中しており，生データを渡すだけで分析は行いません。

　他方，データベース分散型では，一元的なデータウェアハウスの技術的維持管理の負担はありませんが，各部局部署においてデータ収集や分析を行う必要が生じます。例えば，佐賀大学では拡充メンバーを含めると 56 人の体制で IR 室を運営していま

す。教育・研究・社会貢献・業務運営などの情報収集は，関連する部署の大学職員が担当し，集められたデータをもとに IR 室の主なメンバー（教職協働）が分析にあたるようにしています（佛淵，2015）。

どちらが適切かは個別の大学の事情によりますが，すでに複数のデータベースが構築されている場合は，巨大な統合データベースを新しく構築するよりも，個々のデータベースを保持し，必要に応じてデータを収集できるようにした方が，効率的効果的と思われます。巨大なデータベースでは管理が困難になるだけでなく，データが複雑になりすぎてデータ収集も困難になってしまうからです。ただし，データベースの乱立はデータ収集を困難にさせる原因となりますので，個々のデータベースの目的を明確にし，必要に応じてデータ収集がしやすいよう，統一的なインターフェースを設定することが望ましいと思われます。

また，データ収集に欠かせないポイントは，データの定義の統一とともに，集められたデータが分析の単位に応じて適切に併合（merge）できるようになっていることです。とくに教育に関するデータ分析には，学生に関する情報（成績，学籍，施設の利用状況，アンケート調査など）を学生の ID で紐づけできるようになっていることが望まれます。また，研究や業務運営に関するデータ分析には，教職員の活動に関する情報（研究業績，人事給与情報，資金獲得情報，特許情報など）を教職員の ID で紐づけられることが望まれます。

⑷　PID とメタデータ

前項で，データの ID による紐づけの重要性について言及しました。学生の情報に関しては学内での利用に限られることが想定されるので，大学独自の付番方法による学籍番号を ID として利用するだけで十分ですが，学外での活用が見込まれるデータについては，どのような ID が準備に値するでしょうか。例えば，政府はデータや根拠に基づく政策立案を推進するとして，平成 29 年から EBPM（Evidence-Based Policy Making）の取り組みを進めており，内閣府が大学を対象に研究者や大学教員のデータの収集する事業をはじめています（内閣府，2019）。このデータ項目の中に，大学教員を示す ID として ORCID（Open Research and Contributor Identifier）の提出が求められています。

ORCID は，研究者やそれを支援する人々に一意的な付番をする国際的な取り組みです。機関や国に依存することがない ID で，永続的な利用が可能です。このような ID を永続的識別子（Persistent Identifier, PID）と呼び，近年国際的に普及が進んでいます。人に対する識別子以外にも，ディジタルオブジェクトの ID である DOI や，市販書籍雑誌の ID である ISBN および ISSN なども PID の一つです。

また，学外とのデータ交換の可能性も高くなりました。EBPM における政府によるデータ収集もその一例で，このとき統一的なデータ項目およびそのメタデータが必

要となります。例えば，欧州において，研究活動に関連する情報を交換する際に利用されている共通のデータフォーマットで，CERIF（Current European Research Information Format）というデータ標準があります（euroCRIS, 2019）。EU 圏内での利用を見据えたものであり，このフォーマットのメンテナンスは，研究情報を管理する専門職団体により，コミュニティベースで行われています。

8.4 「データの分析」プロセスにおける IR の在り方

「情報支援サークル」を機能させる第3のプロセスとして，IR が行う「課題・ニーズ」の解決に必要なデータの分析の在り方について考えてみましょう。

1 「データの分析」の意義

図 8-2 に示したように，このプロセスでは課題やニーズを特定し，分析の依頼者と共有します。データ収集の方法については前節で述べましたが，分析の実際には必要なデータが収集されていること，または収集されていなくても難なく収集できることが前提となります。

データ分析から得られる結果の主な利用目的は，①大学における資源管理と適正な配分の判断材料にすること，②諸活動における自己点検と改善活動へのデータと分析の提供，の2つです。これらを成功させるには，前段2つのプロセス，依頼元との課題の共有およびデータの収集が重要な要素となります。

課題の共有に関して，次の2つの事項については入念な下調べと準備が必要とされます。これはデータ分析の結果を関係者により深く理解してもらうために行います。

第一に，その課題の背景と歴史的経緯，そしてそれを取り上げる理由について，依頼者や関係者に，彼らの関心に注意しながら説明を十分にすることです。

例えば，教育活動に関する IR の例を挙げて考えてみましょう。ある教育コースの授業方法に新しい手法を導入するため，これまでの授業方法の成果についてデータ分析し，関係者への報告をするとします。このときの課題は，「近年，このコースにおける学生の成績が下がっているため，これまでの授業方法の再検討を図りたい」といったものになるでしょう。一見すると，分析する価値のある課題に見えます。しかし，当該科目の担当教員や関係者（学科専攻の他の教員）などの教育主体が，現行の授業方法に問題があると認識していなければ，精緻なデータ分析を報告しても，彼らは深く受け止めないかもしれません。よって，当該コースにおける教育の成果が期待を下回ることを示し，導入しようとする新手法がそのコースにおいて有効であること，他大学などの過去の事例を挙げることなど，説得の工夫が必要となるのです。

　第二に，こうした課題を共有する関係者として，どのような人々が対象となるで
しょうか。前述の授業改善の例で考えてみましょう。授業の担当教員らが課題の背景
や経緯を理解し，データの分析結果に関心を持ったとしても，それだけで十分とは言
えません。そのカリキュラムの改訂，施設整備や人員の配置などといった，資源（活
動資金や設備投資，場所など）の管理やその配分は，授業改善に欠かすことができま
せん。それを決めるのは教育機関の執行部（意思決定者）であり，彼らの理解と関与
が必要です。これが満たされなければ，分析結果を踏まえた改善の選択肢の幅が狭く
なるでしょう。最悪，事態が良くないことがわかっていても，資金の問題で解決策が
打てないといった状況もあり得ます。学内の資源管理の責任者との課題共有は，IR
活動を行ううえで最も重要な仕事です（Howard, 2001）。

　また，分析における課題に学術的な側面があったとしても，必ずしもその答えが有
効になるとは限りません。前述の授業改善の例で言えば，授業方法の再検討といった
教育学的な解釈での解決策だけでなく，受け入れる学生の入学時の学力がそもそも問
題の主たる要因との分析結果が得られるのであれば，入試方法の改善や大学の経営方
針の問題とも大きくかかわってくるでしょう。これは，IRが研究ではない研究（機
関研究）だとされる一例です。データ分析を報告する関係者が，課題に対する学術的
な関心を持っているのか，大学経営に関する答えを探しているのかで有効な答えも変
わってくるでしょう。もちろん，IRでは後者を対象としています。

　こうしたIRにおける課題の共有について，進んだ取り組みをしている大学の例と
して立命館大学があります。立命館大学の教育開発推進機構では，学部執行部などと
の継続的な対話を重視しており，対話を通じて学部執行部などが有している課題意識
を明確化し，必要なデータの収集や分析の観点を共有しています（鳥居他，2013）。

　なお，統計分析に関しては，現場でIRを担当している教職員から，高度なレベル
を志向する声もあります。ただし，専門職化の段階にある米国ですら，「IRに高度の
データ分析が求められるという主張は，実態からやや遊離した理想論に近い」（加藤・
鵜川，2009）との指摘もあります。統計分析に関しては，むやみに高度なレベルを志
向するのではなく，各大学の執行部の課題・ニーズを踏まえて適切なレベルを選択す
ることが望ましいでしょう。

2　「データの分析」プロセスにおけるIRの構成要素の在り方

　IRは，分析に取り組もうとする課題の背景・経緯および学内の制度や経営的な視
点から見た課題の位置づけについて説明力を強化する必要があります。また，前節で
述べたデータ管理・収集は，分析を円滑に進めるうえで不可欠なプロセスです。この
ため，IR人材においては，各部局部署への説明力の強化については高等教育行政・
教育学の専門知識，データ管理・収集の充実については情報学・情報処理の専門知識

が必要です。また，課題をモデ
ル化して分析を行い，データに
基づいた結論を導くための素養
としては，統計学・データサイ
エンスの専門知識が必要とな
り，これらの3つの技能がある
ことが望ましいと考えられます
（図8-4）。しかしながら，技能
と人員は1対1でなくてもよ
く，情報学と統計学を一人の人
材が兼ねる場合や，教育学を修

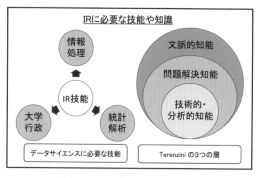

図 8-4　IR に必要な技能や知識

めた者は統計学についても学んでいることが多いので，兼担の形も考えられるでしょ
う。

3　データ分析で注意すべき点

　以下では，データ分析を効果的に進めるために，課題のモデル化や具体化のポイン
トについて解説します。これは，統計的手法を用いた組織活動の客観的情報に基づく
意思決定支援の基本でデータサイエンスと呼びます。データ分析で重要なポイント
は，アウトカムの明確化，分析単位の設定，説明変数の設定の3つです（西内，
2014）。

(1)　アウトカムの明確化

　アウトカムとは，何を取り組みの成果としているか，期待される結果がどのように
現れてくるのかを指します。数値とは限りませんが，分析する場合は数値で表しま
す。例えば，定員充足率や国家資格試験の合格率といった大学の外部環境からの基準
や，GPA（Grade Point Average）の学部平均，卒業時の取得単位数などの達成数値
目標などが挙げられるでしょう。さらに，こうした指標を組み合わせる可能性もあり
ます。例えば，既出の佐賀大学では，医学部附属病院の管理会計的手法 QI（Quality
Indicator）を応用し，勤務時間，活動の質，財務，満足度などの指標を教育研究の
文脈で解釈し，それらを組み合わせた指標を組織や教員の評価に用いています（佛
淵，2015）。

(2)　分析単位の設定

　次に，分析を行うときの分析単位は何かを明らかにしておく必要があります。学生
や教員など個人を単位として分析するのか，学部や研究科または学科や専攻といった
組織を単位として分析するのか，ということです。これは課題を立てる最初の段階で
アウトカム設定をしますが，その内容に依るものです。

　さらに，IRのデータ分析で重要なのは，データが時系列となっており，指標の変化を時間の推移で可視化することです。それには，分析対象のデータがなんらかのIDで紐づけ可能であり，データが年度ごと（あるいは定期的に）に得られていることが必要なのです。

⑶　説明変数の設定

　最後に，成果に影響を与えていると思われる情報が何かを具体的に決めておくことが大切です。一般に，IRのデータ分析において，成果に影響を与える説明変数は無数に採用することができます。しかし，説明変数となる情報の入手可能性や，課題解決への実現可能性を考慮して設定すべきです。とくに，改善策におけるパラメータとして説明変数を設定する場合には注意が必要となります。

　例えば，最初に紹介した授業改善の例を思い出して検討してみましょう。教員の教育にかけるコスト（担当授業数や学生への指導時間）を説明変数の一つとして採用したとします。このとき，教員の教育コストが課題の大きな要因であるということがわかっても，この説明変数を向上させる，すなわち教員の教育コストを増やすことを改善策とするような結論はあまり現実的とは言えません。民間企業のように，足りない人員を一時的に増やすなどの対応は，大学においてはかなり難しい施策です。なぜなら，大学設置基準による教員の定員数に上限があるからです。これにより，入学時の学生の学力を説明変数に導入するなどの発想につながります。

4　データ分析の実例

　この項では，データ分析の実例をもとに，前項で取り上げた内容を拡張してみます。

> **Research Question:**
> 　「近年，このコースにおける学生の成績が下がっているため，これまでの授業方法の改善と学生への学修支援の再検討を図りたい。」

　学生の成績低下が，これまでの授業方法に起因するものであるかの分析以外に，その他の要因によって成績低下が起こっていないかどうかを検証するためのデータ分析を行ってみましょう。

　一般に，ある事象の必要原因が一つとは限りません。授業方法だけを成績低下の必要原因としてしまうことで，それ以外の原因によって成績が低下している学生の問題を取りこぼすこともあります。この事例は，それを防ぐための分析です。

　ここでは，学生を分析単位とし，アウトカムは履修した授業で得た成績の平均点と履修した修得単位数の2つの指標を組み合わせて用い，散布図を作成して学生全体の状況の把握を試みます。また，同じ分析について年度を変えて比較することができればなお良いでしょう。ここでは，紙面の都合上，1カ年度分だけのデータを分析する

ことにします。

この分析で使用したデータは，当該コースに所属した最終学年学生の結果として，学生の各々が履修した全講義の素点平均と修得単位数を用いています。これらのデータは，学生の履修成績の生データ（学生と履修した授業の個別の成績素点データ）からクロス集計を使って得られます。データの形式は，学生ID，修得単位数，平均点の3つのカラムからなる表データとなっており，この表データから散布図（図8-5）を作成しました。

散布図は一つの点が一人の学生を表し

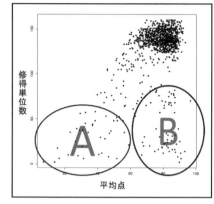

図 8-5　成績の平均点と修得単位数の散布図

ており，縦軸が修得した単位数，横軸が平均点を示しています。一般にテストの点数については正規分布することが知られていますが，この場合は比較的高い平均点で右側に偏った正規分布をしている様子が見て取れます。また，最終的な修得単位数については127単位以上に偏っており，これは無事に卒業できた学生が多かったことを示しています。

ここで修得単位数が低い学生に注目します。最終学年の学生の成績情報なので，卒業できず留年している学生です。2つのパターンが見られます。AのグループとBのグループに分けて考えてみましょう。

この2つのグループの統計的な特徴として，修得単位数が低いことから，履修した講義の数も少ないことが予想されます。それを踏まえた平均点であることに注意します。Aグループは修得した単位数も平均点も低いため，成績低下の主な原因としては，学習意欲の喪失などが考えられるでしょう。過去の授業方法を振り返って，これまでにないなんらかの工夫を凝らすことによって改善が進むことが期待されます。

Bグループの学生の特徴は，比較的平均点が高いにもかかわらず，修得した単位数が少なくなっています。原因としては，学力はあるものの，コースへの不適合による一部の授業への不参加や，なんらかの事情により学生が正常に登校できない状況にあることも考えられるでしょう。このグループの学生に対しては，授業方法の改善よりも，カウンセリングの充実や正常な登校ができるような配慮が必要であると思われます。例えば後者の場合，経済的困難からアルバイト就労に忙殺され，登校困難に陥っている学生が多くなっているとすれば，今後は奨学金などの経済的な支援が必要になるのではないでしょうか。

分析を進めると，個々のデータがどの学生のものであったかを知っておくことの重

要性が強く認識できます。例えばBグループの学生について，学生アンケートを記名式で行っていれば，この散布図の分析とあわせることにより，当該学生の生活実態と学修の状況の相関を浮き彫りにすることが可能となります。こうした分析を活用すれば，さまざまな問題を抱える学生に，細やかに配慮することができるようになるのではないでしょうか。

　データの分析に関しては，これまで本文で取り上げた以外にも，多数の取り組み事例があります。例えば，大阪府立大学では，1年生前期のGPAと3年生後期までの累積GPAの相関が非常に強いこと，入試成績と入学後の成績にはほとんど相関がないことなどを明らかにしています（ベネッセ，2015a）。その他，金城大学の入試形態別のGPAの分析（ベネッセ，2015b），関東学院大学の成績不振者と課外活動の分析（ベネッセ，2013a），國學院大学のサークルへの参加状況と就職状況の分析（ベネッセ，2013b），日本福祉大学の国家試験合格率と入試形態・GPA・模試の受験回数の分析（ベネッセ，2013c），金沢工業大学の学年修了時の修得単位数と次学年修了時の進級判定の合格率の分析（ベネッセ，2013d）など多数の取り組みがあります。これらを参考に，「課題・ニーズ」に合った分析に取り組んではいかがでしょうか。また，教学分野のデータ分析に関しては，後述する教育目的と3つのポリシーを達成しているか，という観点からの視点が重要になります。この点は，「8.8　教学の評価」で詳述します。

8.5　「データの報告」プロセスにおけるIRの在り方

　情報支援サークルの最後のプロセスとして，IRは，データの収集・蓄積・分析の取り組みを踏まえて，執行部にデータの報告を行います。

1　「データの報告」の意義

　データの報告のプロセスでは，多くのIR担当者が壁にぶつかっています。原因としては，日本の大学には経営の専門家がほとんどいないこと，大学経営の意思決定のプロセスや経営責任の所在が明確でないことが指摘できます（柳浦，2015）。

　この壁をクリアするためには，まずは，当初特定した課題・ニーズを踏まえてデータの報告を行う必要があります。なぜなら，IRとしてどんなに大量のデータを収集し高度な分析を行っても，執行部の抱いている課題・ニーズに合致していないと意思決定に活用されないからです。この点は，先にも説明しましたが，ここで改めて強調したいポイントです。

　IRとしては，どんなデータを提供すべきか悩むところです。IRは，単なるデータ

を提供すべきか，データの解釈まで提供すべきか，という議論です。日本の大学には経営の専門家はほとんどいないため，より踏み込んだ解釈や選択肢の提示まで求められる場合も想定されるからです。難しい課題ですが，IRは，業務の性格上データの正確性はもとより，中立性，公平性に関する信頼を学内で獲得することが不可欠です。また，現在の大学内には，多くの部局が多様な分野で活動していますが，IRが一方的に解釈したデータを提示した場合，データに対する信頼を失う危険があります。このため，IRがデータの解釈などを提示する場合には，事前に関係部署と協議を行うなど，学内関係者に解釈の過程をオープンにすることで信頼の確保を図ることが必要と思われます（浅野他，2015）。また，データを解釈した結果も執行部だけでなく，広く学内の関係者が理解して共有しやすいようにデータを可視化して広く提供することが適切と思われます。

さらに，大学経営では，実際に活動を行っている教職員が主役であるという視点をIRは忘れてはいけません。とくに教学分野では，現場で起きている課題に最も精通しているのは教職員です。IRが把握しているデータは一部にすぎず，データだけを提示しても現場は動かないでしょう。IRとしては，現場の教職員に不足する全体的な状況やデータの報告を行い，改善方策などは詳細な方法論まで踏み込まず，現場の判断に委ねることが適切と思われます。

より根本的なIRの基本姿勢としては，データによって部局を管理するという姿勢ではなく，学内に「共通言語」としての公平で正確なデータを継続的に提供することを通じて，多様な学内関係者の参加とコミュニケーションの促進，さらには，データに基づく大学経営という文化の醸成を支援する姿勢が適切と思われます。この姿勢は，学内関係者の参加が大学の経営計画の実効性の確保に重要であるとする両角（2012）の指摘を踏まえると，意思決定の実効性を確保するうえでも重要と考えられます。この基本姿勢は，IRにとっても学内での信頼の獲得と確保につながります。

2 「データの報告」プロセスにおけるIRの構成要素の在り方

(1) 組織について

組織については，執行部への報告ルートが確立している必要がありますが，それだけでは十分でありません。執行部を含め，学内にデータに基づく経営の文化が十分に根づいていないからです。このため，教学に関する経営方針や予算・計画の決定という意思決定にあたっては，その根拠としてIRのデータを必ず活用するなどのルール設定が必要と思われます。この点，佐賀大学の場合は，学内会議で提案・意見を述べる場合には根拠データの提示が必要というルールを設けています（ベネッセ，2014）。

特に，内部質保証を担当する場合には，継続的に自己点検・評価と改善に関わる位置づけが必要であることは先に述べた通りです。また，企業経営に関しては，経営者

が強力なリーダーシップを発揮して企業を発展させた後，イエスマンの取り巻きに囲まれ悪い報告が経営者に届かないようになり，業績が低下するという事態がしばしばあります。この点は，大学経営でも同様でしょう。データ活用のルール化とあわせて，課題の存在を示す悪いデータこそ，改善を促す良いデータとして歓迎する意識の醸成も重要です。

⑵　IR人材について

IR人材には，データの分析結果を十分に理解したうえで，専門家でない学内関係者にわかりやすく伝えるプレゼンテーション能力が必要です。IR担当者としては，統計的な手法を高度に駆使した分析データを華麗にプレゼンしたいところですが，実際には，そのようなデータを提供しても，ほとんどの場合は意思決定に活用されないでしょう。データの報告は，IRのパフォーマンスのためのプレゼンではありません。学内のコミュニケーションと合意形成を促進するための共通言語の提供です。このため，できるだけシンプルな表現から始めて，課題・ニーズに応じて高度なデータ分析を行っていくことが適切と思われます。

ここで改めて，情報支援サークルを継続的に機能させることの重要性を強調したいと思います。そのためには，データの報告は，一方的な報告にとどめず，執行部の課題・ニーズの把握のために双方向のコミュニケーションまで発展させることが重要です。ちなみに，データに基づく経営の文化が根づいていない現状では，執行部から自らの経験や勘から否定的な反応が返ってくる可能性もあります。多くの場合，ここでくじけそうになると思いますが，IR担当者としては，執行部に対するデータに基づく経営という意識を醸成するFDとみなして粘り強く取り組むことが重要です。IRには，そのようなピンチこそ次のサークルにつなげる課題をくみ上げるチャンス，継続的なデータ提供によって執行部の信頼を獲得するチャンスと捉える前向きな姿勢が求められましょう。

この点，立命館大学の場合は，データの報告のプロセスは，一度限りでなく，基礎集計結果を提供する第一次フィードバック，IRプロジェクトが設定した標準分析方針による結果の第二次フィードバック，学部のニーズに応じた分析結果の第三次フィードバックと複数回にわたって実施されています。また，その過程において，データの内容，資料のグラフや表のレイアウトについて，学部執行部の意見を反映させて段階的に改善しています（鳥居他，2013）。

8.6　初等中等教育における IR の活用

本節では，初等中等教育における IR の活用の在り方について説明します。

1　初等中等教育における IR

現在，大学においては，変化の激しい現代社会において自立した存在として生きていく力を養う観点から，教育から学習へ，教員中心から学習者中心へという根本的な発想の転換に基づき，学生の学びを出発点としてカリキュラムや学習プロセスを設計する改革が行われています（川嶋，2014）。このような改革は，大学のみでは実現できません。

中央教育審議会「新しい時代にふさわしい高大接続の実現に向けた高等学校教育，大学教育，大学入学者選抜の一体的改革について　～すべての若者が夢や目標を芽吹かせ，未来に花開かせるために～（答申）」（2014 年 12 月 22 日）（以下，「高大接続答申」）では，「生産年齢人口の急減，労働生産性の低迷，グローバル化・多極化の荒波に挟まれた厳しい時代を迎えている我が国においても，世の中の流れは大人が予想するよりもはるかに早く，（略）そうした変化の中で，これまでと同じ教育を続けているだけでは，これからの時代に通用する力を子供たちに育むことはできない」と問題を提起したうえで，高等学校，大学を通じて生きる力や確かな学力を育み，主体的な学生を育てるという高大接続の改革の必要性を指摘しています。

高大接続答申は，2007 年の学校教育法改正により示された「基礎的な知識及び技能」，「これらを活用して課題を解決するために必要な思考力・判断力・表現力等の能力」，「主体的に学習に取り組む態度」という，3 つの重要な要素（いわゆる「学力の三要素」）から構成される確かな学力を学生が身に付けているかを的確に把握するためには，多元的な評価尺度が必要であり，高等学校教育および大学教育におけるそうした評価の導入を積極的に推進するとともに，初等中等教育関係者と大学関係者とが協力して具体例を蓄積し共有し，新たな手法も研究・開発していく必要がある。さらに，入学後の学生の成績や活動実績，留年・中退率，卒業後の進路などについて追跡調査を行い，評価基準・方法の妥当性を検証していくことも必要であるとして，高等学校関係者と大学関係者の連携を通じた学生の学習成果の評価手法の開発と追跡調査の必要性を指摘しています。

また，高大接続答申は，高等学校の教育に対しても，「新たな評価方法の研究・開発を行い，生徒の多様な学習成果や活動を評価する方法に転換する」ことを求めています。他方で，大学教育に対しては，大学教育の質的転換の断行として，「大学教育においては，高等学校教育において培われた生きる力や確かな学力をさらに発展・向

上させるよう，教育内容，学習・指導方法，評価方法，教育環境を抜本的に転換する」ことを求めています。とくに，評価方法に関しては，「大学全体としての共通の評価方針（アセスメントポリシー）を確立したうえで，学生の学修履歴の記録や自己評価のためのシステムの開発，アセスメントテストや学修行動調査等の具体的な学修成果の把握・評価方法の開発・実践，これらに基づく厳格な成績評価や卒業認定等を進めることが重要である，評価に係る専門的人材を育成することも必要であり，国は，こうした取組に対して支援を行うことが必要である」と指摘しています。

　この高大接続答申を受けて，文部科学省は，2015年1月，高校教育，大学教育，大学入試を一体的に改革し，「知識・技能を活用して，自ら課題を発見し，その解決に向けて探究し，成果などを表現するために必要な思考力・判断力・表現力等の能力」といった真の学力を育成・評価するための体制の構築をめざす「高大接続改革実行プラン」を策定しました。高大接続答申や高大接続改革実行プランでは，IRという言葉は明記されていませんが，初等中等教育関係者と大学関係者との連携を通じた多元的な評価の手法の開発には，データの収集・蓄積・分析を行うIRの機能が不可欠であり，その充実が期待されていると言えましょう。

2　初等中等教育におけるIRの活用の在り方

　以上のように，評価手法の開発や調査における高等学校と大学との連携が求められていますが，教育課程について，学習指導要領という縛りのある高等学校段階と各大学の自由な方針で編成される大学段階では，現時点では，学習形態や授業内容，学習成果の評価方針に関する考え方は大きく異なり，また，双方の現状すらお互い十分に把握できていません。さらに，個人情報保護という課題もあります。このため，教育面の系統性や一貫性を図ることは困難との考え方もあります（杉谷，2015）。

　しかし，高等学校，大学という教育機関として最も重要な使命は，子供たちの成長であり，豊かな人生を送ることができるような生きる力を身に付けさせることです。高等学校の教員から大学への注目点についても，優れた先生ほど，単に就職率などの短視眼的なデータではなく，どの大学がこの生徒の能力を伸ばして立派な社会人にしてくれるか，という実質的な学習成果に注目していると指摘されています（山下，2014）。このような点を踏まえると，高等学校，大学とも，今の状況を座視するのではなく，一足飛びは難しいとしても，評価手法の開発や調査に関する継続的な連携を進めていくべきでしょう。

　現在，大学に対しては，「8.8　教学の評価」で詳述するように，教育目的と3つのポリシーを基に教育の体系化を図り，高等学校などの社会に対してわかりやすく示すことが求められています。IRには，そのうえで双方のコミュニケーションの基礎となる学習成果のデータの提供を通じて，相互理解と連携の促進を図る役割が期待される

でしょう。具体的には，比較的実施しやすい大学のIR側からの高等学校側へのデータ提供からスタートして，その成果を踏まえて相互の連携を図る，というように段階的に取り組みを進めることが考えられます。

　すなわち，第一段階として，大学側からIRを活用して，高等学校側へデータ提供を行うことが考えられます。IRとしては，大学入学者の各種テストとリメディアル教育・他科目の成績を紐づけるなど入学した学生の成長過程を高等学校ごとに分析し，そのデータをわかりやすく高等学校側に提供することが考えられます。高等学校側では，自校卒業生の大学における成長過程の検証によって，各大学の教育の質を把握し，進学先の選択や進路指導に活用することができます。

　第二段階として，上記の成果を踏まえつつ，高等学校側から大学に対して，自校の卒業生である大学入学者の高等学校在学中の学習歴や活動歴に関するデータを開示することが考えられます（川嶋，2015）。現在でも，山形大学は，資料請求やオープンキャンパスなどの際に入学前のデータを収集しています（福島，2012）が，これだけでは十分ではありません。個々の学生と学習成果を紐づける形でのデータの開示が必要です。これによって大学側としては，入学前の学生に関して，大学の教育内容とのマッチングをより丁寧に判断することで入学者選抜に活用でき，また，入学後の学生に関しては，学生の高等学校と大学を通じた成長過程を明らかにすることで教育課程の検証と改善に活用することができます。一方，高等学校にとっては，自校の学生の成長過程がより具体的に明らかになることで，進路指導が入試対策にとどまらない，学生の成長の観点を踏まえたより充実したものになると思われます。

　さらに進んで，高等学校の学習成果を大学入試でも評価する仕組みとして，高等学校において汎用能力の到達度を評価するルーブリックを作成するという試み（杏林大学）も行われています（ベネッセ，2015c）。高等学校の教育状況は，高等学校が最もよく把握していますので，高等学校側にも，データをもとに学習成果を分析するというIRの取り組みの進展が求められます。

　以上のように，大学と高等学校の関係者には，実証的なデータをもとに教育活動などの成果を評価・検証し，関係者全員が課題と向き合い，関係者の理解の醸成や主体的な取り組みの改善につなげるサイクルの構築に向けた取り組みが求められています。そして，IRには，双方のコミュニケーションと議論の基礎となる学習成果に関するデータ提供を通じて，今後の高等学校と大学との連携の促進を図る役割が期待されます。

8.7　IRの研修事例

1　IR人材育成の現状と課題

　これまで大学などにおけるIRの重要性を述べてきましたが，IRの取り組みを組織的，継続的に実施するためにはIR人材の継続的な確保が重要です。現時点では，大学の現場にIR人材が不足していることも事実であり，その育成が大きな課題となっています。また，大学に対する補助金においてIR人材の配置や研修の受講を条件の一つとされたこともあり，現在，多くの学会（日本教育情報学会，日本高等教育学会，大学教育学会，行政管理学会など），研究会（MJIRなど），先進的な取り組みを行っている大学による研修会（東京工業大学，山形大学など）が開催されています。初等中等教育においてもさまざまな示唆が得られると思いますので，IRに興味のある方は参加してみてはいかがでしょうか。

　大学におけるIR人材育成の取り組みの代表例としては，九州大学では，IRに関する意識・実態に関するアンケート調査（高田他，2012）などをもとに「IR人材育成カリキュラム」を策定し，2013年度後期から2016年度まで大学院共通教育科目（2015年度前期より，大学基幹教育科目）として開講していました。また，現時点では，東京工業大学が社会人向けの講座を開講しています。以下では，後者について，より具体的に紹介します。

2　東京工業大学の社会人アカデミーについて

　九州大学におけるIR人材育成カリキュラムの取り組みを受け継ぎ，2019年5月から，東京工業大学社会人アカデミーにおいて「IR論」が開講されています。社会人教育の枠組みで大学教職員を対象とし，九州大学でのカリキュラムを再構成したコースとなっています。

　内容は，「データベース論・データウェアハウス論」や「基礎的な教育・研究データ分析」などの技術的なものから，実践から得られたIR活動を進めていくための知見を説いた「IRマネジメント」，近年注目されている「中退予防」や「学生調査」，「大学評価・大学経営」に関するテーマなどが準備され，1回2コマ7隔週で受講できるようコンパクトに構成されています。IRに従事しはじめた方や，これからIR組織を設置し運営を担うディレクターレベルの方が必要とされる最小限の知識を提供しています。

8.8 教学の評価

1 大学評価の意義

　大学評価は，大学の教育・研究など諸活動の実態に関する大量の質的・量的データについて収集・管理・分析を行うとともに，評価基準に合わせてアレンジを行う必要があります。このため，IRの重要な役割の一つでもあり，IRとしてはその意義・評価基準などの理解が求められます。とくに，内部質保証は，評価において重視されており，その理解が必要です。

　大学評価には，大きく分けて制度型大学評価と市場型大学評価があります。前者は，法令上受審が義務づけられている評価であり，全大学を対象とする認証評価と国立大学法人を対象とする法人評価があります。後者は，民間の出版社，コンサルティング会社が行う評価であり，いわゆる大学ランキングがその代表です。現在，進学や留学，大学間連携の際の大学選択の資料として広く活用されていますが，とくに，総合ランキング形式の評価は，わかりやすい反面，総合点での順位付けや評価項目の設定に疑問も指摘されています（間淵他，2004）。大学ランキングの活用の際には，これらの点にも留意する必要があります。

　ここでは，以上の大学評価の中で認証評価を取り上げます。認証評価は，全ての大学に受審が義務づけられており，また，主に教学分野を評価対象としているからです。以下，認証評価を中心に説明します。

2 認証評価の在り方

(1) 認証評価の意義

　認証評価は，大学設置基準の大綱化に代表される規制緩和の抑制面として，高等教育の質保証，改善の促進，説明責任の充実の観点から，2004年に導入されました。認証評価は，国公私立全ての大学に受審が義務づけられており（7年に1回），文部科学大臣の認証を受けた評価機関（機関単位の認証評価の場合，大学基準協会，日本高等教育評価機構，大学改革支援・学位授与機構）が，一定の教育の質を維持しているかという観点から，主に教育活動を対象に評価を行います。

　なお，同じ制度型大学評価に国立大学法人評価がありますが，これは，国立大学法人の中期計画期間（6年間）中の活動全般（教育，研究，業務運営など）の実績を評価するための評価であり，評価結果は予算（運営費交付金）に反映される仕組みとなっています。

(2)　認証評価の留意点

　認証評価の評価対象は，主に教育分野ですが，認証評価の受審の際には，以下の3点に留意する必要があります。

　第一に，教育活動について，全学的・組織的な取り組みが行われていることを説明する必要があります。すなわち，教育目的と3つのポリシー（学生受入方針（アドミッションポリシー，以下「AP」），課程編成方針（カリキュラムポリシー，以下「CP」），学位授与方針（ディプロマポリシー，以下「DP」））に基づいて，大学全体の教育活動が組織的にマネジメントされていることを，データを示して説明する必要があります。この教育目的と3つのポリシーの関係は，以下の(3)の認証評価基準の箇所で詳述します。

　第二に，学習成果をデータに基づいて検証し，その結果を示す必要があります。現在の認証評価では，教員配置やカリキュラムなど大学側の取り組みだけでなく，学生がどのように成長したかという学習成果が重視されているからです。このため，学習のプロセスとGPA，単位修得数，学生の満足度調査など学習成果に関するデータを収集・分析・提示する必要があります。また，単にデータを羅列するだけなく，第一で述べた教育目的などを踏まえた組織的な教育活動の成果であることを説明する必要があります。

　第三に，「内部質保証」の実効性を確保していることを説明する必要があります。この点は，現在の認証評価で非常に重視されている点ですが，具体的には，第一，第二で述べたような取り組み状況の評価を行い，課題があるならば改善に取り組んでいること，（言い換えるなら，教育活動に関するPDCAサイクルが実現されていること）を説明する必要があります。大学が自律的な存在である以上，当然の取り組みですが，社会に対する説明責任を果たすうえでも必要な取り組みです。また，このように評価を単なる評価でとどめないことは，評価疲れを防止することにもつながります。

　IRとしては，認証評価の受審の際には，以上の認証評価の留意点を踏まえて，評価の根拠資料となるデータの収集・管理・分析という支援を行う必要があります。

(3)　認証評価基準について

　認証評価の評価書を作成する際には，当然ですが，認証評価の基準を踏まえる必要があります。

　認証評価機関は複数ありますが，いずれの評価機関の評価基準も，多くの項目で構成されており，その項目の関係や意味はなかなか理解しにくいのが現状です。ただ，項目の関係や意味を理解せずに，基準の番号の順に沿って形式的に記述しただけでは，全体として整合性の取れない記述となり，とくに，上記の第一の留意点をクリアできないおそれもあります。

　このため，認証評価基準の項目の関係の理解が重要です。以下では，大学基準協会

の認証評価の基準をもとに，教育の「理念・目的」と３つのポリシー（AP，CP，DP）の関係および内部質保証を基礎とする認証評価の基準の関係を説明します（図8-6）。

　まず，教育の「理念・目的」は，教育活動がめざすところであり，３つのポリシーと，それに基づく教育活動全ての出発点となります。図では一番上に示されています。

　また，３つのポリ

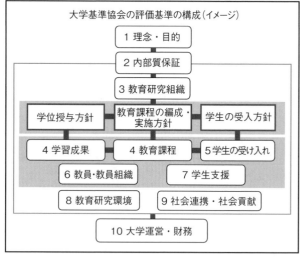

大学基準協会の評価基準の構成(イメージ)

1 理念・目的

2 内部質保証

3 教育研究組織

| 学位授与方針 | 教育課程の編成・実施方針 | 学生の受入方針 |

| 4 学習成果 | 4 教育課程 | 5 学生の受け入れ |

6 教員・教員組織　　　7 学生支援

8 教育研究環境　　　9 社会連携・社会貢献

10 大学運営・財務

図8-6　大学基準協会の認証評価基準の関係（出典：大学基準協会「大学評価ハンドブック（2019年（平成31）年改定）」4頁　図Ⅰ-1）

シーは，「理念・目的」を踏まえて策定されるものであり，図では「理念・目的」の下に示されています。具体的には，「学生の受入方針」（AP）は，教育目的を踏まえた教育課程に対応できる学生を受け入れるための基準です。「教育課程の編成・実施方針」（CP）は，教育目的を達成できていると考えられる人材を育成するための教育課程を編成するための基準です。「学位授与方針」（DP）は，教育目的を達成したとみなす学習成果を判断するための基準です。

　さらに，認証評価の基準には，これら教育の「理念・目的」や３つのポリシーに基づいた教育活動を実施するための基礎的なインフラである「教育研究組織」，「大学運営・財務」に関する基準とともに，より具体的な「教員・教員組織」，「教育研究環境」などに関する基準が示されています。そして，内部質保証は，図に示すように上記の全ての取り組みを対象として自己点検・評価を行い，問題がある場合は改善を行います。

　認証評価の評価書を作成する際には，以上の項目の関係と意味を理解したうえで，大学の教学活動全体について，教育目的と３つのポリシーに基づく組織的マネジメントが行われていることを整合的に説明する必要があります。

　この認証評価の基準を教育目的と３つのポリシーを基礎とした構造で理解する考え方は，実際に教学活動の組織的なマネジメントを実行する際にも役立つでしょう。すなわち，中央教育審議会の高大接続答申において，「各大学においては，大学教育で

身に付ける力などを明確にしたうえで，ナンバリングの導入なども含め，個々の授業科目などを越えた大学教育全体としてのカリキュラムマネジメントを確立し，教育課程の体系化・構造化を行うことが求められる。このような各大学の取り組みを推進するためには，（中略），アドミッションポリシーと併せて，学位授与の方針，教育課程編成・実施の方針の一体的な策定を法令上位置づけることが必要である」との提言と共通する考え方だからです。

⑷　教育目的と３つのポリシーの策定・改善の在り方について

　認証評価の結果，教育目的と３つのポリシーを改善する場合には，その作業手順に注意が必要です。APからスタートした場合には，３つのポリシーのそれぞれにどのような内容を盛り込むべきか，整理しにくいからです。実際，かなりの大学で設定されている３つのポリシーの内容は十分に整理されているとは言えないようです。

　この点，全ての基礎に教育目的を置いて，その達成から考えること，すなわち，DPから遡ってCP，APを策定することが適切と考えられます。具体的には，まず教育目的を策定します。次に，教育目的を達成したとみなす学習成果を判断するための基準，すなわち，学生の卒業・修了の基準としてのDP，教育目的を達成できている人材を育成するにふさわしい教育課程の編成基準としてのCP，前記の教育課程に対応できる人材の入学選抜する基準としてのAPの順で策定することが，教育目的と３つのポリシーの整合性を確保するうえで望ましいと考えられます。この出口からの考え方は，カリキュラムの具体的な内容の設計の際にも有効です（いわゆるバックワードカリキュラムデザインの考え方）。

　ただ，教育目的などは内容が整合しているだけでは実効的なものとはなりません。学内での実効性を獲得するには，文言上だけでなく，学内の共通理解と当事者意識を形成する必要があります。このためには，策定プロセスに学内の関係者を関与させることや，また，教育の多様なステークホルダーの意見を聞くことも重要です。IRとしては，これら基準の策定プロセスにおいても，コミュニケーションの基礎としてのデータを提供することで，多様な関係者の共通理解の形成を支援することや，教育の多様なステークホルダーの意見に関するデータの提供が期待されます。

8.9　IRの課題と今後の取り組み

　これまで，IRや大学評価の概要と在り方を考えてきました。これらを理解することで，データに基づく大学経営という考え方やIRや大学評価の基本的な素養は身に付いたと思います。では，最後に，IRの課題と今後の取り組みを考えてみましょう。

1 IR の課題

(1) 内部質保証の取り組みの充実

IR においては，データの収集，管理，分析も重要ですが，その目的であるデータが意思決定に活用されることが最も重要です。とくに，根本的な質の転換が強く求められている教学分野に関して，どのように改善の意思決定に活用できるデータを提供するか，言い換えるならば，内部質保証の実現に寄与できるか，は IR として大きな課題です。

IR は，データ提供という内部質保証の点検・評価，改善を進めるうえで重要な役割を果たします。ただ，IR の業務に明確に内部質保証を位置づけている事例はまだ少ないようです。IR には，組織的な位置づけが不明確であり，取り組みの継続性に不安があるという課題もありますが，継続的な取り組みである内部質保証との連携は，IR にもメリットがあると思われます。

(2) 学外に向けた取り組みの充実

大学は，国民や地域などの多様なステークホルダーに支えられていますが，残念ながら，十分な理解と支持を得られていません。このことは，高等教育関連予算の削減など厳しい経営環境の一因と思われます。このため今後は，学内のステークホルダーの理解と支持の獲得に向けて，データの提供などのコミュニケーションを促進する必要があります。このような取り組みは，レピュテーション・マネジメント（reputation management）と言いますが，多様なステークホルダーは相互に影響し合うため，多様なステークホルダーとの統合的なコミュニケーションを行う必要があると言われています。このため，従来のように広報や社会連携などの担当が個別にデータの提供に取り組むだけでは十分ではなく，IR には，学内のデータの統合的な管理と提供を行うことが期待されます。このような取り組みは，初等中等教育段階でも，学校信頼の確保のためには保護者とのコミュニケーションが重要（露口，2012）との指摘を踏まえると，考えるべき点もあると思われます。

(3) 教育機関間の連携の促進

IR の取り組みは重要ですが，実際には，単独の大学において進めることは困難です。このため，大学間連携を通じたデータの連携，ベンチマークを進める必要があります。

とくに，教学改善や学習成果の把握は，大学間連携だけでは十分ではありません。初等中等教育，高等教育，さらには大学教育の遅効性の指摘（吉本，2004）を踏まえると，学生に関するより長期的なデータの把握が必要だからです。このため，IR の取り組みに関して，初等中等教育から大学，卒業後まで，成長過程をモニタリングできるように関係する教育機関や同窓会組織との連携を促進し，それによって形成され

た学習成果に関するビッグデータの活用が求められるでしょう。

2　今後の取り組み

　大学は，これまで，ある意味で社会から隔絶した不変の存在でした。しかし，現在では，直面する急激な経営環境の変化に自ら対応することが求められており，IRはそのためのツールとして不可欠な存在になりつつあります。このことは今後，初等中等教育においても同様となるでしょう。

　初等中等教育の関係者の方々には，データというと何か冷たい，無機質な印象を持たれるかもしれません。教育的愛情が重要な初等中等教育にはなじまないという感を抱く方もいるかもしれません。確かに，教育に関すること全てをデータに示すことはできません。しかし，愛情の反対は無関心とも言います。学生に対する教育的愛情があれば，学生を知りたくなり，学生に関するデータを確認することが自然ではないでしょうか。また，繰り返しになりますが，教育機関として最も大事な使命は，子供たちの成長です。程度に差はあるかもしれませんが，データが教学活動の改善に役に立つことは，否定できないと思われます。

　「この世で唯一変化しないものは，全てが変化するということ」という言葉もあります。大学，高等学校とも，これらの環境の変化を外圧と捉え受け身になるのではなく，新しい取り組みのチャンスとみなし，IRを活用して合理的な意思決定を行い，改善を進める前向きな姿勢が求められています。また，IR自身にも，旧来の経営文化にめげず情報支援サークルを継続的に機能させるタフで前向きな姿勢が求められています。これらの姿勢は，まさに変化に対応して生きる力です。子供たちのみならず，大学，高等学校，そしてIRも，自らの生きる力が問われているのです。

コラム　IR のための情報源

　一つの大学の内部データで分析するだけでなく，国内の他の教育機関や，あるいは海外の教育機関における統計情報を活用し，自大学との比較をすることで現状を把握することも IR の仕事です。ここでは，オープンデータとなっている教育情報を紹介します。また，ここで紹介する以外にも，いくつかの大学では，大学経営に関するデータをまとめたファクトブックを作成しています。

　IR に関心を持った方，IR に取り組んでみようと思われる方は，本書で学習した後，これらの情報源を活用して実際の IR のデータにアクセスして，データの収集，蓄積，分析に取り組んでみてはいかがでしょうか。

【国内】

●大学基本情報（http://portal.niad.ac.jp/ptrt/table.html）

　国内の全ての学校が調査される学校基本調査は，政府統計として毎年春に実施されます。大学に関する調査では，学生数や出身高等学校の所在県，教員の数，卒業後の進路について，学部学科および研究科専攻単位で調査されています。調査結果については，通常は国内全体を集計したものが公表されますが，平成 24 年度のみ，全ての国公立大学のデータが公開されています。学校基本調査の項目と学部研究科および学科専攻までの詳細なデータを見ることができます。これをもとにした分析レポート（船守，2015）や分析ツールも公開されています（森，2015）。

●大学ポートレート

　（国公立大版 http://portraits.niad.ac.jp/，私学版 http://up-j.shigaku.go.jp/）

　国内の大学について，キャンパスの所在地から建学の精神や大学の目的といった概要データや，学生数や就職情報などの数値データが，統一したフォーマットで個別に示されたデータベースです。

● e-Stat（政府統計の総合窓口 http://www.e-stat.go.jp/）

　学校基本調査をはじめ，各種政府統計の公開サイトです。学校教員統計調査や学校保健統計調査，科学技術研究調査，社会教育調査などが IR に関連すると思われます。

【国外】

● IPEDS Data Center（https://nces.ed.gov/ipeds/datacenter/）

　IPEDS（The Integrated Postsecondary Education Data System）は米国のほぼ全ての大学が参加している統計データベースです。学生数や教員数といった基本データ以外に，主に平均値として学生の学業成績，教員の給与，奨学金の状況などが示されています。大学間の比較ができるようになっています。

● UNESCO: Institute of Statistics（http://data.uis.unesco.org/）

　ユネスコ統計局のデータベースです。国が分析単位となっていますが，調査項目は教育機会の均等化に関する内容が充実しています。

森・高田・大石

◆ 参考引用文献

●第１章
➢ 沖裕貴・林德治(2010)『必携！ 相互理解を深めるコミュニケーション実践学(改訂版)』ぎょうせい
➢ 小倉広(2014)『アルフレッド・アドラー人生に革命が起きる 100 の言葉』ダイヤモンド社
➢ 教育技術研究会編(1993)『教育の方法と技術』ぎょうせい
➢ 久保田賢一(2000)『構成主義パラダイムと学習環境デザイン』関西大学出版部
➢ 国立教育研究所(2013)「教育課程の編成に関する基礎的研究報告書 5」国立教育研究所
➢ C.E. シャノン・W. ウェーバー(1969)『コミュニケーションの数学的理論』長谷川淳他訳，明治図書出版
➢ 情報教養研究会(1997)『新・情報社会人のすすめ』ぎょうせい
➢ 全国私立大学 FD 連携フォーラム(2015)「新任教員対象 実践的 FD プログラム 受講ガイドブック」代表幹事校：立命館大学教育開発推進機構
➢ 東京都教職員研修センター (2014)「子供の自尊感情や自己肯定感に関する研究(5 年次)」東京都教職員研修センター紀要 12
➢ 浜名外喜男他(1988)『教師が変われば子どもも変わる』北大路書房
➢ 林進(1988)『コミュニケーション論』有斐閣
➢ 林德治・藤本光司他(2011)『元気が出る学び力』ぎょうせい
➢ 藤本光司(2015)『中学校技術・家庭科 地域別資料集(近畿版) 技術分野』開隆堂
➢ 溝上慎一(2014)『アクティブラーニングと教授学習パラダイムの転換』東信堂
➢ 水越敏行(1979)『授業改善の視点と方法』明治図書出版
➢ 水野操(2015)『あと 20 年でなくなる 50 の仕事』青春出版社
➢ 茂木健一郎(2015)『頭に「本の読み方で」磨かれる』三笠書房
➢ 文部科学省(2015)「産業競争力会議雇用・人材・教育 WG（第 4 回)提出資料」文部科学省
➢ 立命館大学「立命館大学教学理念」
　〈http://www.ritsumei.ac.jp/profile/about/education/〉 2015 年 12 月 10 日
➢ 立命館大学「学部における自己点検」
　〈http://www.ritsumei.ac.jp/file.jsp?id=228384&f=.pdf〉 2015 年 12 月 10 日
➢ 立命館大学教育開発推進機構(2010)「教育サポーター (ES)実施要項」
➢ A. バンデューラ(1979)『社会的学習理論─人間理解と教育の基礎』原野広太郎訳, 金子書房
➢ A. バンデューラ(1997)『激動社会の中の自己効力』本明寛訳, 金子書房
➢ A. メラビアン(1986)『非言語コミュニケーション』西田司訳, 聖文社
➢ E. M. ロジャーズ(1992)『コミュニケーションの科学─マルチメディア社会の基礎理論』安田寿明訳, 共立出版
➢ M. マクルーハン(1967)『人間拡張の原理』後藤和彦訳, 竹内書店
➢ E. D. ガニエ(1989)『学習指導と認知心理学』赤堀侃司訳, パーソナルメディア
➢ W. シュラム(1968)『マス・コミュニケーション』学習院大学社会学研究室訳, 東京創元社

●第２章
➢ 稲垣忠(2002)「学校間交流学習における協同性の研究」
　〈http://www.ina-lab.net/special/collabo/dron.pdf〉 2015 年 12 月 11 日
➢ 稲垣忠・鈴木克明(2015)『授業設計マニュアル Ver.2』北大路書房
➢ 稲垣忠・鈴木克明(2011)『授業設計マニュアル 教師のためのインストラクショナルデザイン』北大路書房
➢ 梅本勝博(2006)「学者が斬る(274)ナレッジマネジメントの起源と本質」エコノミスト，毎日新聞社
➢ 梶田叡一(1992)『教育評価 第 2 版』有斐閣双書
➢ 加藤幸次・安藤輝次(1999)『総合学習のためのポートフォリオ評価』黎明書房
➢ 教育技術研究会編(1993)『教育の方法と技術』ぎょうせい

- ➤ 久保田賢一(2000)『構成主義パラダイムと学習環境デザイン』関西大学出版部
- ➤ 下田好行(2007)「学習意欲向上のための総合的戦略に関する研究―「活用型・探求型の教育」の教材開発を通して」
  〈https://www.nier.go.jp/05_kenkyu_seika/pdf_seika/h18/seika_h18_20_2.pdf〉2015年12月11日
- ➤ 鈴木克明(1995)「「魅力ある教材」設計・開発の枠組みについて― ARCS動機づけモデルを中心に―」〈http://ci.nii.ac.jp/naid/110009691063〉2015年12月11日
- ➤ 鈴木敏恵(2012)『プロジェクト学習の基本と手法』教育出版
- ➤ 高野陽太郎(1995)『認知心理学〈2〉記憶』東京大学出版会
- ➤ 波多野誼余夫・永野重史・大浦容子(2002)『教授・学習過程論―学習の総合科学をめざして―』放送大学教育振興会
- ➤ 藤岡秀樹(2008)「教育評価の最近の動向」京都教育大学教育実践研究紀要第8号
- ➤ 藤本光司(2010)「e-Learningを活用した形成的レポート評価」情報コミュニケーション学会研究報告 Vol.7
- ➤ 堀公俊(2010)『チーム・ファシリテーション』朝日新聞出版
- ➤ 堀田龍也(1996)「小学校低学年における学校間交流を活かした授業実践と評価」富山大学教育実践研究指導センター紀要第14号
- ➤ 堀田龍也(1999)「小学校での現実的な利用条件に配慮した遠隔共同学習システムの開発」教育情報研究 Vol.15
- ➤ 松下佳代(2015)『ディープ・アクティブラーニング』勁草書房
- ➤ 水越敏行(2002)『メディアとコミュニケーションの教育』日本文教出版
- ➤ 溝上慎一(2014)『アクティブラーニングと教授学習パラダイムの転換』東信堂
- ➤ 溝上慎一(2007)「アクティブラーニング導入の実践的課題」名古屋大学高等教育研究第7号
- ➤ リクルート進学総研「「深い学び」につながる「アクティブラーニング」とは」『Career Guidance』
  〈http://souken.shingakunet.com/career_g/2013/02/2013_furokuno45_2.pdf〉2015年12月18日
- ➤ 立命館大学「ぴあら：Peer Learning Room ぴあらとは」
  〈http://www.ritsumei.ac.jp/acd/mr/lib/plr/〉2015年11月27日
- ➤ 若杉祥太・小柴慶太・林徳治(2014)「21世紀型スキルの育成を目的とした協調学習に関する実証研究―大学生の情報処理科目を通して―」日本教育情報学会第30回年会論文集
- ➤ E. L. ボイヤー (1996)『アメリカの大学カレッジ―大学教育改革への提言』喜多村和之訳, 玉川大学出版部
- ➤ Harasim, L. M. (1993)『Global Networks: Computers and International Communication"』Boston, MA: MIT Press.
- ➤ R. K. ソーヤー (2009)『学習科学ハンドブック』森敏昭, 秋田喜代美訳, 培風館
- ➤ R. M. ガニェ・W. W. ウェイジャー・K. C. ゴラス・J. M. ケラー (2007)『インストラクショナルデザインの原理』北大路書房

●第3章

- ➤ 愛知県教育総合センター「授業を成功させるために」
  〈http://www.apec.aichi-c.ed.jp/shoko/kyouka/guidebook17/pdf/03.pdf〉2015年12月22日
- ➤ 稲垣忠・鈴木克明(2011)『授業設計マニュアル 教師のためのインストラクショナルデザイン』北大路書房
- ➤ 大阪府教育センター (2012)『大阪の授業 STANDARD』
  〈http://www.osaka-c.ed.jp/kate/gakusui/gakusui-folder/osakanojugyoustandard.pdf〉2015年11月15日
- ➤ 沖裕貴・林徳治(2010)『必携！相互理解を深めるコミュニケーション実践学(改訂版)』ぎょうせい
- ➤ 梶田叡一(2001)『教育評価[第2版 補訂版]』有斐閣
- ➤ 上條晴夫(2009)『図解よくわかる授業づくり発想法』学陽書房
- ➤ 木原裕紀・河崎拓郎・若杉祥太・林徳治(2015)「「子どもが学びとる授業」の実践研究(1)」日本教育情報学会第31回年会論文集
- ➤ 木原裕紀・河崎拓郎・若杉祥太・林徳治(2015)「「子どもが学びとる授業」の実践研究(2)」日

本教育情報学会第 31 回年会論文集
- 坂元昂・武村重和(1976)『教材の次元分けと授業設計』明治図書出版
- 武田正則(2006)「教育 PCM 手法ガイドブック ver.2.0 〜ワークショップを活用した参加型授業を目指して〜」
- 林德治・奥野雅和・藤本光司(2011)『元気がでる学び力』ぎょうせい
- 林德治・橋本惠子(2003)「強制連結法を活用した大学の授業設計」『教育情報研究』, 日本教育情報学会第 19 巻 3 号
- 林德治(2005)『PCM・強制連結法を取り入れた学生参画型授業の実践』日本教育情報学会第 21 回年会論文集
- 藤本光司・盛谷亨他(2015)「ソーラーカーを活用したアクティブラーニングの研究(2)—産学協働による PBL とマネジメント活動の充実—」日本教育情報学会第 31 回年会論文集
- 藤本光司(2015)「アクティブラーニング(PBL)最前線」情報コミュニケーション学会誌 11
- 細川和仁(2003)「授業設計における「目標分析」の意義と課題」大阪大学教育学年報
- 水越敏行(1975)『発見学習の研究』明治図書出版
- 吉田新一郎(2008)『図解効果 10 倍の＜教える＞技術 意欲を引きだし, 最高の成果を上げる！』PHP 研究所
- 渡辺パコ(2001)『論理力を鍛えるトレーニングブック』かんき出版
- NLP 学び方ガイド(2015)「ラポールテクニック」
  〈http://www.nlp.co.jp/000011.php〉2015 年 12 月 22 日
- R. M. ガニェ・W. W. ウェイジャー・K. C. ゴラス・J. M. ケラー (2007)『インストラクショナルデザインの原理』北大路書房

●第4章
- アンダーセン(1999)『ナレッジマネジメント』東洋経済新報社
- 大照完(1950)『教師のワークショップ』事業教科書
- PROG 白書プロジェクト(2014)『PROG 白書 2015』学事出版
- 小島廣光・平本健太(2006)『戦略的協働の本質』有斐閣
- 小林惠智(2007)『入門チーム・ビルディング 1 ＋ 1 が 2 以上になる最強組織の作り方』PHP ビジネス新書
- 鈴木幸毅(1998)『バーナード組織理論の基礎』税務経理協会
- 武田正則(2014)『学習ファシリテーション論』学事出版
- 武田正則(2011)『教育現場の協働性を高めるファシリテーション実践学』学事出版
- 武田正則(2009)『問題解決力を高める参画学習』学事出版
- 武田正則・大迫正弘(2008)『はじめての AHP』工学社
- 鶴岡市教育委員会(1981)『国指定史跡庄内藩校致道館』
- デューイ(1957)『学校と社会』宮原誠一訳, 岩波書店
- 中野民夫(2001)『ワークショップ—新しい学びと創造の場』岩波書店
- 野中郁次郎・竹内弘高(1996)『知識創造企業』梅本勝博訳, 東洋経済新報社
- 林義樹(2002)『参画教育と参画理論』学文社
- 広岡亮蔵(1968)『教育学著作集Ⅱ 学習形態論』明治図書出版
- 藤本光司・葛崎偉・林德治(2011)「主体的な学びを支援するためのチーム学習に関する研究— FFS 理論を活用した学習者特性の基礎調査を通して」日本教育情報学会第 27 回年会論文集
- 藤本光司・葛崎偉・林德治(2012)「主体的な学びを支援するためのチーム学習に関する研究—二つの世代カテゴリによる, FFS 理論の原因子と特性出現率の分析」日本教育情報学会第 28 回年会論文集
- 溝上慎一(2014)『アクティブラーニングと教授学習パラダイムの転換』東信堂
- 三宅なほみ(2014)『21 世紀型スキル〜学びと評価の新たなかたち〜』北大路書房
- 松下佳代(2015)『ディープ・アクティブラーニング』勁草書房
- リッカート(1968)『組織の行動科学』三隅二不二訳, ダイヤモンド社
- Bonwell, C. C. & Eison, J. A. (1991)「Active Learning: Creating excitement in the classroom (ASHE-ERIC Higher Education Rep. No. 1). Washington, DC」The George Washington University, School of Education and Human Development.

➤ Brown, M. (2008)「Comfort Zone: Model or Metaphor?」Australian Journal of Outdoor Education.

➤ Kolb, D.A. (1984)「Experiential Learning: Experience as the Source of Learning and Development, Prentice Hall」

➤ Tuckman, B. (2001)「Group Facilitation」A Research and Applications Journal-No.3.

●第5章

➤ 大野志郎・小室広佐子・橋元良明・小笠原盛浩・堀川裕介(2011)「ネット依存の若者たち, 21人インタビュー調査」東京大学大学院情報学環情報学研究(調査研究編) No.27

➤ 国立病院機構久里浜医療センター「ネット依存のスクリーニングテスト」 〈http://www.kurihama-med.jp/tiar/tiar_07.html〉2015年11月16日

➤ 後藤忠彦(1992)『NEC PC-98を用いた学習とコンピュータ』日本教育新聞社

➤ 清水康敬・久世均・山本朋弘・益川弘如(2015)『ICTを活用した教育の推進に資する実証事業報告書』NTTラーニングシステムズ

➤ 消費者庁(1979)「第9次 国民生活審議会 総合政策部会報告」 〈http://www.caa.go.jp/seikatsu/shingikai 2 /kako/spc09/houkoku_a/spc09-houkoku_ a-contents.html〉2015年10月15日

➤ 情報処理学会一般情報教育委員会「一般情報処理教育の知識体系(GEBOK)」 〈https://sites.google.com/site/ipsj2010sigge/home/gebok〉2015年10月20日

➤ 総務省(2014)「平成26年通信利用動向調査」 〈http://www.soumu.go.jp/menu_news/s-news/01tsushin02_02000083.html〉2015年12月11日

➤ 総務省情報通信政策研究所(2014)「高校生のスマートフォン・アプリ利用とネット依存傾向に関する調査(報告書)」 〈http://www.soumu.go.jp/main_content/000302914.pdf〉2015年11月16日

➤ 総務省情報通信政策研究所(2013)「青少年のインターネット利用と依存傾向に関する調査(調査結果報告書)」 〈http://www.soumu.go.jp/iicp/chousakenkyu/data/research/survey/telecom/2013/ internet-addiction.pdf〉2015年11月16日

➤ 堀川裕介・橋元良明・小室広佐子・小笠原盛浩・大野志郎・天野美穂子・河井大介(2012)「中学生パネル調査に基づくネット依存の因果的分析」東京大学大学院情報学環情報学研究(調査研究編) No.28

➤ 鶴田利朗・山本裕子・野嶋栄一郎(2014)「高校生向けインターネット依存傾向測定尺度の開発」日本教育工学会論文誌37 (4)

➤ 鄭艶花・野島一彦(2008)「大学生の〈インターネット依存傾向プロセス〉と〈インターネット依存傾向自覚〉に関する実証的研究」九州大学心理学研究9

➤ 仲本秀四郎(1993)『情報を考える』丸善

➤ 橋元良明・小室広佐子・小笠原盛浩・大野志郎・天野美穂子・河井大介・堀川裕介(2012)「インターネット利用と依存に関する研究」 〈http://www.good-net.jp/investigation/uploads/2013/10/30/20130128_4.pdf〉2015年11月16日

➤ 林泰子(2015)「中学生を対象とした「ネット社会と人権」に関する情報モラル教育」日本教育情報学会第31回年会論文集

➤ V-CUBE (2014)「滋賀県草津市、全小中学校に導入した3200台のタブレット端末の授業活用に、パイオニアVCの「xSync」を採用」 〈https://jp.vcube.com/NEWS/group/1125_1100.html〉

➤ 堀川裕介・橋元良明・千葉直子・関良明・原田悠輔(2013)「スマートフォンによる青少年のインターネット依存および親子関係と依存の関連」社会情報学会学会大会研究発表論文集

➤ 本郷健他(2010)『情報科教育法』学術図書出版社

➤ 文部科学省(2011)「教育の情報化ビジョン～21世紀にふさわしい学びと学校の創造を目指して～」 〈http://www.mext.go.jp/b_menu/houdou/23/04/_icsFiles/afieldfi le/2011/04/28/1305484_01_1.pdf〉2015年12月11日

➤ 文部科学省(2010)「教育の情報化に関する手引き」 〈http://www.mext.go.jp/a_menu/shotou/zyouhou/1259413.htm〉2015年12月11日

➤ 文部科学省(2015)「学校における教育の情報化の実態等に関する調査結果(平成26年度)」
〈http://www.mext.go.jp/a_menu/shotou/zyouhou/1361390.htm〉2015年12月11日
➤ 文部科学省「ICTを活用した教育の推進に資する実証事業 報告書」
〈http://jouhouka.mext.go.jp/school/ict_substantiation/〉2015年12月12日
➤ 文部科学省(2010)「教育の情報化に関する手引」
〈http://www.mext.go.jp/a_menu/shotou/zyouhou/1259413.htm〉2015年10月9日
➤ 文部科学省(2006)「初等中等教育の情報教育に係る学習活動の具体的展開」
〈http://www.mext.go.jp/a_menu/shotou/zyouhou/1296899.htm〉2015年10月9日
➤ 鈴木克明(1995)『放送利用からの授業デザイナー入門〜若い先生へのメッセージ』財団法人日本放送教育協会
〈http://www.gsis.kumamoto-u.ac.jp/ksuzuki/resume/books/1995rtv/rtv01.html〉
➤ 仲本秀四郎(1993)「情報を考える」丸善
➤ 日本経済団体連合会(2018)「Society 5.0 ともに創造する未来」
〈https://www.keidanren.or.jp/policy/2018/095.html〉2019年11月1日
➤ 文部科学省(2018)「次世代の教育情報化推進事業「情報教育の推進等に関する調査研究」成果報告書」
➤ 教育の情報化に関する手引き(令和元年9月現在)
➤ 文部科学省(2018)「小学校プログラミング教育の手引(第二版)」
〈https://www.mext.go.jp/component/b_menu/shingi/giji/__icsFiles/afieldfile/2019/05/09/1416112_007.pdf〉2019年11月21日
➤ 本郷健(1998)「教材の差異が学習者の情報処理手順の理解に及ぼす影響」教育情報研究14
➤ 玉田和恵(2017)『価値の創出を目指した問題解決力を涵養するための情報教育モデルの構築』江戸川大学紀要

●第6章
➤ 荒巻恵子(2013)「21世紀型スキルと Evidence-Centered Assessment Design：高校におけるCSCLを用いた授業実践と授業評価」日本教育工学会研究報告集 37-44
➤ 魚住忠久(1995)『グローバル教育―地球人・地球市民を育てる』黎明書房
➤ 太田晴雄(2000)『ニューカマーの子どもと日本の学校』国際書院, 梶田孝道
➤ 大野泉(2014)「新時代を迎えた日本企業の海外展開〜途上国の現場との連携を強化せよ〜」
〈http://www.apir.or.jp/ja/research/files/2014/02/APIR_Commentary_No28.pdf〉2015年12月1日
➤ 岡田千あき(2015)「スポーツを通じた開発の概念と周辺領域」
〈http://seisan.server-shared.com/672/672-85.pdf〉2015年12月1日
➤ 奥川義尚他(2006)『教育学の根本問題』ミネルヴァ書房
➤ 尾崎春樹(2014)「PISA・TALIS調査から見る日本の教育・教員政策の現状と課題」国立教育政策研究所
➤ オスラー・オードリー編(2002)『世界の開発教育―教師のためのグローバル・カリキュラム』中里亜夫監訳, 明石書店
➤ 海外子女教育「帰国・外国人児童生徒教育等に関するホームページ CLARINET」
〈http://www.mext.go.jp/a_menu/shotou/clarinet/main7_a2.htm〉
➤ 外務省「持続可能な開発(Sustainable Development)」
〈http://www.mofa.go.jp/mofaj/gaiko/kankyo/sogo/kaihatsu.html〉2015年12月1日
➤ 外務省「不公平ゲーム〜児童・生徒が"貿易ゲーム"を通して学ぶもの〜」
〈http://www.mofa.go.jp/mofaj/gaiko/oda/edu/kyouzai/handbook/html/h20103_4.html〉2015年12月1日
➤ 外務省「2013年版政府開発援助(ODA)白書―日本の国際協力」
〈http://www.mofa.go.jp/mofaj/gaiko/oda/shiryo/hakusyo/13_hakusho_pdf/pdfs/13_all.pdf〉2015年12月1日
➤ 外務省「平成12年度外交白書」
〈http://www.mofa.go.jp/mofaj/gaiko/bluebook/00/1st/bk00_22.html〉2015年12月1日
➤ 外務省「わかる！国際情勢 vol.69 金属鉱物資源をめぐる外交」
〈http://www.mofa.go.jp/mofaj/press/pr/wakaru/topics/vol69/〉2015年12月1日

- ➢ 外務省(2014)「人間の安全保障分野をめぐる国際潮流」
  〈http://www.mofa.go.jp/mofaj/gaiko/oda/bunya/security/index.html〉2015年12月1日
- ➢ 外務省領事局政策課(2014)「海外在留邦人数調査統計(平成27年要約版)」
- ➢ 国際協力機構「JICAのビジョン」
  〈http://www.jica.go.jp/about/vision/index.html〉2015年12月1日
- ➢ 国際協力機構(2015)「JICA年次報告書2015」
  〈http://www.jica.go.jp/about/report/2015/ku57pq00001qc1md-att/01.pdf〉2015年12月1日
- ➢ 国際協力機構(2013)「すべての人に学ぶよろこびを」
  〈http://www.jica.go.jp/activities/issues/education/ku57pq00000r11m0-att/joy_J.pdf〉2015年12月1日
- ➢ 国際協力機構(2015)「JICA教育協力ポジションペーパー」
  〈http://www.jica.go.jp/activities/issues/education/ku57pq000011uucz-att/position_paper_ja.pdf〉2015年12月1日
- ➢ 国際協力機構(2010)「JICAの教育分野の協力―現在と未来―」
  〈http://www.jica.go.jp/activities/issues/education/pdf/positionpaper.pdf〉2015年12月1日
- ➢ 国際協力機構(2010)「日本・途上国相互依存度調査　DATA BOOK　2010」
  〈http://www.jica.go.jp/aboutoda/interdependence/jica_databook/02/02-2.html〉2015年12月1日
- ➢ 国際協力機構「現職教員特別参加制度」
  〈http://www.jica.go.jp/volunteer/relevant/school/incumbent/system/〉2015年12月1日
- ➢ 国連開発計画「持続可能な開発のための2030アジェンダ」
  〈http://www.jp.undp.org/content/tokyo/ja/home/sdg/post-2015-development-agenda.html〉2015年12月1日
- ➢ 国連人口基金(UNFPA)東京事務所「用語集(な行)」
  〈http://unfpa.or.jp/issues/glossary.php?eid=00006〉2015年12月1日
- ➢ 国立教育政策研究所(2012)「社会の変化に対応する資質や能力を育成する教育課程編成の基本原理」
- ➢ 五島敦子・関口知子(2010)『未来をつくる教育 ESD 持続可能な多文化社会をめざして』明石書店
- ➢ 佐藤郡衛(2001)『国際理解教育―多文化共生社会の学校づくり』明石書店
- ➢ 滋賀県(2015)「滋賀県多文化共生推進プラン(改訂版)」
  〈http://www.pref.shiga.lg.jp/b/kokusai/tabunka/plan/files/h27plan.pdf〉2015年12月1日
- ➢ 市民学習実践ハンドブック編集委員会編(2009)『市民学習実践ハンドブック―教室と世界をつなぐ参加型学習30』(特活)開発教育協会
- ➢ 独立行政法人労働政策研究・研修機構「イギリスの学校制度と職業教育」
  〈http://www.jil.go.jp/foreign/labor_system/2004_6/england_01.html〉2015年12月1日
- ➢ (特活)開発教育協会・(財)神奈川県国際交流協会(2006)『新・貿易ゲーム(改訂版)』
- ➢ ドミニク・S・ライチェン／ローラ・H.サルガニ『キー・コンピテンシー国際標準の学力をめざして』立田慶裕(監訳)
- ➢ 内閣府(2014)「平成26年版子ども・若者白書」
  〈http://www8.cao.go.jp/youth/whitepaper/h26honpen/b1_03_03.html〉2015年12月1日
- ➢ ナショナルジオグラフィック日本版(2013)「暴力が支配するコンゴの鉱山」
  〈http://natgeo.nikkeibp.co.jp/nng/article/20130922/366242/〉2015年12月1日
- ➢ 樋口直人(2010)「経済危機と在日ブラジル人―何が大量失業・帰国をもたらしたのか―」
  〈http://oohara.mt.tama.hosei.ac.jp/oz/622/622-05.pdf〉2015年12月1日
- ➢ 藤本光司(2003)「国際理解教育を軸にした表現力育成に関する授業実践―ドラマ学習を通した表現能力の育成について―」山口大学教育学部附属教育実践総合センター研究紀要第15号
- ➢ 藤本光司(1996)「国際理解教育に関する研究―ロンドン日本人学校での実践を通して―」宝塚市立教育総合センター研究紀要第57号
- ➢ 前林清和(2010)『開発教育実践学―開発途上国の理解のために』昭和堂
- ➢ 松下慶太「高い質を保証するフィンランドの教育システム―情報化・高齢化社会における学校教育のすがた―」ベネッセ教育総合研究所
  〈http://berd.benesse.jp/berd/center/open/berd/backnumber/2007_10/ren_matsushita_01.html〉2015年12月1日

- 三宅なほみ(2012)「21 世紀型スキルは世界標準の力」キャリアリサーチ, ディスコ
- 文部科学省「ESD（Education for Sustainable Development）」
  〈http://www.mext.go.jp/unesco/004/1339971.htm〉2015 年 12 月 1 日
- 文部科学省「学習指導要領における ESD 関連記述」
  〈http://www.mext.go.jp/unesco/004/1339973.htm〉2015 年 12 月 1 日
- 文部科学省「世界人権宣言」
  〈http://www.mext.go.jp/b_menu/shingi/chukyo/chukyo3/siryo/04081201/002/002.htm〉
  2015 年 12 月 1 日
- 文部科学省「ダカール行動の枠組み」
  〈http://www.mext.go.jp/unesco/004/003.htm#a01〉2015 年 12 月 1 日
- 山西優二・上條直美・近藤牧子編(2008)『地域から描くこれからの開発教育』新評論
- 米田伸次他(1997)『テキスト国際理解』国土社
- リボリ・ピエトラ(2007)『あなたの T シャツはどこから来たのか？ 誰も書かなかったグローバリゼーションの真実』雨宮寛・今井章子訳, 東洋経済新報社
- 和田信明・中田豊一(2010)『途上国の人々との話し方―国際協力メタファシリテーションの手法』みずのわ出版
- Bill & Melinda Gates Foundation（2014)「2014 Annual Letter」
  〈http://www.gatesfoundation.org/Who-We-Are/Resources-and-Media/Annual-Letters-List/
  Annual-Letter-2014〉2015 年 12 月 1 日
- Bill & Melinda Gates Foundation「2014 Gates Annual Letter」
- JICA 研究所(2004)「開発課題に対する効果的アプローチ―リプロダクティブヘルス」
  〈http://jica-ri.jica.go.jp/IFIC_and_JBICI-Studies/jica-ri/publication/archives/jica/
  field/200408_0102.html〉2015 年 12 月 1 日
- NHK（2015)「世界へ輸出 日本の"UNDOKAI（運動会）"」
  〈http://www9.nhk.or.jp/nw9/marugoto/2015/02/0224.html〉2015 年 12 月 1 日
- P. グリフィン他(2014)『21 世紀型スキル 学びと評価の新たなかたち』三宅なほみ・益川弘如(翻訳), 北大路書房

●第7章

- 沖裕貴(2013)「「学生参画型 FD（学生 FD 活動）」の概念整理について―「学生 FD スタッフ」を正しく理解するために―」中部大学教育研究 13
- 小貫有紀子(2014)「米国学生支援における学習者中心主義への転換要因とアセスメントのインパクトについて」名古屋高等教育研究 14
- 川島啓二(2010)「大学教育の革新と FD の新展開」国立教育政策研究所紀要 139
- 国立教育政策研究所 Fder 研究会(2009)「大学・短大で FD に携わる人のための FD マップと利用ガイドライン」
  〈https://www.nier.go.jp/koutou/projects/fder/fdmap_ver9.pdf〉2019 年 11 月 25 日
- 佐藤浩章・中井俊樹・小島佐恵子・城間祥子・杉谷祐美子編(2016)『大学の FD Q&A』玉川大学出版部
- 芝浦工業大学(2019)「SCOT ―学生による授業観察と情報提供」
  〈https://www.shibaura-it.ac.jp/education/organization/fd-sd/r7u3rf0000002un0-att/SCOT.
  pdf〉2019 年 11 月 25 日
- 大学基準協会(2019)「大学評価ハンドブック(2019 年 4 月改訂)」
  〈https://www.juaa.or.jp/accreditation/institution/handbook/〉2019 年 11 月 25 日
- 大学改革支援・学位授与機構(2017)「教育の内部質保証に関するガイドライン」
  〈https://www.niad.ac.jp/n_shuppan/project/__icsFiles/afieldfile/2017/06/08/guideline.
  pdf〉2019 年 11 月 25 日
- 中央教育審議会(1998)「21 世紀の大学像と今後の改善方策について(答申)」
- 中央教育審議会(2005)「我が国の高等教育の将来像(答申)」
- 中央教育審議会(2008)「学士過程教育の構築に向けて(答申)」
- 中央教育審議会(2018)「2040 年に向けた高等教育のグランドデザイン(答申)」
- 中央教育審議会大学分科会教学マネジメント特別委員会(2020)「教学マネジメント指針」

- ➤ 中央教育審議会大学分科会制度部会(2006)「第21回(第3期第6回)配布資料　大学教員及びファカルティ・ディベロップメント等に関する参考資料」
- ➤ 帝京大学高等教育開発センター（2016)「STUDENTS CONSULTING ON TEACHING」〈https://ctl.main.teikyo-u.ac.jp/wp-content/uploads/2016/10/scot_leaflet.pdf〉2019年11月25日
- ➤ 夏目達也(2011)「大学教育の質保証方策としてのFDの可能性―FDの新たな展開の諸相―」名古屋高等教育研究11
- ➤ 羽田貴史編著(2015)『もっと知りたい大学教員の仕事―大学を理解するための12章』ナカニシヤ出版
- ➤ 文部科学省(2017)「大学設置基準等の一部を改正する省令の公布について(通知)」〈http://www.mext.go.jp/b_menu/hakusho/nc/1385804.htm〉2019年11月25日
- ➤ 山田剛史(2010)「大学教育センターからみたFD組織化の動向と課題」国立教育政策研究所紀要139
- ➤ SPOD（2019)「SPOD―四国地区大学教職員能力開発ネットワーク」〈https://www.spod.ehime-u.ac.jp/〉2019年11月25日
- ➤ 佐藤浩章（2012)『日本におけるFD論の批判的検討』大学教育学会誌34-1

●第8章

- ➤ 浅野茂・本田寛輔・嶌田敏行(2015)「米国におけるインスティテューショナル・リサーチ部署による意思決定支援の実際」大学評価・学位研究15
- ➤ 加藤毅・鵜川健也(2010)「大学経営の基盤となる日本型インスティテューショナル・リサーチの可能性」大学論集41
- ➤ 金子元久(2011)『IR ―期待,幻想,可能性』IDE ―現代の高等教育
- ➤ 川嶋太津夫(2014)「学習者中心の教育で学生を自立した社会人に」『VIEW21』(大学版) 2014 VoL.2 Summer
- ➤ 川嶋太津夫(2015)「(大学人インタビュー)大学の個別選抜改革は高校現場にどのような影響を与えるか」『VIEW21』(高校版) Aug-15
- ➤ 佐藤仁(2009)「大学経営における「見える化」の一方策―大学のファクトブックに着目して―」大学評価研究8
- ➤ 杉谷祐美子(2015)「高大接続に向けた大学教育の対応―移行期の教育活動の効果と課題」〈http://berd.benesse.jp/feature/focus/10-koudai2/activity3/〉2015年12月8日
- ➤ 大学基準協会(2017)「「大学基準」及びその解説」〈https://www.juaa.or.jp/updata/news/file/474/20170330_605728.pdf〉2019年10月31日
- ➤ 大学基準協会(2019)「大学評価ハンドブック」〈https://www.juaa.or.jp/accreditation/institution/handbook/〉2019年10月31日
- ➤ 髙田英一・髙森智嗣・森雅生(2014)「IRにおけるデータ提供と活用支援のあり方について―九州大学版ファクトブック「Q-Fact」の取組の検証を基に―」大学評価研究13
- ➤ 髙田英一・髙森智嗣・森雅生・桑野典子(2012)「国立大学におけるインスティテューショナル・リサーチの機能・人・組織等に関する意識と現状― IR担当理事に対するアンケート調査結果を基に―」大学評価研究11
- ➤ 露口健司(2012)「保護者ネットワークと学校信頼」愛媛大学教育学部紀要59
- ➤ 鳥居朋子・八重樫文・川那部隆司(2013)「立命館大学の教学マネジメントにおけるIRの開発と可視化のプロセスに関する考察―デザイン研究の知見を分析視角として―」立命館高等教育研究13
- ➤ 内閣府(2019)「EBPM等の推進に係る 取組状況について」〈https://www8.cao.go.jp/cstp/evidence/ebpm.pdf〉2019年11月1日
- ➤ 西内啓(2014)『1億人のための統計解析 エクセルを最強の武器にする』日経BP社
- ➤ 福島真司(2012)「入学前から卒業後まで一貫して 私たちの学生を知り抜くために」『Between』2012 2‐3月号
- ➤ 船守美穂(2015)『学校基本調査徹底読解』〈http://researchmap.jp/funamori/〉2015年10月31日
- ➤ ベネッセ(2013)「教員の率いるプロジェクトが施策の試行,組織新設に結実」『Between』10-11

月号
- ベネッセ(2013)「職員によるプロジェクト活動でデータ感度と提案力を磨く」『Between』10-11月号
- ベネッセ(2013)「IRと企画を担う2つの部署が意思決定フローの起点に」『Between』10-11月号
- ベネッセ(2013)「学生の成長過程を発信し自学の価値を社会に伝えるIR」『Between』10-11月号
- ベネッセ(2014)「データに基づくマネジメントが組織に迅速性と実行力をもたらす　佐賀大学」『Between』6‐7月号
- ベネッセ(2015)「GPA導入を機に各種調査を充実　データに基づく教学改革を推進　大阪府立大学」『VIEW21』(大学版)2
- ベネッセ(2015)「進級と修学状況のデータ分析を基に入試，入学前教育，初年次教育を改善」『VIEW21』(大学版)2
- ベネッセ(2015)「事例2 杏林大学「日中英トライリンガル」を軸に教学改革と高大連携を推進」『VIEW21』(大学版) 2015年度 Vol.3 秋号
- 佛淵孝夫(2015)『大学版IRの導入と活用の実際』実業之日本社
- 間淵泰尚・小林雅之・大多和直樹(2002)「市場型大学評価」高等教育研究5
- 森雅生(2015)「学校基本調査のデータで大学比較」
  〈http://www.masaomori.net/?p=128〉2015年10月31日
- 両角亜希子(2012)「単年度計画への反映と学内共有が将来計画の実質化のカギ」『Between』2012年10-11月号
- 柳浦猛(2013)「米国のIRの現在地から我が国における実践上の課題を考える」『Between』2013年10-11月号
- 柳浦猛(2009)「アメリカのInstitutional Research ― IRとは何か」国立大学財務・経営センター研究報告
- 柳浦猛(2015)「IRとは何か？ 戦略的大学経営とIRの効果的な実践―米国の大学の経営問題とIRの活用―」
  〈http://www.postsecondaryanalytics.com/wp-content/uploads/2015/01/%E7%B1%B3%E5%9B%BD%E3%81%AE%E5%A4%A7%E5%AD%A6%E7%B5%8C%E5%96%B6%E3%81%A8IR.pdf〉2015年12月8日
- 山下仁司(2014)「学習者中心の教学改革を進めるための手順を考える」『VIEW21』(大学版) 2014 VoL.2 Summer
- 山田礼子(2009)「アメリカの高等教育機関におけるIR部門の役割と事例」大学教育を科学する：学生の教育評価の国際比較
- 吉本圭一(2004)「高等教育と人材育成―「30歳社会的成人」と「大学教育の遅効性」」高等教育研究紀要19
- Terenzini, P. T. (1999)「On the nature of institutional research and the knowledge and skills it requires」New Directions For Institutional Research104
- euroCRIS (2019)「Main features of CERIF」
  〈https://www.eurocris.org/cerif/main-features-cerif〉2019年11月1日
- Howard, Richard D. 編(2001)「Institutional research: decision support in higher education」Association for Institutional Research
- McLaughlin, G.W., & Howard, R. D. (2004)「People, Processes, and Managing Data (second edition)」Association for Institutional Research
- Saupe, J. L. (1990)「The Function of Institutional Research 2nd Edition」Association for Institutional Research

---

＜専用HPからの各種演習シートのダウンロード方法＞

　本書で取り扱いました各種演習シートなどにつきましては，専用HPよりダウンロードし利用することができます。

　専用HP：　http://lsa-j.org/kyougaku/index.html

索　引

おわりに

　本書は，教学改善の理論と実践について各分野の専門家により解説したものです。

　読者のみなさんは，教育学を学ぶ・教職をめざす学生諸君や，初等中等および高等教育の教職員の方，教育行政に携わっている方，教育に関心のある社会人など幅広いのではないでしょうか。そこで，執筆に際してはできるだけわかりやすく理論を解説し，日頃の授業改善などの実践に役立つヒントや事例を載せるように心がけました。また，本書を数年後に読んだとしても，通用し役立つものをめざし，一過性の内容にならないよう基礎・基本を大切にすることを心がけました。さらに，教学改善を考える際の切り口として，情報，国際，FD など今日的に重要なキーワードに加え，今後の普及が期待される IR も取り入れました。

　教学は，さまざまな分野を交えたボーダレスで，終わりのない取り組みです。教学改善は，学生，教職員，保護者などの協働による成果ですが，本書もまた，私たち教育研究仲間の協働による成果物です。みなさんが，本書の各章それぞれの切り口から学んで，教学改善について関心を持たれ，新たな気づきから新たな行動につなぐことができたなら，編著者一同にとってこれ以上嬉しいことはありません。

　本書にかかわった編著者一同も，読者のみなさんに負けないよう，今後さらに教学改善のための PDCA を回した実践研究を遂行し，広く社会に成果を公開できるよう尽力してまいりたく思います。

　最後に，執筆いただいた各位，出版に際し多大なご協力をいただいた（株）ぎょうせい担当各位に感謝申し上げます。

2020 年 4 月

編著者　藤本光司

若杉祥太

編著者一覧

●編集代表
林　徳治　　甲子園大学 特任教授（前 立命館大学 教授）教育学博士
　　　　　　日本教育情報学会 会長

●編　集
藤本光司　　芦屋大学 教授
若杉祥太　　芦屋大学 講師

●執　筆

林　徳治	上掲	1章, **2章**, 3章
藤本光司	上掲	2章, **1章**, 6章, コラム（3章）
若杉祥太	上掲	**3章**, 2章
林　泰子	芦屋大学 講師	3章, コラム（5章）
武田正則	前 仙台高等専門学校 准教授	**4章**
本郷　健	大妻女子大学 教授 博士（学術）	**5章**
久世　均	岐阜女子大学 教授	5章
郡司　穣	国際協力機構 関西センター	**6章**
宮浦　崇	九州工業大学 准教授 博士（政策科学）	**7章**
高田英一	神戸大学 准教授 博士（学術）	**8章**
森　雅生	東京工業大学 教授 博士（情報科学）	8章
大石哲也	東京工業大学 准教授 博士（工学）	8章
黒川マキ	大阪学院大学 講師	コラム（1章）
納庄　聡	甲子園学院高等学校 教諭	コラム（2章・5章）
林口浩士	桃山学院教育大学 講師	コラム（2章）
中谷有里	芦屋大学 助教	コラム（2章）
木原裕紀	大阪府立寝屋川高等学校 教諭	コラム（3章・5章）
成瀬優享	芦屋大学 講師	コラム（4章）
下田　陽	全国学校図書館協議会	コラム（5章）
佐藤典子	甲子園大学 准教授 博士（学術）	コラム（6章）

※**太字**は各章執筆主担当

●編集補助
納庄　聡	上掲	松本拓也	芦屋大学 IR 推進室	
木原裕紀	上掲	佐藤典子	上掲	
中谷有里	上掲	中井　孝	甲子園大学 准教授 博士（工学）	

●表紙デザイン
若杉祥太　　上掲

アクティブラーニングに導く

教学改善のすすめ

令和2年4月15日　第1刷発行

編　著　　林 徳治／藤本 光司／若杉 祥太

発　行　　株式会社 **ぎょうせい**

〒136-8575　東京都江東区新木場1-18-11
電　話　編集　03-6892-6508
営業　03-6892-6666
フリーコール　0120-953-431
URL：https://gyosei.jp

〈検印省略〉

※乱丁，落丁本は，お取り替えいたします。　　　©2020　Printed in Japan
印刷　ぎょうせいデジタル(株)
ISBN 978-4-324-10806-2
(5108605-00-000)
〔略号：教学改善(改訂)〕